教师教学基本能力解读与训练
中学化学

主 编：方 杰

北京理工大学出版社
BEIJING INSTITUTE OF TECHNOLOGY PRESS

图书在版编目（CIP）数据

教师教学基本能力解读与训练．中学化学 / 方杰主编．—北京：北京理工大学出版社，2017.9

ISBN 978-7-5682-4302-5

Ⅰ．①教… Ⅱ．①方… Ⅲ．①中学化学课－教学法－中学教师－师资培训－教材 Ⅳ．① G633

中国版本图书馆 CIP 数据核字（2017）第 160951 号

出版发行 / 北京理工大学出版社有限责任公司

社　　址 / 北京市海淀区中关村南大街 5 号

邮　　编 / 100081

电　　话 /（010）68914775（总编室）

　　　　　（010）82562903（教材售后服务热线）

　　　　　（010）68948351（其他图书服务热线）

网　　址 / http：//www.bitpress.com.cn

经　　销 / 全国各地新华书店

印　　刷 / 定州市新华印刷有限公司

开　　本 / 787 毫米 × 1092 毫米　1/16

印　　张 / 16

字　　数 / 357 千字

版　　次 / 2017 年 9 月第 1 版　2017 年 9 月第 1 次印刷

定　　价 / 55.00 元

责任编辑 / 王玲玲

文案编辑 / 王玲玲

责任校对 / 周瑞红

责任印制 / 边心超

前　言

教育大计，教师为本。习近平总书记指出：一个人遇到好老师是人生的幸运，一个学校拥有好老师是学校的光荣，一个民族源源不断涌现出一批又一批好老师则是民族的希望。可以说，有好的老师，就会有好的教育。

在"十二五"期间，针对教师教学能力现状，结合教师专业发展阶段的规律和特点，基于《教师教学基本能力检核标准》（以下简称《标准》）和《标准》解读，遴选了最为重要的 10 个能力要点，研发了中（职高）小学和一整套训练内容和方法，开发了《教师教学基本能力解读与训练》（共 23 个学科分册）学科教师培训教材。依据智慧技能的形成特点，通过"测、讲、摩、练、评"五个环节开展了基于实践、问题的教师培训，培训教师近 2 万人次。

在培训实施过程中，针对各学科教龄 10 年以下的青年教师和 10 年以上的成熟教师，遴选其中 4 ~ 6 个能力要点，分层开展学科教师培训，在培训目标、培训内容、培训形式以及考核要求等方面都做了针对性的细化处理。在《标准》解读、案例研讨、在线交流和考核测试的基础上，开展了基于能力要点的课堂教学实践与改进。不同类型的培训实践不仅检验了基于教师教学能力标准的培训课程的培训效果，同时也促进了教师教学能力的精进与提升。

基于《标准》的教师培训，突出了"培训课程标准化"的培训资源建设观。通过率先在全国研制、实践并推广系列《标准》，满足并引领了培训课程建设的品质需求，改进和完善了教师发展支持体系，推进了培训工作制度化、规范化，基本破解了分层、分类、分岗开展培训的难题，增强了教师参训的针对性、实效性和获得感，切实提升了教师培训的专业性，受到了区内外使用该培训教材教师的一致好评。

为了进一步发挥《标准》的指导作用，推进教师教学能力的持续提升，基于原有教材的开发和实施经验，每个学科结合现阶段本学科特点和教师专业发展需求，另外遴选了 8 ~ 10 个能力要点，开发了"十三五"中小学教师培训教材《教师教学基本能力解读与训练》（共 24 个学科分册）。在教材编写过程中，我们努力将《标准》揭示的一般规律、共性问题迁移融通于各学科，且通过案例凸显各学科教学能力的基本特征，还将关键的结果指标与各学科教学实践中的实际问题进行对接，以期深化教师对《标准》的理解，明确教学实践改进的方向和路径，提升自身的实践智慧。

当前，我国基础教育正处在深化综合改革的关键时期，各学科核心素养的提出，进一步明确了学科的育人价值，为学科育人提供了指南。为此，在教材开发过程中，各位编委对本学科的学科核心素养也给予了充分关注，在《标准》的解读中、案例的分析中、训练的任务中，对此都有不同程度的涉及与体现，为实现学科育人理念、发展学生的学科素养探索了具体的路径。

每一册教材的编写团队中都聚集了一批一线的骨干教师，他们边学习《标准》，边践行《标准》，并结合学科教学实践进行反思形成了鲜活的案例。可以说，他们是《标准》的首批实践者，也是培训资源的开发者，正是由于他们的深度参与，才使这套教材真正落实了"基于实践""基于问题"的价值追求，大大提高了教材的实践价值。

由于"教师专业标准"还是一个尚待完善改进的领域，同时我们自身的水平和经验也有限，尤其是践行《标准》的有效实践还需要进一步加强，教材中必然存在着不甚妥当或值得深入探讨之处，诚挚期望得到专家和同行们的指正。

我们期待本套教材能在广大中小学教师教学能力的提升中发挥重要的作用，并在应用中不断完善。我们更期待，广大教师立足课堂教学实践，不断深度学习反思，持续提升教学能力，做学生锤炼品格、学习知识、创新思维和奉献祖国的引路人。

致 学 习 者

　　学习，是人一生发展过程中的一个重要组成部分。随着个体踏出校门、进入职场学习并未停止，而是开启了一个崭新的学习征程。可以说，通过工作生活进行学习，寓工作于学习、寓学习于工作是成年人每天思想和行动的必然产物。

　　成人学习是基于个体经验和汇集个人经验的学习，需要学习者主动参与到课程内容中；教师的学习是懂教育的人的学习，需要学习者驾驭学习方法，达到比较高的学习境界。

　　依据智慧技能的形成过程，我们将学科教师培训分成"测、讲、摩、练、评"五个环节，通过完成智慧技能原型定向阶段与原型操作阶段的任务，强化各学科教师基于课堂教学研究的实践与反思，促进教师从原型定向阶段向原型内化阶段迈进。下面，我们就从上述五个环节分别为您的学习提出相应建议，以帮助您快速驾驭学习内容。

　　☆ **测——前测**。在每个专题培训的第一步，我们将和您一起找到您在该教学能力存在的问题，判断该能力所处的状态，以开始学习。这其中，有对一些教学事件的认同，有对问题的分析和判断，也有一些测试，目的就是一个：帮您找准自己学习的起点。

　　☆ **讲——讲解**。我们将基于具体的教学案例，围绕该项能力的一些表现行为进行理性分析，阐述行为产生的原因和导致的结果，阐释所表征的能力取向和能力发展层次。这些分析将使您对该项能力的含义获得更为深入的理解，对形成能力的合理行为有较高的期待。如果您实践跟进得快，边学习边实践，在这一阶段就能够获得提高。

　　☆ **摩——观摩**。在学习中会提供一些案例进行观摩，有些拿来就可以使用，但一定不要满足于拿来就用，更多的内容需要您边观摩边分析，在其背后寻找为什么，这样您获得的将不仅是一招一式，而是新的专业发展点和教育实践智慧的增长点。

　　☆ **练——训练**。方法技能的掌握和提升一定要通过训练才能实现。一方面，我们将在培训中安排模拟微型课堂进行教学技能的分解训练；另一方面，我们也有实践模拟训练。然而，训练时间是有限的，期望您从培训第一天开始，就将自己一线的课堂作为实训基地，不断尝试，不断分析尝试后的效果，不断提出改进方案，并开展新的尝试。同时，同伴老师可以帮助您进行观察和改进。

　　☆ **评——评价**。包括自评、互评等。训练是否有效需要进行针对性评价，发现自己的进步，明确现存的问题，清晰新的学习起点，这样才能开始新的一轮学习、反思和改进活动。当然，您会在这样的反复中获得自我提升的方法。您将学会主动的发现问题，通过自主学习过程解决问题。这一系列解决问题能力的提升才是培训的最终目的。

本教材提供的观摩案例，给您留下了很多思考的空间，也提供了很多训练方法的指导、训练内容的点拨，愿它伴随您这一段时间的学习，成为您的良师益友。

亲爱的教师朋友们，我们正处在一个学习的时代，一个"互联网+"的时代。我们的职业又是一个特别需要终身学习的职业。让我们勇于面对新的挑战，不断基于实践提出新的学习任务，在战胜挑战后，我们还迎接更新一轮的挑战，而唯有学习才是应对各种挑战的制胜法宝。

这就是教师的职业。

CONTENTS

专题一　科学确定教学内容

培训目标

1. 理解不同层次教师科学确定教学内容能力达标的检核标准。

2. 能够根据课标要求、教材内容和学生的学习基础，确定教学重点与难点，整合教学内容。

3. 结合案例设计、研讨与反思，把握科学确定内容的一般思路和方法，提高科学确定教学内容的能力。

一、问题的提出

案例描述

案例1-1　人教版教材九年级"探究二氧化碳与氢氧化钠反应"

提问：请写出 CO_2 与 $Ca(OH)_2$ 反应的化学方程式。

书写方程式：$Ca(OH)_2 + CO_2 = CaCO_3\downarrow + H_2O$

提问：通过上述方程式可知碱与非金属氧化物反应生成什么？

回答：碱与非金属氧化物生成盐和水。

提问：您能仿照上面的方程式写出 CO_2 与 $NaOH$ 反应的方程式吗？

书写方程式：$2NaOH + CO_2 = Na_2CO_3\downarrow + H_2O$

提问：上述方程式有什么错误？

回答：Na_2CO_3 不是沉淀，所以不用写沉淀符号。

提问：正确方程式应当如何写？

板书：$2NaOH + CO_2 = Na_2CO_3 + H_2O$

总结：通过对比的方法确定了 CO_2 与 $NaOH$ 能发生化学反应，生成盐和水。

（案例提供：北京第十七中学赵婧）

案例研讨

1. 您认为本案例中该教师是否做到了科学确定教学内容？

2. 您认为该教师选择教学内容会获得怎样的教学效果？

3. 您认为上述教学内容哪些地方需要修改和调整？

二、能力解读

内涵揭示

所谓教学内容，就是指为实现教学目标而要求学生系统学习的知识、技能和行为经验的总和，此处经验包括间接经验和直接经验。间接经验是指从书本或别人那里得来的知识；直接经验是指亲身参加变革现实的实践而获得的知识。

科学确定教学内容的几个要素：

1. 教学内容不等于教材内容

教学内容确定的过程就是对教材的再加工过程，需要对教材进行裁剪、取舍、编排和组织。"教学内容是在教学过程中创造的"，它逻辑地蕴含着教师参与课程研究、用教材教和教学为学生服务等理念。

2. "以学生为本"设计教学内容

①教师要了解学生是否掌握了与要学习的新知识有关的基础知识和技能，有多少人掌握、掌握的程度怎样，确定哪些知识应重点进行辅导，哪些知识可以略讲或不讲，从而抓准教学的真实起点。

②课的容量要适当。教师对教材的使用和取舍凝聚着教师的学识和智慧，要根据教学目标决定取舍，有的内容尽管好，但与教学目标不符，就要下决心舍去。

③设计贴近学生生活的教学内容。教师要创造性地使用学生已有的知识基础，精心设计贴近学生生活实际的学习材料，使学生充分运用生活经验，感悟所学知识才是行之有效、以人为本的教学。

④设计具有趣味性的教学内容，把学生的兴趣点引向教学的重点。

3. 教学内容选"点"得当

①教学内容要突出重难点。在组织教学内容时，教师通过合适的内容有效地突出重点、

突破难点。面对不同的学生，重点、难点也要有所变化。同样的教材内容，同样的学生基础，由于教师对基础的不同处理，教学效果就不会一样。

②选"点"贵在以少胜多。教师能够抓住一点深入、准确、适度开掘。

标准解读

《北京市朝阳区教师教学基本能力检核标准》中"科学确定教学内容"能力的检核标准如下：

维度	关键表现领域	能力要点	合格	良好	优秀
教学设计能力	教学背景分析能力	科学确定教学内容	能够根据课标要求和教材内容，确定教学重点与难点	能够根据课标要求、教材内容和学生的学习基础，确定教学重点与难点	能够根据课标要求、教材内容和学生的学习基础，整合教学内容

（一）合格水平

对于合格水平的教师要求是：能够根据课标要求和教材内容，确定教学重点与难点。就是说，教师能够准确表述国家课程标准中对该教材的学习内容和学习要求，并能够以此为依据，制订教学计划，选择好每一个单元或课时教学的重点、难点，设计好课时方案。

案例 1-2　人教版九年级"探究二氧化碳与水反应"

教师活动	学生活动
【提问】二氧化碳溶于水是否发生了化学反应呢？	猜测：可能反应，也可能没有反应。
【投影】实验探究二——二氧化碳与水反应 【演示实验】取二氧化碳与水充分混合后的液体倒入试管中，并滴入紫色石蕊试液。	学生观察现象：试管中紫色石蕊均变红。
【提问】是哪种物质使石蕊溶液变红？	学生猜想使石蕊变红的物质：①水；②二氧化碳；③水和二氧化碳反应生成的新物质。
【演示实验】 1. 向干燥的石蕊小花上喷水 2. 将干燥石蕊小花放入二氧化碳气体中 3. 在干燥的石蕊小花上喷水，然后放入二氧化碳气体中	学生观察并回答实验现象。 1. 石蕊小花不变色 2. 石蕊小花不变色 3. 石蕊小花变红
【提问】 上述实验现象说明了什么？ 二氧化碳与水反应生成了什么物质呢？	学生思考、讨论、回答： 二氧化碳不能使石蕊变红，水不能使石蕊变红，它们的生成物能使石蕊变红。
【演示实验】 4. 向盛有醋酸溶液的试管中滴入紫色石蕊试液。 【讲解】化学上酸这类物质能使石蕊溶液变红。	观察实验现象：石蕊变红。 听讲、理解新知识。
【提问】水和二氧化碳反应生成的新物质属于哪类物质？	回答：酸
【板书】$H_2O + CO_2 = H_2CO_3$	记录体会：

✳ **案例分析**

　　此案例中教师通过学生猜想、演示实验、对比实验的方式对教学重点二氧化碳与水能否发生反应进行探究。该教师注重运用实验来探究新知识，但实验主要是教师的演示实验，没有分组实验和自主设计实验，学生自主学习能力被忽略。教师处理教学内容的方法仅仅是按照课标和教材的要求教授，没有对教材内容进行改编和重组，学生没有自主设计实验的体验，学习积极性和主动性会有一定程度的减弱，所以本案例属于合格水平。

（二）良好水平

　　对于良好水平的教师要求是：能够根据课标要求、教材内容和学生的学习基础，确定教学重点与难点。在"合格"标准的基础上，教师还能够了解学生的学习基础和现状，找准学习起点，把握教学内容的知识点，根据学生的实际情况，确定好教学的重点、难点。

案例1-3　人教版九年级"探究二氧化碳与水反应"

教师活动	学生活动
【投影】实验探究二——二氧化碳与水反应 【演示实验】 将二氧化碳与水充分混合后的液体倒入试管中，并滴入紫色石蕊试液。	学生观察现象：紫色石蕊变红。
【教师质疑】是哪种物质使石蕊溶液变红？	学生猜想使石蕊变红的物质：①水；②二氧化碳；③水和二氧化碳反应生成的新物质。
【分组实验】请同学们按照教材的实验步骤进行实验，填写实验记录表格。 【提问】你看到了什么实验现象？ 【提问】上述现象说明了什么？	学生分组实验，并记录现象： 1. 水滴在干燥的紫色石蕊小花上不变色。 2. 将干燥的紫色石蕊小花放入装有二氧化碳的试剂瓶中，小花不变色。 3. 将干燥紫色石蕊小花喷水后放入装有二氧化碳的集气瓶中，小花变红。 思考、讨论、回答：二氧化碳不能使石蕊变红，水不能使石蕊变红，它们的生成物能使石蕊变红。
【演示实验】 向盛有醋酸溶液的试管中滴入紫色石蕊试液。 【讲解】化学上酸这类物质能使石蕊溶液变红。	观察回答实验现象：变红。
【提问】水和二氧化碳反应生成的新物质属于哪类物质？	回答：酸。
【板书】$H_2O + CO_2 = H_2CO_3$	记录体会：

✳ 案例分析

　　此案例中教师通过猜想、演示实验、分组实验、对比实验的方式对教学重点二氧化碳与水能否发生反应进行探究。由于前面一些实验的训练，学生有了一定的动手实验能力，因此教学中该教师注重运用实验来探究新知识，重视培养学生动手实验的能力，通过分组实验让学生学习化学新知识，调动学生学习的兴趣，培养学生通过实验获取信息、描述实验现象的能力。但在整个教学活动中，学生始终跟着教师的问题进行学习，自主思考的时间少，课上学生虽然进行了分组实验，但实验都是按照教材的步骤做的，没有充分发挥学生自主创新能力，学生的思维被禁锢在课本上，学生自主、合作、探究等科学品质培养需要进一步加强，因此本案例水平属于良好水平。

（三）优秀水平

　　对于优秀水平的教师要求是：能够根据课标要求、教材内容和学生的学习基础，整合教学内容。在"良"好的基础上，教师应充分利用学生学习情况的反馈信息，调控和整合教学内容，适应学生的学习基础与发展目标的需要。

　　案例1-4　人教版九年级"探究二氧化碳与水反应"

教师活动	学生活动
【投影】碳酸饮料配料： 配料：水、果葡糖浆、白砂糖、食品添加剂（二氧化碳、焦糖色、磷酸、咖啡因、食用香精） 百事公司许可北京百事可乐饮料有限公司制造 产地：北京市大兴区　北京百事可乐饮料有限公司 【提问】观察上述饮料的配料，思考饮料中二氧化碳与水是否发生反应呢？	学生根据碳酸饮料的配料猜测：二氧化碳可能与水发生反应。
【投影】实验探究二——二氧化碳与水反应 【演示实验】 将二氧化碳与水充分混合的液体倒入试管中，并滴入紫色石蕊试液。	学生观察现象：试管中紫色石蕊变红。
【教师质疑】是哪种物质使石蕊溶液变红？	学生猜想使石蕊变红的物质：①水；②二氧化碳；③水和二氧化碳反应生成的新物质。
【投影】请同学们利用以下实验用品：三支干燥的紫色石蕊小花、两个充满二氧化碳的集气瓶、蒸馏水喷壶，进行方案设计，并进行实验探究。 【提问】你看到了什么实验现象？	学生讨论、交流、设计如下实验方案： 1. 水滴在干燥的紫色石蕊小花上。 2. 将干燥的紫色石蕊小花放入装有二氧化碳的试剂瓶中。 3. 将湿润的紫色石蕊小花放入装有二氧化碳的集气瓶中。

续表

教师活动	学生活动
【提问】二氧化碳与水反应的生成物属于哪类物质呢？ 【演示实验】 向盛有醋酸溶液的试管中滴入紫色石蕊试液。 【讲解】化学上酸类物质能使石蕊溶液变红。 【板书】$H_2O + CO_2 = H_2CO_3$	小组汇报实验现象： 　二氧化碳不能使石蕊变红，水不能使石蕊变红，它们的生成物能使石蕊变红。 观察实验现象： 听讲记录：

❋ 案例分析

　　此案例中教师通过展示生活情景、猜想、演示实验、设计实验方案、分组实验、对比实验的方式对教学重点二氧化碳与水能否发生反应进行探究；教师在本案例教学中不但依据课标、教材对教学内容进行重组，体现了用教材教，而不是教教材，还对学情把握很准，依据学生在前期催化剂、质量守恒定律等知识学习中，进行过科学探究实验的训练，具备一定的科学探究能力，将二氧化碳与水能否反应设计为采用科学探究实验的方式学习。上述学习方式有利于培养学生实验设计能力、逻辑思维能力和语言表达能力。因此本案例属于优秀水平。

▪ 方法导引 ●

　　教学内容是为实现总的教学目标，要求学生系统学习的知识、技能和行为经验的总和。教学内容是根据具体的教学目标，解决"教什么、学什么"的问题。教学内容分析是要根据总的教学目标规定的教学内容的范围和深度，揭示出教学内容中各个组成部分之间的联系，以实现教学的最优化。教学内容分析的结果需表明：学习完成之后学生必须知道什么、能做什么；学生为了达到这样的目标，需要哪些先决知识、技能和态度，以及学科内容的结构及最佳的教学顺序等。经过教学内容分析，教师对选择何种教学策略就会心中有数了。

　　教师完成研究与分析教学内容任务的过程，就是教师认真分析教材，合理地选择和组织教学内容，科学地设计和安排教学内容，并在课堂教学中表达或呈现的过程。

（一）全面领会教材

研究教材，不仅要研究每一个具体的教学内容，还要研究每一个内容在本册、本年级、本学段、本学科中的作用。教师在深入研究时，不能教什么，眼睛里就只看到什么。研究教材，不仅要研究某一个知识在本版本的编排思想、编排顺序，还要研究其他版本教材对此知识的编排思想、编排顺序，选择适合学生学习的科学的编排方法。总的来说，首先要通读教材，分析教材的编写特点，了解教材的编排体例，领会编者的意图。其次要学习课程标准，弄清楚应该具有的教学理念，弄清具体的标准和要求……这样才能够统观全局、理清主线，避免只见树木、不见森林，避免发生一叶障目的问题。

（二）深入钻研教材

教师在全面了解教材内容的基础上，需要进一步研究教材。

1. 全方位把握教材内容的内在特征

1)把握教学内容在整个教学体系中的地位和作用，以及这段教学内容对后续学习的影响，这段教材对形成学生认知结构、训练技能和发展能力、培养品德的作用。

2)分析知识结构和特征。①分析结构关系，即这段教材与前后教材知识结构的逻辑关系、来龙去脉、层次脉络。②分析类型特征，即分析这段教材所包含的知识类型（陈述性知识、程序性知识或策略性知识）。③分析教材所涉及的技能和能力（思维价值），一方面指分析这段教材内在地包含哪些技能和能力；另一方面指分析通过这段教材的教学，训练了学生的哪些技能和发展了学生的哪些能力。

3)教学的具体要求。确定每段教材的教学目的，一方面必须按照课程标准、教科书和学生的实际情况确定每课时的教学内容；另一方面又要有发展的观点，即同样的内容在不同教学阶段的要求是不断提高的。

2. 正确把握教材中的重点、难点和关键点

重点是指课程标准中或由教师根据教学目标而确定的反映在教材中的最基本、最重要的学生应掌握的教学内容。难点包含两层意思：一是学生难以理解和掌握的内容，二是学生易错或易混淆的内容。但难点又不是绝对的概念，学生的情况不同，难点也有变化。教师应了解学生实际情况，精心策划解决难点的教学活动。关键点是指教材中起决定作用的内容，掌握了它，如同获得一把钥匙，其余的内容便会迎刃而解。重点、难点和关键点三者虽有区别，但又是相互联系的。有些内容既是难点，又是重点，还是关键点。但有的内容只是难点，而不是重点，也不是关键点。因此，在教学策略上，要突出重点，排除难点，抓住关键点。常用的解决难点的方法有：分散难点，各个击破；创设情境，联系实际，激发思维；运用直观方法加强感知。

3. 灵活地运用教材，不可过分地拘泥于教材

教师必须从学生的实际出发，对教学内容有选择性地进行再加工、再创造。在课堂实际教学中，面对不同的学生，教学重点、难点会有变化。教材内容是教学内容的一个组成部分，但不是全部，教师在设计教案时，在领会教材意图、完成教学任务的前提下，应该敢于分析教材的不足，敢于调整教学顺序，敢于重组教材内容。对于一些不切合学生实际的教学内容应做调整、修改和补充，不必照搬教材。

三、案例观摩

案例描述

案例1-5 人教版九年级《分子和原子》中探究分子运动特征

实验环节	教师活动	学生活动
环节一：感知分子具有不断运动的特征	1. 将某液体(香水)喷洒在讲台附近。 2. 提问： (1)大家说我刚才喷的是什么呢？ (2)你怎么知道我喷洒的是香水呢？ (3)我并没有在紧贴你鼻子的位置喷洒香水，你为何会感知到香味分子？ 3. 小结：空气及香水中的分子都在不断运动，导致你闻到香味。 板书：分子在不断运动	通过味觉体验分子的运动； 回忆分子在不断运动这一特征； 深化微粒观； 香水分子在运动；空气中的分子带动香水分子运动。
环节二：感知分子运动速率受温度影响	1. 提问：香味分子在空气中能够扩散，那么品红溶液滴入水中会有什么现象呢？试着描述观察到的现象。 2. 演示实验：品红的扩散实验(图1)。 图1 3. 提问、讲解： (1)品红为什么会在水中扩散呢？ 讲解：品红的扩散是水分子和品红分子运动的结果。 (2)品红为什么在热水中扩散得更快呢？ (3)分子运动速率会受到什么因素的影响呢？	观察并描述实验现象：品红在水中扩散，且在热水中扩散得更快，是因为品红在不断运动；水分子在不断运动；水分子和品红都在运动；温度越高，分子运动越快。
环节三：感知不同分子运动速率不同	1. 展示和讲解：课本实验示意图(图2) 图2 A、B烧杯不接触，A烧杯中盛有无色透明的浓氨水，B烧杯中盛有无色透明的酚酞试剂与水的混合液体，如果将两种无色透明的液体混合，就会有神奇的效果。	该环节让学生讨论，并引导学生从分子角度去思考，学生经过思考，并结合自己已有的知识，能够得出结论：氨分子运动速率快。

续表

实验环节	教师活动	学生活动
环节三：感知不同分子运动速率不同	2. 演示实验：酚酞溶液遇氨水会变红。	
	3. 提问：通过你对分子运动特征的认识，将大烧杯罩住 A、B 烧杯后，会产生什么实验现象呢？	学生的回答可能有多种答案：两烧杯都不变红（因为两物质没有相互接触）；两烧杯都变红（分子在不断运动）；大烧杯内的空气变红。
	4. 演示改进实验(图3)： 图 3	观察 思考
	5. 提问： (1)浓氨水没有和酚酞接触，为何试管1中沾有酚酞溶液的棉花变红色呢？ (2)你预测试管2中哪部分会变红色呢？ (3)无论两者的上下位置如何，结果都是酚酞溶液变红，这一现象显现出哪种分子运动更快呢？ (4)这说明分子的运动还具有什么特征？请你尝试着进行总结。	回答：试管1中沾有酚酞的棉花变红色；试管2中是酚酞溶液变红(也可能有学生认为是沾有氨水的棉花变红)。 分子运动速率与分子种类有关，不同分子，其运动速度不同。
	6. 讲解：氨分子易从氨水中的挥发出来，且在空气中运动速率较快。在试管1中不断无规则运动的氨分子遇到棉花中的水时，会形成氨水，此时氨水与酚酞接触显现红色；试管2中棉花内的氨分子也逐渐脱离棉花，最终有些氨分子与酚酞溶液的液面相遇，使酚酞溶液最先从液面开始变红。	
	7. 提问：课本实验的现象应该是什么呢？	A烧杯中溶液变红，B烧杯中溶液无明显现象。
总结	分子的运动(板书)： 1. 分子在不断地运动； 2. 温度越高，分子运动越快； 3. 不同分子的运动速率不同。	聆听、梳理

　　本案例对教学内容进行了深入挖掘，通常情况下，学生对于分子很小；分子在不断运动；温度越高，分子运动速率越快的分子运动特征都能很快接受，但对于不同分子的运动速率是不同的这一分子运动特征却存在困惑。通常学生在预测实验(图2)的现象时，会出现以下预测误区：①A、B 杯都变红，认为酚酞和氨分子都运动，都可以扩散到对方的烧杯

中。②A、B杯都不变红，认为氨气的密度比空气的小，上浮在大烧杯顶部。学生对分子运动的错误预测说明学生对分子运动的特征的认识缺乏一个新的视角，即分子确实在运动，而且不同分子的运动速率是不同的，因此才有B烧杯中氨分子跑到A烧杯的酚酞中而使A烧杯溶液变红的现象。尽管酚酞分子也在运动，但其分子运动速率较慢，不能进入B烧杯中而使B烧杯中溶液变红。为了解决这一教学内容的教学任务，加强对分子运动的可视性和分子运动速率有快慢之分的认识，特意针对这一教学内容设计了改进实验(图3)和问题设计，在教材实验的基础上增加了一个实验改进和探究环节，学生通过实验的观察和分析，可知酚酞分子和氨分子的运动速率有快有慢，最终得出分子运动速率不同的结论。上述改进体现了教师用教材教，而不是教教材，同时，这种改进符合课标要求，即通过学生亲身经历、体验科学探究活动，激发了学生学习化学的兴趣和学习动机；能用微粒观点解释某些常见现象；发展了学生的认识角度，因此本水平案例属于优秀层级。

（案例提供：北京教育学院朝阳分院方杰）

问题聚焦

1. 讨论本案例中值得我们学习的方面。

2. 本案例对教学内容的科学选择给我们什么启示？

四、能力训练

（一）案例分析训练

案例描述

案例1-6　某教师在高一年级进行《化学2》第二章第三节"化学反应速率和限度"的教学中，针对"化学反应速率"的概念教学，进行了如下设计：

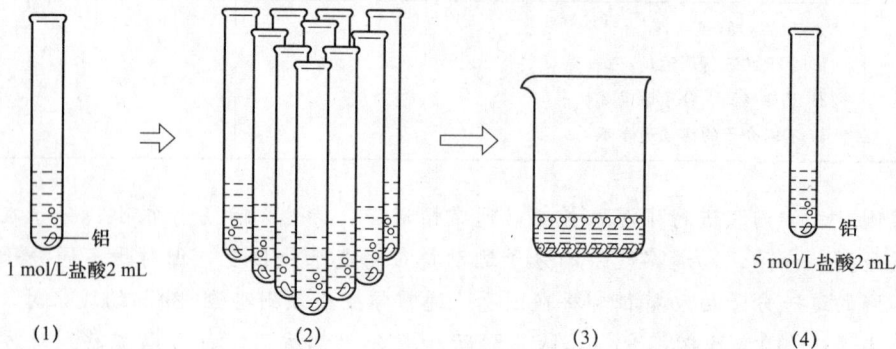

1 mol/L盐酸2 mL　　　　　　　　　　　　　　　　　5 mol/L盐酸2 mL

(1)　　　　　　(2)　　　　　　(3)　　　　　　(4)

学生通过判断试管(1)与烧杯(3)中反应速率的大小关系、试管(1)与试管(4)中反应速率的大小关系，从而理解为什么反应速率的概念中要用"物质的量浓度"来描述。

（案例提供：三里屯一中李军）

▌▌案例研讨 ▌

回答下列问题：

1. 您认为上述案例中教师选择教学内容是否科学？

2. 请尝试分析本部分知识的教学价值。

（二）自主设计训练

请初中教师从初中教材中选择一个教学案例，阐述教学内容选择的科学性。

请高中教师从必修高中教材中选择教学案例，阐述教学内容选择的科学性。

小组讨论：

1. 组内老师的教学内容的选择是否符合《标准》中的要求？

2. 讨论组内案例中教学内容选择属于《标准》中的哪一层级？

3. 反思教学内容选择值得大家借鉴的做法有哪些。

五、考核反思

（一）自我检测

从自己教学设计中找出一个教学片段，按照《标准》中科学选择教学内容的标准进行分析和评价，并对教学片段进行修改。

（二）创新设计

选取自己最成功的一节课（公开课或示范课等），将教学内容与组内教师分享。通过本次培训，您觉得是否找到了可以提升的方面，与大家分享。或者选取一份您认为自己深受启发的优秀案例与大家分享，请说出这份优秀案例的精彩之处，以及自己所得到的启示。

六、参考文献

［1］王磊，范晓琼，宋万据，等．在新课程中如何进行基于核心观念构建的教学设计［J］．化学教育，2005(1).

［2］王磊，等．初中化学新课程教学设计与实践［M］．北京：高等教育出版社，2003.

［3］钟启泉，等．基础教育课程改革纲要(试行)解读［M］．上海：华东师范大学出版社，2001.

［4］教育部基础教育司组织．走进新课程：与课程实施这对话［M］．北京：北京师范大学出版社，2002.

［5］毕华林．新理念新课程新挑战——国家化学课程标准与中学化学教学改革［J］．山东教育，2002(3).

［6］毕华林．高中化学新课程中内容选择与知识体系构建［J］．化学教育，2005(1).

［7］江家发．化学教学设计论［M］．济南：山东教育出版社，2004.

［8］刘知新．化学教学论(第三版)［M］．北京：高等教育出版社，2004.

［9］毕华林，等．化学新教材开发与使用［M］．北京：高等教育出版社，2003.

［10］毕华林．化学新课程理念与实施［M］．济南：山东教育出版社，2004.

［11］王祖浩．走近课堂——初中化学新课程案例与评析［M］．北京：高等教育出版社，2004.

专题二　科学表述三维目标

1. 理解不同层次教师科学表述三维目标能力达标的检核标准。

2. 科学表述三维目标，能够正确选择行为动词表述三维目标，能够将三维目标进行有机整合，恰当表述，逻辑严谨，具有可操作性、可测评性。

3. 结合案例设计、研讨与反思，把握科学表述三维目标的一般思路和方法，提高科学表述三维目标的能力。

一、问题的提出

案例描述

案例 2-1　人教版高中必修 1 第三章第一节"金属的化学性质"(第二课时)三维目标

1. 知识与技能

认识钠与水的反应，铁与酸、水的反应。

2. 过程与方法

进行实验现象的观察与讨论，进一步提升观察能力和逻辑思维能力。

3. 情感态度与价值观

通过奇妙的化学实验的操作和精彩的化学实验现象(如钠与水反应)感受化学世界的美妙变化，提高学习化学的兴趣。

案例研讨

1. 您认为本案例中该教师三维目标知识与技能的表述是否明确？若不明确，应如何改进？

2. 您认为该教师的三维目标过程与方法的表述中，所采用的行为动词方便在课堂上具体操作吗？您认为本节课可以通过哪些实验现象的观察与讨论，提升观察能力和逻辑思维能力？

3. 如果是您，如何将本案例的三维目标进行有机整合、科学表述，使其具有可操作性和可测评性？

问题聚焦

1. 科学表述三维目标要求教师准确把握三维目标的内涵，您认为三维目标的内涵是什么？

2. 您认为本案例三维目标知识与技能的表述应如何修改，才更明确？

3. 您认为本案例三维目标过程与方法的表述中，所采用的行为动词应如何修改，才方便在课堂上具体操作？

二、能力解读

内涵揭示

科学表述三维目标要求教师准确把握三维目标的内涵：

1. 知识与技能目标

所谓知识，就是人们在改造世界的实践中所获得认识和经验的总和，它主要是指学生要学习的学科知识，包括事实、概念、原理、规律等。技能是指通过练习而形成的，完成某种任务所必需的活动方式，一般包括智力技能和动作技能。知识与技能二者是辩证统一的，知识是技能的基础，技能是知识的升华；没有知识，就谈不上技能，没有技能，知识也无用武之地。因此，在教学中既要加强基础知识的教育，又要在学习知识的过程中培养学生的能力，两者不能偏颇。知识与技能是通过一定时间的教学，学生学习行为变化要达到的结果，即学生在知识方面要获取多少，在技能上要提高到何种程度，要取得何种结果，这是知识目标和技能目标具有的共性特征，所以，把知识与技能合在一起又叫作结果性目标。

2. 过程与方法目标

过程与方法目标是新一轮基础教育改革中的创新。所谓过程，就是指为达到教学目的而必须经历的活动程序；方法是指师生为实现教学目标和完成教学任务在共同活动中所采用的行为或操作体系，这里主要是学生的学习方法。与过程、方法相对应的就是结论，所谓结论，就是指教学所要达到的目的或所需获得的结果，二者相互作用、相互转化，共同结合，体现一门学科的整体内涵和思想。过程与方法目标最重要的特征就是亲身体验。体验是知识的升华，体验的信息可以成为日后解决类似问题的经验。所以，学生在过程中可以获得知识与技能，并最终内化为个性化特征。传统教学也重视过程与方法，但是传统教学仅仅把过程与方法作为服务于结论的手段，学习的目的还是掌握结论。虽然理解并掌握正确的结论是教学的重要目的，但如果学生没有经过一系列的质疑、判断、比较、选择及相应的分析、综合等思维活动和认识活动，结论很难获得，也难以真正理解和巩固。基于此，新课程改革把过程与方法本身作为目标的重要组成部分，让学生经历过程和探索方法，给学生带来的是探索的体验、创新的尝试、实践的机会和发现的能力，这些都比那些具体的结论更重要。

3. 情感态度与价值观目标

情感态度与价值观，是人对亲身经历过的事实的体验性认识，以及由此产生的态度和行为习惯。其中，情感是人对客观现实的对象和现象的刺激所产生的心理反应，它分为积极情感和消极情感；态度是社会心理学基本概念之一，指在一定情境下，个体对人、物或事件，以特定方式进行反应的一种心理倾向；价值观就是对某一知识、事物的价值判断，就是对某一知识、事物有用无用，有多大用处等认识的价值取向。其中情感决定并形成态度，而态度体现情感，往往积极的情感形成正确的态度，消极的情感形成错误的态度。教师的责任就是要指导学生用积极的情感战胜消极的情感，用科学的态度去克服消极的态度，并逐步形成良好的行为习惯。情感和态度是价值观形成的基础，没有积极的情感和正确的态度，就不会有科学的价值观。价值观是情感和态度的升华，并决定了人们的情感态度。价值观一旦形成，就会影响人对事物的态度和情感。情感态度与价值观不仅有着密切的内在联系，还有一种共同的功能，就是对教学过程与方法的优劣有极其重要的影响和制约作用，对知识与技能目标的达成有巨大的调控作用。因此，把三者放在一起，称为体验性目标。

标准解读

《北京市朝阳区教师教学基本能力检核标准》中"科学表述三维目标"能力的检核标准如下：

维度	关键表现领域	能力要点	合格	良好	优秀
教学设计能力	教学目标制订能力	科学表述三维目标	能够正确选择行为动词表述三维目标，逻辑严谨。	能够恰当表述具有可操作性的三维目标。	能够将三维目标进行有机整合，使其具有可测评性。

（一）合格水平

对于合格水平的教师要求是：能够根据教学目标的不同维度，选择采用结果性目标动词或体验性目标动词，且陈述能前后一致。

案例2-2　人教版高中化学教材选修5《有机化学基础》第三章第四节"有机合成"（第1课时）合格水平三维目标

人教版选修5《有机化学基础》第三章第四节有机合成，是对前面所学有机化学知识的延伸、综合和应用，同时，为学习第五章"进入合成有机高分子化合物的时代"提供了方法上的基础，可见本节课起到"承上知识、启下方法"的作用。某教师进行了如下的三维目标的表述：

1. 知识与技能

（1）能列举常见有机物官能团的性质及转化的一些方法。

（2）认识有机合成的基本过程和基本原则。

（3）学会逆合成分析法在有机合成中的应用。

2. 过程与方法

（1）通过设计情景问题，体会逆合成分析法在有机合成中的应用。

（2）通过有机合成的训练，建立有机合成的思维模型。

3. 情感态度与价值观

通过有机合成在军工、医药、材料等方面的广泛应用，体会有机合成对人类的重要影响，感受有机合成的巨大魅力。

此案例的三维目标能够选择不同类型的行为动词进行表述，且目标之间层次较为分明，逻辑较为严谨。但是三维目标的表述不够具体，可操作性和可测评性较弱，属于合格水平。

（二）良好水平

对于良好水平的教师要求是：能够选择具有可操作性的动词来表述三维目标。

案例2-3　人教版高中选修5《有机化学基础》第三章第四节"有机合成"（第1课时）良好水平三维目标

1. 知识与技能

（1）通过合成草酸二乙酯，认识有机合成的一般过程和主要任务。

（2）通过有机物转化关系的梳理，能表示有机合成中常见官能团碳碳双键、卤素原子和羟基的引入和转化方法；官能团种类、数量、位置的转化方式；碳骨架增长、缩短、成环的途径。

（3）能根据目标分子特点，进行分析对比切割，复原逆合成分析。

2. 过程与方法

（1）通过师生互动，小组合作，掌握有机合成的基本方法。

（2）通过逆合成分析法的尝试、总结与归纳，初步认识逆合成分析法的基本步骤思路。

3. 情感态度与价值观

通过设计合成具体物质，体会学习各种有机化合物性质和转化的意义与价值，体会运用知识解决问题的乐趣，体验化学学科的魅力。

此案例的三维目标除选择使用不同类型的行为动词进行表述外，目标之间层次分明、逻辑严谨，三维目标中所使用的行为动词具有可操作性，且三维目标整体上陈述具体、明晰，属于良好水平。

（三）优秀水平

对于优秀水平的教师要求是：能够围绕教学任务、教学片段或教学活动整合三维目标，并且在表述上能够选用可操作性和可测评性的行为动词。

案例 2-4　人教版高中选修 5《有机化学基础》第三章第四节"有机合成"（第 1 课时）优秀水平三维目标

1. 知识与技能

（1）学生通过由乙烯合成乙酸乙酯的路线设计，初步了解有机合成的一般过程和主要任务之一是官能团的引入与转化。

（2）学生通过模仿教师书写乙酸乙酯的合成路线，学会有机合成路线的正确表达方式。

（3）学生通过已有知识的应用及梳理，掌握有机合成中常见官能团的引入和转化方法，初步了解有机物分子碳骨架构建的简单方法。

2. 过程与方法

（1）学生通过由乙烯合成三种有机物的合成路线设计，掌握有机物分子骨架的构建及官能团的引入和转化的主要方法，初步形成表达有机合成过程的基本方法。

（2）学生通过设计由乙烯合成丙酸甲酯的合成路线，锻炼和培养学生提取有用新信息、加工利用信息的能力，了解对不同有机合成路线进行优化的基本原则和方法。

（3）学生通过由乙烯合成草酸二乙酯的合成路线设计，初步了解逆合成分析法的基本思路，掌握逆合成分析法的关键——切断，引入合适官能团。

3. 情感态度与价值观

（1）学生通过设计具体物质的合成路线，并了解有机合成的三个主要发展方向，体会学习各种有机化合物性质和转化的意义与价值，激发其进行有机合成探究的欲望和兴趣，体会运用知识解决问题的乐趣，感受化学学科的魅力。

（2）学生通过对不同的合成路线进行评价优化，体会"绿色化学"的思想。

（3）学生通过利用已有知识和新信息完成丙酸甲酯的合成路线，体会信息获取、加工、应用能力的重要性，激发其不断学习、探索的兴趣。

案例 2-4 的闪光点在于从三维目标的陈述过程中可以清晰感受到"有机合成路线的设计"这一教学活动贯穿其中，使三维目标达到有机整合，目标具体可行，也具有可测评性，属于优秀层次。

◆ 方法导引 ●

"三维目标"是课程目标中的三个维度，其中知识与技能是载体和基础，过程和方法是依托，情感态度和价值观目标是终极归宿。三者相互联系，相互依赖，构成一个不可分割的有机整体，教学中应该进行整合设计和表述。

（一）正确理解三维目标

1. 知识与技能目标

知识与技能目标是化学课程的基础目标，是教师钻研课标和教学指导意见、教材后，在教学设计时首先必须明确的目标。化学基本知识、基本技能是过程与方法、情感态度与价值观目标落实的不可缺少的载体和基础。学生要想高效地参与化学教学过程，熟练地掌握化学学习方法，顺利地形成正确的情感态度与价值观，都离不开化学基本知识、基本化学技能。三维目标的提出是避免把化学基本知识、基本技能作为唯一的目标，忽略过程与方法、情感态度与价值观目标。但在实施新课程的过程中，倡导引导学生进行自主、合作、探究式的学习，并不意味着走向另一个极端———忽视"双基"，或者认为"双基"已经过时。实际教学中，有些化学课堂表面活动热烈，花样繁多，看似热热闹闹，但到底落实了多少知识与技能，值得深思。

2. 过程和方法目标

过程和方法目标是化学课程的关键目标，教师需要教给学生获取知识的方法，学生们必须学会如何做科学。"科学是创造知识的一个过程"，概念性知识与方法性知识具有内在的统一性：一定的探究过程和方法论必然对应着一定的探究结论或结果，而探究过程和方法论又内在于概念原理体系之中，并随概念原理体系的发展而不断变化。在化学教学中，化学学科的概念原理体系只有和相应的化学科学探究过程结合起来，才能使学生的智力和整个精神世界获得实质性的发展和提升。

作为课程改革的关键目标，"过程和方法"是三维目标的依托。

3. 情感态度与价值观目标

在新课程中，化学情感态度与价值观不再是化学知识与能力的陪衬、附属，而是化学课程的终极目标。这既体现了化学教学认知与情意的统一，也凸显了情感态度与价值观在化学教学中的作用。只有当一个学生掌握的知识与技能、经历的过程、形成的方法，最终都升华为情感态度和价值观目标，升华为意识、观念、责任、习惯，他们就有了科学地认识周围世界的思想方法和观念，才真正具备了化学科学素养和人文素养，这对于学生的终身发展来说，将是受益无穷的。

（二）表述三维目标时，一般要考虑以下四个因素

1. 行为主体

教学目标应写成学生的学习行为，而不是教师的教学行为，如用"能认出……""能解释……""能设计……""能写出……""对……做出评价"或"根据……对……进行分析"等描述。

2. 行为动词

教学具体目标应采用可操作、可测评的行为动词来描述。如"认出""说出""描述""解释""说明""分析""评价""模拟""参与""讨论""交流""认同""拒绝"等行为动词意义明确、易于观察、便于检验等。

3. 行为条件

有时需要表明学生在什么情况下或什么范围内完成指定的学习活动，为评价提供参照的依据。

4. 表现程度

指学生对目标所达到的表现水准，用以测量学习表现或学习结果所达到的程度。

需要说明的是，三维目标的可操作性和可测评性一般是相辅相成的，动词表达具有可操作性，一般即具有可测评性，反之亦然。但两者在侧重点上又有区别。可操作性和可测评性都注重对外显动词的选择，可测评性还要求行为条件的情境化和表现程度的具体化。

下面主要列举一些常用的目标描述的行为动词，供大家参考。

学习水平	常用行为动词
知识	了解——说出、背诵、辨认、回忆、选出、举例、列举、复述、描述、识别、再认等。 理解——解释、说明、阐明、比较、分类、归纳、概述、概括、判断、区别、提供、猜测、预测、估计、推断、检索、收集、整理等。 应用——应用、使用、质疑、辩护、设计、解决、撰写、拟订、检验、计划、总结、推广、证明、评价等。
技能	技能——模拟、重复、再现、例证、临摹、扩展、缩写等。 独立操作——完成、表现、制订、解决、拟订、安装、绘制、测量、尝试、试验等。 迁移——联系、转换、灵活运用、举一反三、触类旁通等。
过程与方法	经历、感受、参加、参与、尝试、寻找、讨论、交流、合作、分享、参观、访问、考察、接触、体验等。
情感态度与价值观	反应——遵守、拒绝、认可、认同、承认、接受、同意、反对、愿意、欣赏、称赞、喜欢、讨厌、感兴趣、关心、关注、重视、采用、采纳、支持、尊重、爱护、珍惜、蔑视、怀疑、摒弃、抵制、克服、拥护、帮助等。 领悟——形成、养成、具有、热爱、树立、建立、坚持、保持、确立、追求等。

（三）三维目标表述的基本方式

一是采用结果性目标的方式，即明确告诉人们学生的学习结果是什么，所采用的行为动词要求明确、可操作、可测量。这种方式指向可以结果化的课程目标，主要应用于知识与技能领域。二是采用体验性或表现性目标的方式，即描述学生自己的心理感受、体验或明确安排学生表现的机会，所采用的行为动词往往是体验性的、过程性的，这种方式指向无须结果化的或难以结果化的课程目标，主要应用于过程与方法、情感态度与价值观领域。

（四）化学学科三维目标的特点

1. 知识与技能：强调知识与技能的连贯性

案例 2-5　新课程人教版"氧化还原反应"知识与技能分析

"氧化还原反应"，初中阶段要求达到"知道"水平，包括从得氧、失氧角度判断氧化反应、氧化剂、还原反应、还原剂，氢气的还原性和一氧化碳的还原性。高中阶段（高一）要求达到"理解"水平，包括根据化合价升降或电子转移来判断氧化剂和还原剂及配平氧化还原反应方程式。高中阶段（高二）要求能"应用"氧化还原原理来认识铜锌原电池的原理、饱和氯化钠溶液和氯化铜溶液的电解等知识。高中阶段（高三）要求能"应用"氧化还原反应的规律研究陌生物质的化学性质，会书写陌生的氧化还原反应的方程式。在设计教学目标时，要注意到知识的连贯性。

2. 过程与方法：强调过程与方法的实践性

化学是一门实验的科学，化学与社会生活、生产实践有密切的关系。《课程标准》中的"课程总目标"中的"过程与方法"要求：①逐步培养学生自主学习能力，简单实验设计能力，对化学知识和实验设计的评价能力，对学习内容、过程和方法的反思能力等；②让学生认识科学探索的一般方法，掌握化学探究中常用的、有效的实验方法和手段，学会观察、记录化学现象及数据处理等，了解化学原理应用于实际化工生产的方法。上述目标的达成一定是以化学实践（包括化学实验、化工生产等）为载体而实现的，教师不太可能脱离化学实践而去实现"过程与方法"目标的要求。

3. 情感态度与价值观：强调情感态度与价值观以学生发展为本

情感态度与价值观目标在化学中主要涵盖：①树立科学的基本道德；②崇尚实事求是的科学精神；③培育民族精神；④培养社会责任心；⑤塑造团队合作精神等。

其实这些方面都是围绕在"以学生发展为本"这一新课程理念下的。

（五）三维目标的整合

三维目标体现的是人的整体性发展，不是三种目标，也不是三种类型，而是同一事物的三个维度，如同长方体的长、宽、高一样。三维目标之间有着紧密的内在联系，三者之间是一个不可分割的整体，但也并非简单的并列关系，而是彼此渗透，相互融合，统一于学生的成长与发展之中。知识与技能是实现过程与方法、情感态度与价值观两个目标维度的载体；过程与方法是连接知识与技能、情感态度与价值观两个目标维度的桥梁；情感态度与价值观是教学中知识与技能、过程与方法的升华。教师认识和把握其内在联系，才能领会新课程目标的实质，才能在教学设计和教学实施中取得最佳的整合效果，才能逐步实现学科素养的培养目标。综上所述，三维目标之间是相互依存、相互支持的，构成了一种多向的、非线性的关系。这种关系可以用图表示出来。

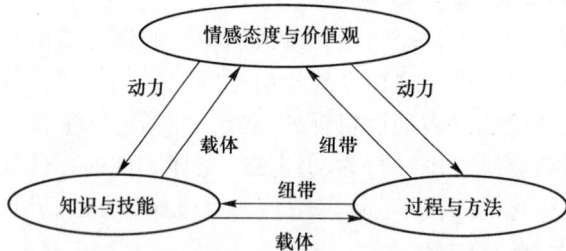

在学科教学中，三维目标之间相互支持、相互依存的关系是怎样实现的呢？如何在学科教学中有效地整合三维目标呢？北京师范大学教育心理与学校咨询研究所的李亦菲博士和朱小蔓博士认为，为了实现三维目标整合，必须寻找到一个能将三个维度共同固着其上的"锚"，但这个"锚"不应该是凌驾于三维目标之上的、抽象的"人的发展"，而应该是与三维目标处在同一个层面的、具体的教学事件。由此，可以建立三维目标整合的 KAPO 模型，其中，K、A、P 分别代表知识与技能目标、过程与方法目标、情感态度与价值观目标，O 代表教学事件。在 KAPO 模型中，教学事件是核心。

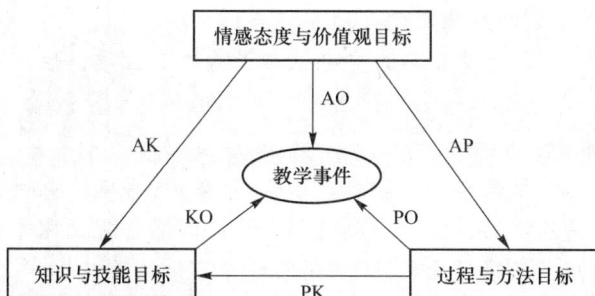

加涅以学生的内部过程为基础，提出了"九大教学事件"，每一种事件都与特定的学习过程相对应。可见，围绕教学事件整合三维目标，实质上也就是围绕学生的内部学习过程整合三维目标。

教学事件	对应的内部过程
(1)引起注意	(1)接受各种神经冲动
(2)告诉学生目标	(2)激活执行控制过程
(3)刺激回忆先前的学习	(3)将先前的学习提取到工作记忆之中
(4)呈现刺激材料	(4)突出有助于选择性知觉的特征
(5)提供学习指导	(5)语义编码，提取线索
(6)出示作业	(6)激活反应组织
(7)提供作业正确性的反馈	(7)建立强化
(8)评价作业	(8)激活提取，使强化成为可能
(9)促进保持和迁移	(9)为提取提供线索和策略

案例 2-6　人教版教科书选修 5 有机化学基础第三章第三节"羧酸酯"(第 1 课时)三维目标

1. 知识与技能

(1)能正确写出乙酸的分子组成及分子结构，能正确书写出乙酸的官能团——羧基。

(2)能从色味态、溶解性、熔沸点等角度描述出乙酸的主要物理性质，知道纯乙酸又称冰醋酸。

(3)能说出乙酸的通性，并解释原因。能设计实验比较其与一些酸的酸性强弱。

(4)初步掌握酯化反应的实验装置构造、反应条件及反应机理，能正确书写出反应的化学方程式，以及说出提高乙酸乙酯产率的一些方法。

(5)熟练一些仪器的操作。

(6)能说出乙酸在生产、生活中的一些重要用途。

2. 过程与方法

(1)通过探究乙酸化学性质的实验设计和学生动手实验，经历依据实验原理将综合实验分解的实验设计思路，以及在进行对比实验时的控制变量的实验方法，同时体会通过观察、现象分析得出结论的实证研究方法。

(2)通过同位素原子示踪法在化学研究中的应用和对酯化反应过程的分析、推理，感受

（培养）从现象到本质、从宏观到微观的自然科学思维方法。

（3）通过乙酸化学性质的探究学习，充分认识结构决定性质、性质反映结构的学科思想方法。

3. 情感态度与价值观

（1）通过乙酸与其他酸性质对比的学习，体验（学会）用辩证的观点看待问题。

（2）通过解释醋酸清洗水垢、酒越存放越香、烧鱼加醋去腥提味等生活实例，学生进一步理解"化学是一门实用性很强的学科"，从而激发学习化学的兴趣。

（3）通过探究乙酸化学性质的实验设计和学生动手实验，逐渐形成大胆创新、团结合作的优良品质。

在实践中，要真正将三维目标有效整合是存在很大难度的。从教学效果来看，三维目标很难一起落实，不是这个体现不足，就是那个有所忽略。虽然说不能保证每节课都能达到既定的目标，实现三维目标的整合，特别是技能、情感态度与价值观的目标是不可能单靠一两节课就做到的，它应该是一个长期的任务，是一点一滴积累起来的。但是，在教学中，教师应该尽最大的努力去落实和实现三维目标的整合，在课堂上，教师要尽可能地设计出一个个好的教学环节，以达到多个教学目标，将三维目标作为一个完整的体系来把握。首先，要认真研读《课程标准》，掌握基本理念和设计思路，认真研究教材，吃透教学的编写目的，科学合理地确定每一节课的教学目标；其次，有效整合三维目标需要正确的分解，才能做到目标明确，心中有数，才能做到有效落实；最后，在课堂上要认真落实每一个活动设计，只有靠着长期的学习和积累，才能保证最终目标的实现。

三、案例观摩

案例描述

案例 2-7 人教版高中化学必修 1

氮的转化——以 N 元素为例，构建元素化合物学习与复习的基本思路

学习目标			教学活动	学习活动
不同难度目标	三维目标	具体化目标		
水平1 知识提取	知识与技能	1. 通过绘制氮元素物质家族的价类二维图、书写方程式，设计重点实验，复习氮元素单质及其化合物的相关知识与技能。	设计课前自主复习作业，分享、指导、评估学生自主学习情况。	绘制氮元素物质家族物质之间的转化关系图（价类二维图）；根据连线书写相关转化的化学方程式或离子方程式；选择上述几个重点转化关系，设计实验，实现上述转化过程。
	过程与方法			
	情感态度与价值观			

续表

学习目标			教学活动	学习活动
不同难度目标	三维目标	具体化目标		
水平2理解分析	知识与技能	2. 以氮元素物质家族的重点物质氨气和硝酸的性质和制备为载体，应用价类二维图并体会价类二维图在元素化合物学习和复习中的作用，复习重点转化关系的方程式及其用途。	【核心问题】日本人处心积虑、迫不及待侵占天津永利碱厂的险恶目的是什么？	独立思考、小组交流研讨、汇报分享：
	过程与方法		任务一：根据价类二维图，氨气和硝酸的性质有哪些？	应用价类二维图，重新认识已学过的氨气与硝酸的性质及制备的相关知识，体会价类二维图对元素化合物学习中认识角度、认识对象的便利和提升，尤其是在解决性质和转化这两大化学问题上的整合作用。
	情感态度与价值观	3. 通过历史中的人物与事件，感受化学家的爱国精神和化学在国防和实际生产生活中的作用。	任务二：根据价类二维图，通过哪些转化途径能制备氨气和硝酸？哪些反应适合实验室制备？哪些反应适合工业制备？你认为硝酸的工业制备要考虑的关键问题是什么？	
水平3知识应用	知识与技能	4. 以硝酸工业尾气和汽车尾气处理为载体，灵活应用价类二维图解决实际化学问题和书写陌生情境氧化还原反应方程式，再次体会化学在实际生产生活中的作用。	任务三：如何处理硝酸工业的尾气？如何处理汽车的尾气？	独立思考、小组交流研讨、汇报分享：把价类二维图变为解决陌生情境中问题的工具
	过程与方法			
	情感态度与价值观			

✳ 案例分析

在课标中，元素化合物学习的三维目标如下。知识与技能：钠、铝、铁、铜；氯、氮、硫、硅等元素及其重要化合物的主要性质。过程与方法：基于实验和探究过程学习；运用物质分类、氧化还原反应和离子反应的基本原理学习；运用所学知识解决有关问题。情感态度与价值观：了解化学方法在实现物质间转化中的作用；认识合成新物质对人类生活的影响，以及化学在自然资源综合利用方面的重要价值；体会化学对环境保护的意义，在化学合成中遵循"绿色化学"等。基于元素化合物学习的三维目标，本案例中该教师从知识提取、理解分析、知识应用三个由易到难的水平制订了学习目标，在每个水平侧重不同的三维目标。

（一）本案例中教师科学表述三维目标，彼此渗透，相互融合

新课程标准要求教师在课堂教学中注重知识与技能、过程与方法和情感态度与价值观三维目标的有机整合，即在关注知识和技能学习的同时，还要关心学生学的过程，关心他们在学的过程中有什么样的情感体验。

水平1：知识提取

通过绘制氮元素物质家族的价类二维图、书写方程式，设计重点实验，复习氮元素单

质及其化合物的相关知识与技能。

水平2：理解分析

①以氮元素物质家族的重点物质氨气和硝酸的性质和制备为载体，应用价类二维图并体会价类二维图在元素化合物学习和复习中的作用，复习重点转化关系的方程式及其用途。

②通过历史中的人物与事件，感受化学家的爱国精神和化学在国防和实际生产生活中的作用。

水平3：知识应用

以硝酸工业尾气和汽车尾气处理为载体，灵活应用价类二维图解决实际化学问题和书写陌生情境氧化还原反应方程式，再次体会化学在实际生产生活中的作用。

水平1侧重于知识与技能，强调知识与技能的连贯性。通过学生课前自主复习达成。学生通过"一画二写三设计"，将学生头脑里零散的物质及方程式梳理整合到价类二维图中，引导学生初步体会价类二维图在整合与扩展元素化合物研究对象方面的作用。水平2侧重于过程与方法，强调过程与方法的实践性。通过任务一和任务二达成。任务一：根据价类二维图，氨气和硝酸的性质有哪些？其意图：通过价类二维图这一方法和思想，重新认识学生已有的陈述性知识。任务二：根据价类二维图，通过哪些转化途径能制备氨气和硝酸？哪些反应适合实验室制备？哪些反应适合工业制备？你认为硝酸的工业制备要考虑的关键问题是什么？其意图是：通过价类二维图这一方法和思想，整合优化学生已有的陈述性知识，承上启下，难度增加，由点到面。水平3侧重于情感态度与价值观，强调情感态度与价值观以学生发展为本，通过任务三达成。任务三：如何处理硝酸工业的尾气？如何处理汽车的尾气？其意图是：通过价类二维图这一方法和思想，迁移应用，解决新情境下的新问题。

（二）本案例中教师科学表述三维目标，体现本节课的核心思想

核心思想：帮助学生构建和应用学习元素化合物知识的方法和思路，形成与元素化合物知识学习有关的化学基本观念，如元素观、分类观、氧化还原转化观，引导学生以元素为核心构建物质世界，运用分类与氧化还原知识认识和研究物质。

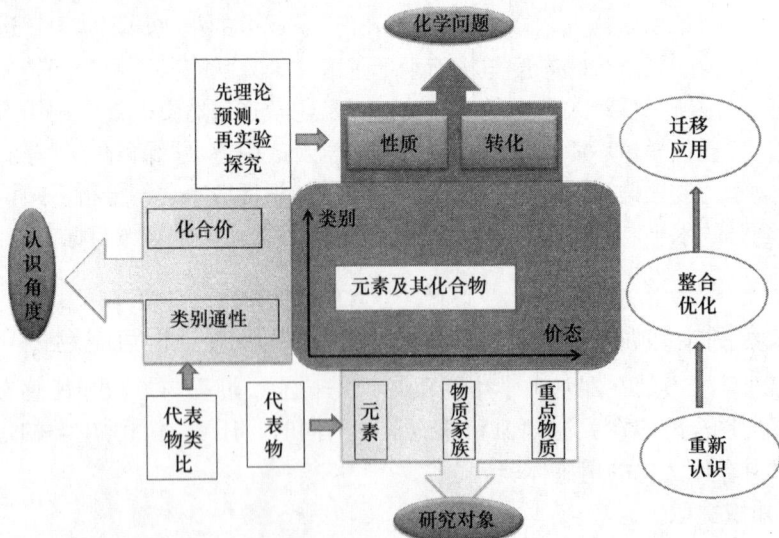

（三）本案例中教师科学表述三维目标，凸显本节课的重难点

重点：应用价类二维图分析氮元素物质家族中的重点物质氨气和硝酸的性质与制备，形成学习和复习元素化合物的思路与方法，并应用于新情境。

难点：深刻理解价类二维图的意义，并能在新情境（硝酸工业尾气与汽车尾气的处理）下自觉将价类二维图作为解决问题的工具，最终将有形的价类二维图内化为无形。

从《北京市朝阳区教师教学基本能力检核标准》可以看到，科学表述三维目标首先应能够正确选择行为动词表述三维目标，逻辑严谨，能够恰当表述具有可操作性的三维目标，并且能够将三维目标进行有机整合，使其具有可测评性。本案例从三维目标的陈述过程中可以清晰感到"价类二维图"这个解决问题的工具贯穿其中，使三维目标达到有机整合，目标具体可行，也具有可测评性，属于优秀层次的三维目标的表述。

案例 2-8　人教版九年级化学第二单元"制取氧气"这一课题（第 1 课时）的三维目标

学习目标		教学活动	学习活动
任务一	知识与技能 过程与方法 情感态度 与价值观	生活情境1："氧来乐" 生活情境2：特种部队30秒野外生火技巧训练 你还知道其他哪些方法能得到氧气吗？ 在板书上罗列以上几种可生成氧气的方法。 思考：（1）从以上例子可知，想得到氧气，原料需要具备什么条件？ （2）以上例子都可用于实验室制氧气吗？你认为实验室制取气体时，选择药品的要求是什么呢？	分析思考得出结论： $2H_2O_2 \rightarrow 2H_2O + O_2$ $2KMnO_4 \xrightarrow{\text{加热}} K_2MnO_4 + MnO_2 + O_2$ 学生可能会说出： 光合作用：由 CO_2 制 O_2 氧化汞分解： $2HgO \xrightarrow{\text{加热}} Hg + O_2$ 学生思考、讨论、回答： （1）原料必须含氧 （2）实验室制气体药品选择的要求： ①操作简单； ②反应条件易达到； ③便于收集（制得气体纯净、反应速率适中……）。 从而归纳出实验室制氧气的药品可能为：高锰酸钾、过氧化氢。
	1. 利用学生已知知识，学生思考、讨论用哪些物质或哪些方法能获得氧气，并通过生活情境初步学习用高锰酸钾、过氧化氢制取氧气的原理，从而了解制取氧气必须用含氧元素的物质做反应物，建立元素守恒观。学生能够根据最优原则选出实验室制取氧气的药品。 2. 通过生活情境中氧气的制取，进一步体会化学物质制备对人类的重要意义。		
任务二	知识与技能 过程与方法 情感态度 与价值观	加热高锰酸钾，导管口放带火星的木条，观察现象。 探究： 实验： 1. 过氧化氢； 2. 二氧化锰； 3. 过氧化氢和二氧化锰混合； 4. 多次向二氧化锰中加入过氧化氢溶液，观察是否能使带火星的木条复燃	木条复燃，根据想象分析，稍加热就能产生氧气，且速率适中，可以用于实验室制氧气。 学生自己动手实验。 让学生通过实验比较，产生一定的想法，使学生逐步感受催化剂的概念，引导学生得出催化剂能够改变反应速率的结论。
	1. 练习药品的取用、物质的加热等基本操作，并能检验氧气的产生。 2. 通过实验探究，对比、分析出实验室用过氧化氢制氧气时要加入二氧化锰做催化剂，并认识催化剂和催化作用。 3. 通过体验实验过程，体会实验成功的快乐。		

续表

学习目标			教学活动	学习活动
任务二	知识与技能 过程与方法 情感态度 与价值观	4. 通过学生扫描二维码观看实验视频(当蔬菜遇上双氧水),感知二氧化锰并不是过氧化氢分解的唯一催化剂,并再次体会化学在实际生产生活中的作用,体会化学与生活的密切关系。	问题: 1. 实验1说明了什么问题? 2. 实验2说明了什么问题? 3. 对比实验3、4,通过观察、分析,二氧化锰有没有发生变化? 4. 综合以上分析,什么物质在反应中放出氧气?二氧化锰在反应中起什么作用?	扫描二维码观看视频
任务三	知识与技能 过程与方法 情感态度 与价值观	通过对氧气制取原理及过程的探究,初步学习通过化学实验制取新物质的一般方法,初步学习分析处理实验中具体问题的一般思路。	总结实验室制取气体的原理、要求和一般过程。	学生感知,归纳提升

(案例提供:北京市第十七中学赵婧;北京工业大学实验学校刘迎迎)

三维目标的整合就是把知识与技能、过程与方法、情感态度与价值观三个维度的目标,缺一不可地融合成一个整体。知识与技能是基础,过程与方法是桥梁,情感态度与价值观是更高层次的升华,三者相互依靠、相互融合。如果说掌握了"知识与技能"这一维度是学会的话,那么"过程与方法"这一维度就是会学,"情感态度与价值观"这一维度就是乐学。只有学会了,才乐学,也才会学;反过来,只有乐学,才能促使学生学会、会学;有人说,如果把"三维目标"比作一棵植物,"知识与技能"就是植物的根,它是基础、是根本,只有它深入土壤,才能使植物长成参天大树。"情感态度与价值观"是植物历尽辛苦、付出努力后得到的果实,是最后的结果,是教育最终的目的。那么,"过程与方法"就是连接根与果实的茎,是为了达到最终目的而使用的方法、策略。

在该案例中,每一个任务都有该任务的具体化目标,并且每一条目标都是将三个维度相互渗透、互相融合后产生的,目标明确,操作性、测评性强。以知识与技能学习为载体,设计合理的教学过程,在活动中传授方法,同时激发学生的学习兴趣,培养学生的情感态度与价值观,而且都围绕着实验室制取氧气,重点突出。

任务一中,通过对生活中的一些现象和生存方法的描述,以此来初步探讨实验室制氧气的方法,在这个过程中,学生最终能够学习到实验室制氧气的两种方法:过氧化氢制氧气和高锰酸钾制氧气,这达到了知识与技能目标;同时,得到的知识又不是直接讲授出来的,而是通过设计两个生活情境,学生共同探讨出来的,学生体会到了化学物质制备在人类的生活中起到很大作用，对人类有着重要意义，所以这个任务中包含了过程与方法及情感态度与价值观。另外，通过阅读"氧来乐"的资料，学生从资料中获取信息的能力得到培养。所以，在这个教学活动中将知识与技能、过程与方法和情感态度与价值观进行了有机整合，也实现了知识与技能、过程与方法和情感态度与价值观的学习目标。

任务二中，对过氧化氢制氧气的实验进行了探究，运用对比实验的思想，学生进行观察、思考和讨论之后学习了过氧化氢制氧气和认识催化剂两个知识点。这种通过实验探究对比、分析的方法，学生最终得到相应知识，很好地对三维目标进行了整合。

任务三中，学生在总结、思考几种制氧气的方法，并发现它们的共同点的过程中，提取信息、概括信息的能力得到进一步提升，初步认识元素守恒观，学到了知识。在这个过程中，将三维目标进行了再次整合。

总之，本案例以学生为主体，知识与技能为基础，将过程与方法、情感态度与价值观渗透到每一个小的知识技能点中，进行了有机整合，所以达到了优秀层次。

▰▰▰ 学会反思 ▰

1. 讨论案例 2-7、案例 2-8 中科学表述三维目标值得我们学习的方面。

2. 案例 2-7、案例 2-8 中科学表述三维目标给我们什么启示？

四、能力训练

（一）案例分析训练

▰▰▰ 案例描述 ▰

案例 2-9　三位老师关于人教版高中化学选修 4 第三章第四节"难溶电解质的溶解平衡"三维目标表述的案例

教师 A：

1. 知识与技能

(1)认识沉淀溶解平衡的建立过程及难溶物在水中的溶解情况；

(2)能描述沉淀溶解平衡；

(3)初步认识沉淀转化的实质；

(4)知道溶解平衡在生活中的一些应用。

2. 过程与方法

(1)利用可溶电解质的溶解平衡实验建立溶解平衡的概念；

(2)在演示实验的基础上理解沉淀溶解平衡；

(3)采用讨论学习、独立思考，学生分析问题的能力得到提升。

3. 情感态度与价值观

建立化学以实验为基础的学科观、透过现象看本质的科学素养及辩证主义教育。

教师B：

1. 知识与技能

(1)学生能通过演示实验体会可溶盐中存在溶解平衡。

(2)学生能通过探究实验1，体会 Ag^+ 和 Cl^- 不能反应得彻底，存在溶解平衡。

(3)学生能通过两组实验体会难溶电解质溶解平衡建立的过程。

(4)通过预测 AgI 和 Na_2S 能否发生反应，以及实验验证，归纳出沉淀间发生转化的规律。

(5)学生能初步运用溶解平衡原理分析锅炉中水垢的成分，并能设计实验方案除去水垢。

2. 过程与方法

(1)通过饱和氯化钠溶液在浓盐酸中析出，体会可溶性盐存在溶解平衡，进而进一步理解难溶电解质的溶解平衡的建立。

(2)通过实验探究理解溶解度的相对性，建立难溶电解质的溶解平衡模型。

(3)通过氯化银、碘化银、硫化银沉淀的生成实验，初步建立分析沉淀转化问题的方法，培养分析问题的思维。

(4)通过对锅炉水垢成分的分析，设计实验方案除水垢，探究实验，培养动手能力和运用化学方法解决问题的化学思维。

(5)建立"发现问题——提出问题——问题预测与分析——实验验证——总结归纳"的化学学习模式。

3. 情感态度和价值观

(1)体验理论对实践的指导作用。

(2)体验化学学科实际价值，激发学生学习化学的热情。

教师C：

1. 知识与技能

(1)通过实验建立沉淀(结晶)溶解平衡的概念，了解溶度积常数的化学意义，能够根据溶液中离子积与浓度积常数的相对大小，判断平衡移动的方向。

(2)通过 $Mg(OH)_2$ 沉淀溶解平衡的建立和条件改变后平衡移动的分析讨论，理解外界条件对难溶电解质的沉淀溶解平衡移动的影响(沉淀的生成、溶解、转化)。学会从微粒(离子)的层面描述沉淀溶解平衡的建立及移动，知道沉淀转化的本质是沉淀溶解平衡的移动。

(3)通过有关沉淀溶解平衡实例的分析，了解难溶电解质溶解平衡在生产生活中的应用。

2. 过程与方法

(1)在建立沉淀溶解平衡概念的过程中，通过实验建立起"宏观现象——微观本质——符号表达"三者之间的联系，进一步强化微粒观。

（2）通过沉淀溶解平衡概念的建立，拓展对物质"溶"与"不溶"的理解，知道溶与不溶是相对的，没有绝对的不溶的物质，溶解的程度是有大小的，难溶≠不溶。

3. 情感态度和价值观

（1）通过化学平衡知识在解决实际问题中的应用，进一步感受化学知识与人类生活的密切关系。

（2）进一步建立起从微粒的角度（是什么微粒、微粒间存在什么作用、存在什么关系、微粒的变化等）看物质在水溶液的行为。

（3）通过对"溶"与"不溶"的分析，认识事物的两面性和事物的相对性，体会辩证唯物主义的相对论。通过沉淀的生成、溶解和转化分析，能够透过现象看本质，体会内因和外因在其中所起的作用，注意到微粒间的量变引起质变。

▓▓案例研讨▓

回答下列问题：

1. 通过比较，您认为应该如何选择行为动词表述三维目标，使其逻辑严谨，具有可操作性、可测评性？

2. 请尝试科学表述人教版高中化学选修4第四章第一节原电池的三维目标。

3. 您认为上述3位教师科学表述三维目标的水平如何？如何加以改进？

4. 请尝试科学表述本部分内容的三维目标，并将其有机整合，逻辑严谨，具有可操作性、可测评性。

（二）自主设计训练

请初中教师以"我们周围的空气"为内容，科学表述三维目标的分析。

请高中教师以必修化学1"氧化还原反应"为内容，科学表述三维目标的分析。

小组讨论：

1. 组内老师三维目标的表述是否符合科学表述三维目标的基本方式？

2. 讨论评价三维目标的表述属于《北京市朝阳区教师教学基本能力检核标准》中的哪一层级。

3.反思三维目标的表述中值得大家借鉴的做法有哪些。

五、考核反思

（一）自我检测

审读自己已有的一份三维目标的表述，按照《标准》及科学表述三维目标的方法导引进行分析和评价，重新进行编写。

（二）创新设计

选取自己最成功的一节课（公开课或示范课等），将三维目标的表述的精彩部分与组内教师分享，通过本次培训，您觉得是否找到了可以提升的方面，与大家分享。或者选取一份您认为自己深受启发的优秀案例与大家分享，请说出这份优秀案例的精彩之处，以及自己所得到的启示。

六、参考文献

[1] 李香娥. 新课程三维目标内涵解读及设计[J]. 贵州教育学院学报（自然科学），2009(3)：60-61.

[2] 陈基福，陈寅. 谈谈中学化学课堂教学中的三维目标[J]. 化学教学，2007(8)：28-29.

[3] 徐金娣. 化学教学中整合三维目标的实践与思考[J]. 理化生教学与研究，2010(35)：194-195.

[4] 李亦菲，朱小蔓. 新课程三维目标整合的KAPO模型[J]. 天津师范大学学报（基础教育版），2010，11(1)：7-8.

专题三　合理安排教学流程

培训目标

1. 理解不同层次教师合理安排教学流程能力达标的检核标准。

2. 能够合理安排符合知识逻辑和学生认知逻辑，以及具有开放性和生成空间的教学流程，教学重点突出，对时间安排预设合理。

3. 结合案例设计、研讨与反思，把握合理安排教学流程的一般思路和方法，提高合理安排教学流程的能力。

一、问题的提出

案例描述

案例 3-1　对人教版初中化学新教材《化学九年级(上册)》第三单元课题一"分子和原子"(第 1 课时)的教学流程的分析案例

本部分内容是"双基"的重要组成部分，是由宏观世界转向微观世界的开端，在本书中起到承前启后的作用；本节的分子和原子是初中学生初次接触到的微小粒子，学生将从认识分子的真实存在开始，逐步了解微观世界，通过解释生活中的一些现象，在教师的启发和指导下对实验观察的结果分析，能用文字、图表和化学语言进行表述和交流，得出物质是由微粒——分子、原子等构成的。

环节(一)：魔术表演，创设情景

【引入】(小资料：浓氨水具有挥发性，可以使酚酞试液变成红色。)老师表演魔术，引入新课

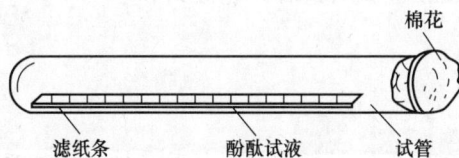

操作：如图所示，用酚酞试液在长条滤纸上滴点，用镊子夹住滤纸，放入试管中，在试管口塞一团棉花，往试管口的棉花上滴 10 滴浓氨水，仔细观察现象。此现象说明什么？

【师问】大家知道其中的奥秘吗？今天的课将把我们带进一个微观世界，为我们解开其中的奥秘。板书课题：分子和原子。

环节(二)：用科学手段证实分子存在

【师问】科学技术的进步早已证明，物质确实是由微小粒子——分子、原子等构成的，现在我们通过先进的科学仪器不仅直接观察到一些分子和原子，还能移走原子。

【课件展示】苯分子、硅原子的照片。

【板书】一、分子是真实存在的

环节(三)：阅读课本资料，思考交流，引出性质，板书归纳

【板书】二、分子的性质……

环节(四)：反馈练习，课堂小结

案例研讨

1. 您认为本案例中知识线索和知识呈现的顺序是什么？

2. 本节课安排的知识呈现的顺序与学生认知逻辑是否相符？您认为这样安排教学流程是否合理？

3. 如果是您，该如何合理安排这课时的教学流程呢？

问题聚焦

1. 您认为合理安排教学流程的含义是什么？

2. 您认为怎样才能做到合理安排教学流程？

3. 您能判断出教师合理安排教学流程能力的基本水平吗？请说出您的判断依据。

二、能力解读

内涵揭示

教学设计是一个系统工程，在确定了教学内容、明确了教学目标后，就需要安排教学流程。如果说前两个内容回答了"教什么"和"为什么教"的问题，那么教学流程的安排就是在回答"如何教"的问题。教学流程是课堂教学从起点到终点的过程，是教学的各种意义要素、意义段落在一堂课的时间内的有序排列过程，教学流程的各个阶段、不同环节分别构成一定的意义，完成一定的教学目标。合理的教学流程是有效达成教学目标的重要条件。合理安排教学流程的几个要素：

1. 教学思路清晰

一节课的教学活动流程就像一篇文章的结构一样，需要起承转合等清晰的脉络。执教一堂课，只有眉目清楚、层次清晰，学习者才能循序渐进。教的人环环紧扣，学的人才便于步步深入，师生在自然而然中共同实现教学目标。

2. 教学板块安排合理

一堂课往往既有总的教学目标，也有层级目标，既有重点内容，也有辅助性知识。与这些目标的达成相对应的，是教学活动的板块区分，并依此安排课的轻重、详略、讲授还是研讨。教学实践中，常常见到某些教师对一个无关紧要的问题，多次叫学生起来发言，而到了关键的或核心的问题，却没有足够的时间讨论，或由教师一笔带过，这就把轻重关系弄颠倒了。

3. 各教学板块、教学环节之间有内在联系

一节课，在主要教学环节上，上一环节应为下一环节服务，循序渐进地进行，最后达成主要教学目标。这种内在联系应既体现学科的内在知识逻辑，又符合学生的认知规律。

标准解读

《北京市朝阳区教师教学基本能力检核标准》中"合理安排教学流程"能力的检核标准如下：

维度	关键表现领域	能力要点	合格	良好	优秀
教学设计能力	教学过程设计能力	合理安排教学流程	能够安排符合知识逻辑的教学流程，教学重点突出，对时间安排有预设。	能够安排兼顾知识逻辑和学生认知逻辑的教学流程，对时间安排的预设合理。	能够安排具有开放性和生成空间的教学流程。

（一）合格水平

合理安排教学流程与科学确定教学内容、教学目标一样，源于老师对学科教学规律、学生认知规律及学科专业知识内容有深刻而广泛的把握，因此，一个好的教学流程设计，必须以深入了解学生、透彻把握教材为前提。

对于合格水平的教师，本标准要求对所教学科内容的知识系统、内在联系有清晰的理解和认识，并能够根据这种认识设计出重点突出，对时间安排有预设的，同时符合知识逻辑的教学流程。

案例3-2　人教版九年级(上)第五单元化学方程式中的课题一"质量守恒定律"合格水平教学设计流程

针对人教版九年级(上)第五单元化学方程式中的课题一质量守恒定律，该教师安排了以下教学流程。

这节课按"创设情境，引出课题——探究实验，得出结论——理解质量守恒原因——质量守恒定律的应用"四个环节组织教学。

1. 创设情境，引出课题(3~5分钟)

上课之初，设计者让学生写出磷在氧气中燃烧、电解水的方程式，然后发问：反应物的质量同生成物的质量之间究竟有什么关系？此时学生被难住了，开始进行大胆猜想。这样，使学生在明确探索中激发学习动机，继而采用探究性实验的程序来组织教学。

2. 探究实验，得出结论(20~25分钟)

(1)提出假设。当学生发现"反应物的质量同生成物的质量之间究竟有什么关系"这个问题后，教师引导学生对自己发现的问题做出尽可能多的假设：①反应后物质的总质量可能增加；②反应后物质的总质量可能减少；③反应后物质的总质量可能不变；④在某些反应中可能增加，在某些反应中可能减少，而在某些反应中可能不变。

(2)演示实验。在充分假设的基础上，该教师又说：同学们，让我们测一测几个化学反应前后物质的质量，会出现什么情况呢？然后说出将演示的实验：白磷在空气中燃烧。

(3)实验求证。首先边演示边讲解实验，然后进一步提出：这一个实验的结论能否说明化学反应前后物质的质量总和没有发生变化具有普遍意义？那我们该怎么办？接着讲述科学家曾做过大量类似的实验，无数实验都证明：化学反应前后物质的总质量相等。这是化学反应遵循的规律，叫作质量守恒定律。

3. 理解质量守恒原因(3~5分钟)

在建立了质量守恒定律模型后，教师提出：为什么物质在发生化学反应前后物质的总质量相等？要求学生用微粒的观点来解释化学变化的本质。然后展示水分解的微观模拟过程。提问：反应前后，什么发生了改变？什么没有发生改变？老师指导学生回答"原子的种类、原子的数目和原子的质量在反应前后都不变"，所以化学反应前后质量必然守恒。

4. 质量守恒定律的应用(5~8分钟)

理解质量守恒定律之后，运用它来解释、解决一些化学现象和问题，并设置了几组习题：

(1)镁带在空气中燃烧后，生成物与镁带相比，质量_____(填"增大""减小""不变")，试用质量守恒定律说明原因。

(2)高锰酸钾加热分解后，剩余固体与高锰酸钾相比，质量_____(填"增大""减小""不变")。

5. 课堂小结(1~2分钟)

①通过这节课的学习，你有什么收获？你能说出在化学反应中，哪些项目(指标)不变？

哪些项目(指标)改变了?哪些项目(指标)可能变,也可能不变?②你能否归纳出质量守恒定律有哪几方面的应用?

此案例只是教师把重点的知识利用传统教学方式和流程传授给学生,没有考虑到学生的认知逻辑和水平,对时间安排虽有预设,但不够细致。一个好的教学流程设计,必须以深入了解学生、透彻把握教材为前提,对所教学科内容的知识系统、内在联系有清晰的理解和认识,并能够根据这种认识设计出重点突出、对时间安排预设合理,同时符合知识逻辑的教学流程,因此本案例属于合格水平。

(二)良好水平

对于良好水平的教师要求是:在合格的基础上,还要研究学生学习过程的认知规律,能够安排兼顾知识逻辑和学生认知逻辑的教学流程,对时间安排合理。

案例3-3　人教版九年级(上)第五单元化学方程式中的课题一"质量守恒定律"良好水平教学设计流程

针对人教版九年级(上)第五单元化学方程式中的课题一"质量守恒定律",该教师安排了以下教学流程。

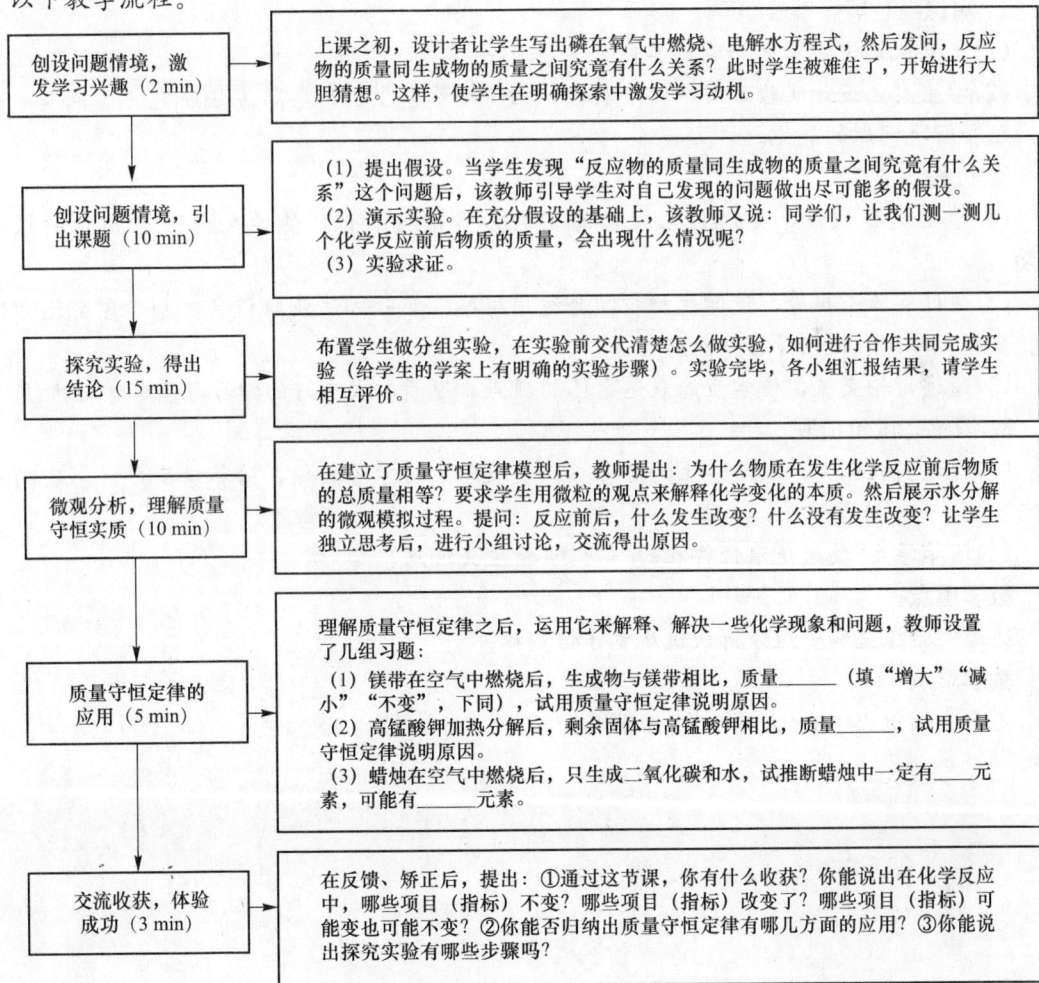

创设问题情境,激发学习兴趣(2 min)	上课之初,设计者让学生写出磷在氧气中燃烧、电解水方程式,然后发问,反应物的质量同生成物的质量之间究竟有什么关系?此时学生被难住了,开始进行大胆猜想。这样,使学生在明确探索中激发学习动机。
创设问题情境,引出课题(10 min)	(1)提出假设。当学生发现"反应物的质量同生成物的质量之间究竟有什么关系"这个问题后,该教师引导学生对自己发现的问题做出尽可能多的假设。 (2)演示实验。在充分假设的基础上,该教师又说:同学们,让我们测一测几个化学反应前后物质的质量,会出现什么情况呢? (3)实验求证。
探究实验,得出结论(15 min)	布置学生做分组实验,在实验前交代清楚怎么做实验,如何进行合作共同完成实验(给学生的学案上有明确的实验步骤)。实验完毕,各小组汇报结果,请学生相互评价。
微观分析,理解质量守恒实质(10 min)	在建立了质量守恒定律模型后,教师提出:为什么物质在发生化学反应前后物质的总质量相等?要求学生用微粒的观点来解释化学变化的本质。然后展示水分解的微观模拟过程。提问:反应前后,什么发生改变?什么没有发生改变?让学生独立思考后,进行小组讨论,交流得出原因。
质量守恒定律的应用(5 min)	理解质量守恒定律之后,运用它来解释、解决一些化学现象和问题,教师设置了几组习题: (1)镁带在空气中燃烧后,生成物与镁带相比,质量_____(填"增大""减小""不变",下同),试用质量守恒定律说明原因。 (2)高锰酸钾加热分解后,剩余固体与高锰酸钾相比,质量_____,试用质量守恒定律说明原因。 (3)蜡烛在空气中燃烧后,只生成二氧化碳和水,试推断蜡烛中一定有____元素,可能有____元素。
交流收获,体验成功(3 min)	在反馈、矫正后,提出:①通过这节课,你有什么收获?你能说出在化学反应中,哪些项目(指标)不变?哪些项目(指标)改变了?哪些项目(指标)可能变也可能不变?②你能否归纳出质量守恒定律有哪几方面的应用?③你能说出探究实验有哪些步骤吗?

此案例以深入了解学生认知逻辑、透彻把握教材的知识逻辑为前提。对所教内容的知识系统、内在联系有清晰的理解和认识，并能够根据这种认识设计出重点突出、对时间安排预设合理，同时符合知识逻辑的教学流程，为下一课题的内容打下一定基础，具有承上启下的作用。值得一提的是，教学设计流程表示方法多样灵活，而教学流程图示可以更清楚地体现设计者的思路，故属于良好水平。

（三）优秀水平

对于优秀水平的教师要求是：在良好标准的基础上，根据教学内容和学生的认知情况进行合理的整合，注重从宏观和微观设计教学流程，把握教学内容，安排具有开放性和生成空间的教学流程。

案例 3-4　人教版九年级(上)第五单元化学方程式中的课题一"质量守恒定律"(共计 2 课时)优秀水平教学流程。

针对本课题内容，安排了 2 课时。

第 1 课时内容为"定量认识化学反应"，教学目标和教学流程安排如下。

教学目标：

1. 知识与技能

(1)定量认识化学变化并理解其含义。

(2)学生自己设计实验方案，动手实验，初步培养学生应用实验方法研究化学问题、分析问题和解决问题的能力。

2. 过程与方法

(1)学生提出假设，并用自己设计的实验方案进行验证，使学生会进行初步的探究活动。

(2)通过实验汇报等，使学生初步学会运用观察、实验方法获取信息，初步学会运用比较、分类、归纳、概括等方法加工信息。

(3)通过讨论交流，使学生能表达自己的观点，逐步养成良好的学习习惯和学习方法。

3. 情感态度价值观

(1)通过实验探究，激发学生的好奇心，发展学生的学习兴趣，培养学生严谨求实的科学态度。

(2)培养学生"物质是永恒存在的"辩证唯物主义观点。

教学重点：

通过实验探究和小组分析认识质量守恒定律。

教学难点：

定量地认识化学变化，并全面理解其含义。

教学流程：

学习情境主线	创设情境，提出问题 → 木炭燃烧反应前后质量变化 → 实验现象的讨论 → 镁条燃烧质量变化的讨论			
学习问题主线	交流讨论，做出假设 / 设计实验，验证假设 → 稀盐酸与碳酸钠的实验结果不同 → 反思实验操作对结果的影响 → 观看实验讨论变化的原因			
学习知识主线	回忆再现，思考质量关系，学会猜想与假设 → 会设计并实验，验证猜想与假设 → 质量守恒定律 → 质量守恒定律的应用			
学生活动主线	回忆现象，小组讨论 → 学案设计实验，小组合作动手实验 → 小组讨论，得出结论 → 解释镁条燃烧的质量变化			
时间线	8 min → 20 min → 10 min → 7 min			

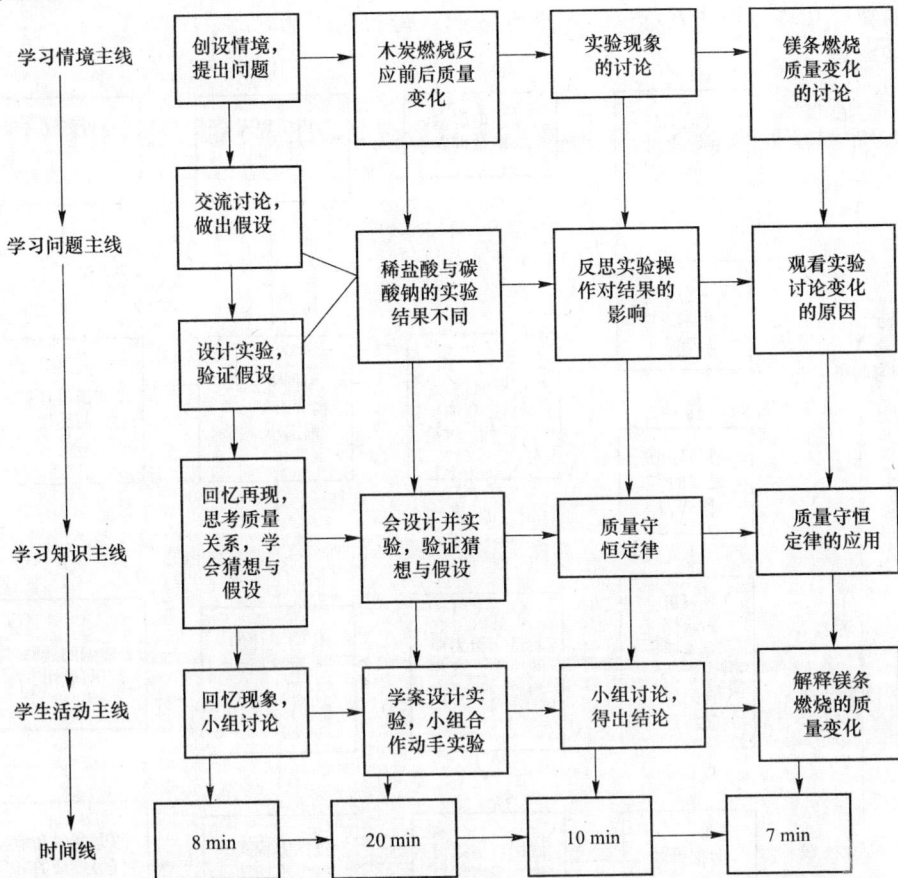

第二课时是在第一课时的基础上进一步学习，内容为"微观上认识化学反应"，该教师针对本课题内容，安排了以下教学目标和教学流程。

教学目标：

1. 知识与技能

(1)通过对质量守恒定律的微观解释讨论，帮助学生理解质量守恒定律的核心内涵；

(2)通过符号表达式与化学方程式的对比，帮助学生从对化学反应质的理解上升到量的理解，明白化学方程式所表达的含义，并可以进行简单的应用。

2. 过程与方法

(1)通过讨论、分析，让学生自行学会对已知进行应用，同时对未知进行推理；

(2)认识定量研究对化学科学发展的重大作用。

3. 情感态度价值观

(1)学会科学严谨地思考微观世界，不随意假设；

(2)学会知识的迁移应用，解决实际问题。

教学重点：

质量守恒定律的应用，理解化学方程式的含义。

教学难点：

正确理解化学方程式的含义，对化学方程式进行简单的应用。

教学流程：

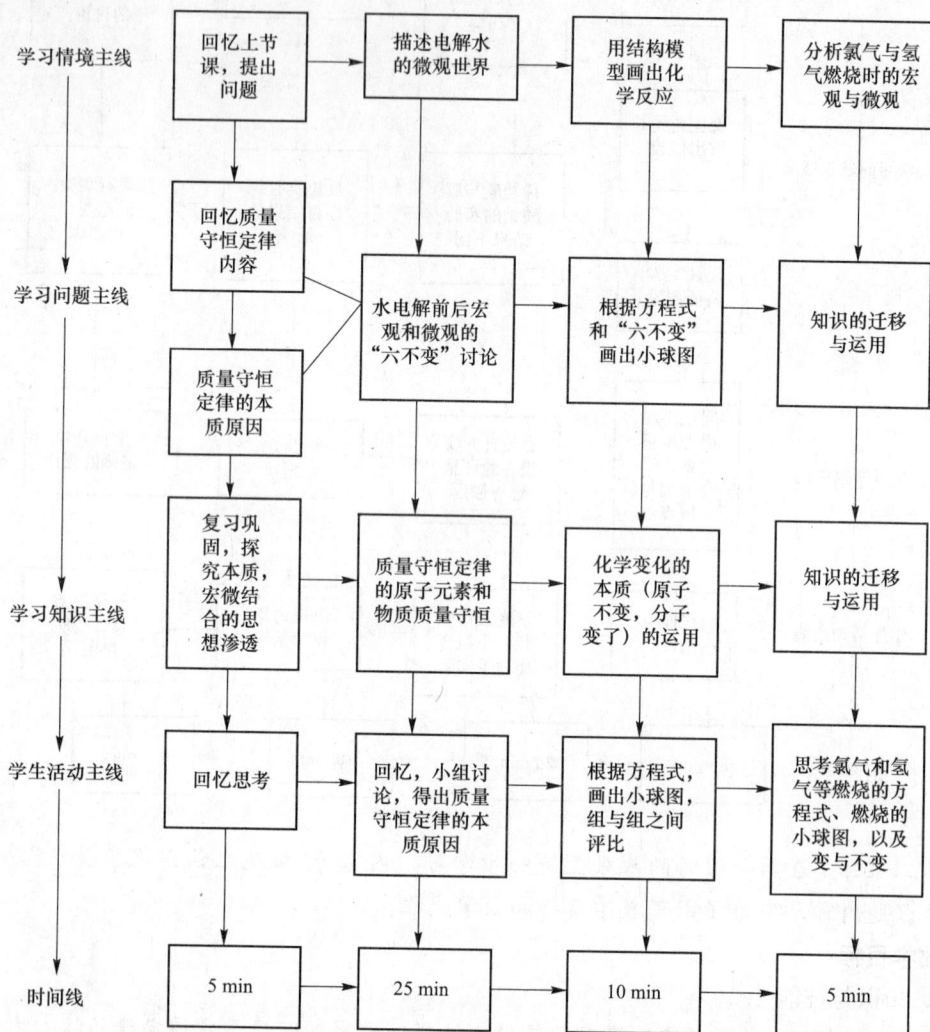

| 学习情境主线 | 回忆上节课，提出问题 | 描述电解水的微观世界 | 用结构模型画出化学反应 | 分析氯气与氢气燃烧时的宏观与微观 |

| 学习问题主线 | 回忆质量守恒定律内容 / 质量守恒定律的本质原因 | 水电解前后宏观和微观的"六不变"讨论 | 根据方程式和"六不变"画出小球图 | 知识的迁移与运用 |

| 学习知识主线 | 复习巩固，探究本质，宏微结合的思想渗透 | 质量守恒定律的原子元素和物质质量守恒 | 化学变化的本质（原子不变，分子变了）的运用 | 知识的迁移与运用 |

| 学生活动主线 | 回忆思考 | 回忆，小组讨论，得出质量守恒定律的本质原因 | 根据方程式，画出小球图，组与组之间评比 | 思考氯气和氢气等燃烧的方程式、燃烧的小球图，以及变与不变 |

| 时间线 | 5 min | 25 min | 10 min | 5 min |

（案例提供：北京工业大学附属中学张佳栋）

✳ 案例分析

　　在质量守恒定律教学中，概念和原理教学是化学课程的"灵魂"，使学生认识化学的基本内涵，培养学生形成化学基本观念，是基于观念构建的教学。这两节课的设计注重化学观念的构建，在理清知识脉络和学生认知脉络的基础上设计情境线、问题线、活动线及时间线，可以说五线并行，寻找解决问题的证据，学生通过完成活动形成概念。本教学设计体现了三维教学和学习目标，突出的方面如下：

①新课程倡导的以科学探究为主的多种学习方式。科学探究活动是学生积极主动地获取化学知识和解决化学问题的重要实践活动。质量守恒定律是进行科学探究的恰当素材，在教学设计中，创设以质量守恒定律的发现为载体的实验探究活动。探究活动的主线是引导学生体验实验探究的主要历程。问题线索清晰，以任务驱动，在学生已有认知的基础上，以问题探究的形式，鼓励学生积极参与探究活动。生活情境激发兴趣，引发问题；提出假设，设计方案；修正假设，重新验证；总结规律，揭示本质。

②注重以学生为本。两个教学设计中，学生通过亲身经历和体验科学探究活动，增进对科学的情感，学习科学探究的方法。在授课的过程中，体验质量守恒定律的形成过程，鼓励学生亲自画出电解水的微观示意图，分小组一起研讨分析质量守恒的原因，从而领悟从宏观到微观、从现象到本质的认识方法。教师关注学生的主动参与，让学生自己发现问题，寻找可能的原因。教师不断地创设学生感兴趣的情境，引发思考和讨论，引导学生思考什么，怎样去思考，怎样分析推理，怎样才能得出正确的结论，怎样去伪存真，怎样用实验事实为依据，以及创设活动并指导学生亲自动口、动手、动脑参与到实践活动中，在交流的过程中认识反应的本质。教师调整自身的位置，成为学生学习活动的设计者、组织者、参与者和指导者，较好地突出学生的主体地位，突出学生思维过程的展示，突出学生亲历探究的过程，培养了学生的自主探究意识和实践能力。

③设计学生活动，使学生置于过程之中，从中体验"方法"。例如，引导学生把生活中的问题转化为化学问题，进而运用具有学科特点的方法，用实验事实作依据，渗透只有实验、探究才是化学的最高目标，过程中体验和学习方法的使用。

总之，案例3-4的闪光点在于，在具备合格和良好的基础上，能够分析出学生在新知识学习过程中可能遇到的认知困难和问题；能够根据新课标要求、教材内容和学生的认知基础，整合教学内容，恰当表述具有可操作性的三维目标；同时，利用把本课题拆解成"定量认识化学反应"和"微观上认识化学反应"两个课时，采取任务驱动式的安排具有开放性。

（案例评析：海淀区教师研修学校陈颖）

方法导引

教师合理安排教学流程是以尊重教材、钻研教材为基础，所以，在合理安排教学流程的基础上善用教材才是科学的方法。教师不仅要做到对教学内容从宏观到微观，从整体到局部的把握，还要在教学实施之前分析教学的内容结构，理解教学内容呈现的顺序、层次、逻辑关系，以及学生认识知识的发展思路，合理安排教学流程。理解合理安排教学流程承载的认识价值是什么，在不同的课型，教学流程有所不同，下面分五种课型进行介绍。

（一）新知探索课

1. 教学流程

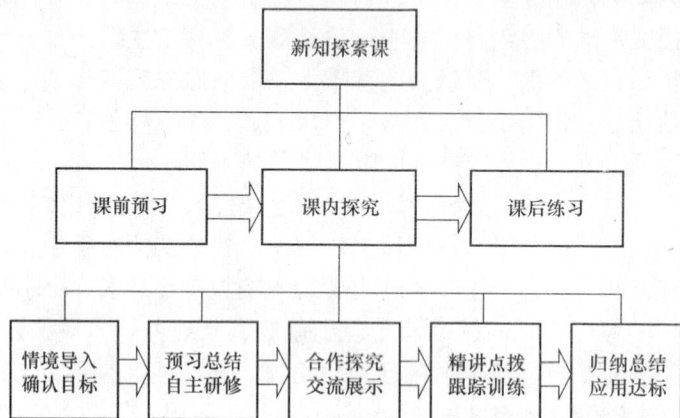

2. 流程解读

（1）课前预习

考虑到初中学生在校时间短、认知能力弱、自主学习能力差的特点，因此要科学、合理地安排预习内容。

①明确预习目标。首先要明确学生通过预习应该达到的目标。

②完成预习问题。预习学案中所设计的问题应突出学生对基础知识和基本方法的理解、掌握。要杜绝教材知识简单、机械地重复再现，突出对知识的归纳总结和系统掌握。

③巩固预习效果。通过设计一定量的训练、测试题目引导学生巩固对基础知识和基本方法的预习成果，同时，通过自我检测发现自己在预习过程中存在的问题。

④发现预习疑惑。在预习过程中，应培养学生预习反思的习惯，让学生通过预习，找出哪些问题已经基本掌握，哪些问题没有解决，还存在哪些疑惑等。

（2）课内探究

①情境导入，确认目标。通过演示实验、讲化学故事、复习旧知等方式，引发学生的学习兴趣，从而使其尽快进入学习状态。课题导入要注重情境的创设，要精简而不烦琐。引导学生分析课时教学目标要求，挖掘出本节课的重点、难点、疑惑点，帮助学生进一步明确本节课的学习任务，使学生能整体把握所学内容、学习要求和学习方法。

②预习总结，自主研修。一节课的开始，教师在简要交代本节课的学习任务后，首先让学生在组内交流预习时发现的问题。课内探究学案所设计的问题主要针对一些重点、难点、疑点、考点、探究点知识，以及学生学习过程中易忘、易漏、易混淆知识等，是通过学生预习和教师预测而提出问题。要让学生通过自主学习、自主探究，初步构建起知识体系。对于学生确实解决不了的问题，应引导学生找出解决不了的原因并做好相应的记录。

教师应及时了解学习进程，掌握学生自学中存在的疑难问题和不足之处。

　　③合作探究，交流展示。在自主学习的基础上，对于学生自主学习中出现困难的问题，教师可以引导学生开展小组互助合作。合作的目的是发挥合作的作用，使学生在相互帮助中达到相互促进，共同提高。针对各小组存在的共性问题，围绕重点、难点、易错点，教师精选具有思维价值、创造价值和发散价值的问题引导学生进一步思考和交流。教师要适时点拨，保证课堂讨论的方向性和有效性，还要结合课堂上出现的新问题，适时组织即时互动。

　　④精讲点拨，跟踪训练。在学生自主互助学习的基础上，组织全班汇报交流。这是一个暴露问题、发现问题、解决问题的重要过程，对有疑义、争议的困难问题，教师不要直接出示答案，而要通过科学的提示、恰当的点拨，让学生通过分析、对比、综合、思考来自己解决问题。遵循"三讲三不讲"教学原则，对该讲的问题，教师一定要讲透，要拓展，要归类整合。每解决一个或一类问题后，教师要根据学生预习和科学的预见，设计部分有代表性的题目让学生训练，通过训练帮助学生进一步理解、巩固所学知识，掌握并应用学习方法。

　　⑤归纳总结，应用达标。教师要引导学生结合学习目标对所学的知识进行归纳总结，分析本部分知识所涵盖的主要内容，找出知识的联系点；引导学生分析在学习本部分知识时应如何把握重点，突破难点，并提出还存在困惑的问题。最后让学生通过课堂达标测试来检验课堂学习效果，并当堂反馈矫正。

　　(3)课后练习

　　①延伸训练。针对本课时的教学目标，设计课后作业。作业要具有巩固性、适量性、针对性、落实性，或布置有关研究性学习活动。

　　②反馈评价。教师对学生的课后作业应及时批阅，对完成情况做出评价，对存在的问题应及时进行反馈、矫正。

(二)习题训练课

1. 教学流程

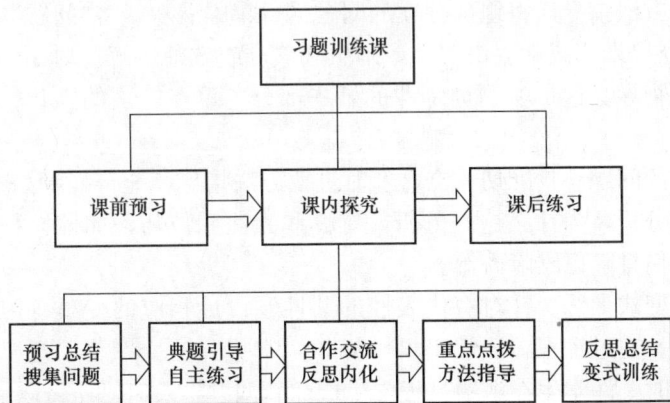

2. 流程解读

(1)课前预习

①明确目标。依据《课程标准》，并结合考点制订习题训练课的学习目标。让学生知道

这些题目考查哪些知识点，以及针对这些知识点需要达到的要求等。

②知识梳理。新课教学中的习题课（即巩固新知识的习题训练课）应首先呈现本课的基本概念和基本规律，并能进一步阐述，使学生具有参与讨论、解答习题的基础。单元复习课中的习题课（或综合知识的习题训练课）参照知识梳理课教学模式。

③自我检测。要求学生在规定时间内完成相关的训练题。题目一定要注重基础，要提供答案，通过学生的自考自批，发现预习过程中存在的问题。也可以根据学生需要适当设计几个选做题，可注明"能力提升"或"能力拓展"等，实施分层次答题。

④自我反思。培养学生养成预习反思的习惯，让学生写出预习反思，内容包括自主学习中遇到的疑点、难点及未能解决的问题。

（2）课内探究

①预习总结，搜集问题。让学生以小组为单位归纳总结预习过程中存在的问题，教师应简要点拨出现问题的原因及解决问题的一些基本方法，发挥"支架"作用。

②典型引导，自主练习。教师根据教学内容及学生的认知程度，编制一份练习题，它应以题组形式出现，题型要体现多样性，内容要体现层次性（可分为基本练习、深化练习、综合练习等），结构要体现完整性，能体现研究化学问题的基本方法。学生则根据教师的要求，自主读题、审题、解题，在规定时间内完成该练习题，同时，能针对不同题型归纳总结研究化学问题的方法（此环节中应提醒学生将自己不能解决的问题做上标记，这是后面小组内交流的重点）。应根据学情和题目的难易程度确定练习题目的完成情况，可采用分段完成或全部完成。新课教学中的习题课的例题难度应贴近课本，重点掌握此类习题的一般解题思路和方法，巩固基本概念和基本规律，注重方法的总结。在例题分析过程中，要紧扣所呈现的知识，让学生体会知识点考查的多样性和多变性。

③合作交流，反思内化。学生在独立完成学习任务后，进行小组内合作交流，互相讨论。在小组内应重点交流做标记的题目，由会做的同学进行讲解，展示思路。组内都不会或不能达成共识的问题，应由组长记录并反馈给老师。

④重点点拨，方法指导。将组内存在的问题进行集中展示，将"问题""错因"及"当时的解题思路"充分暴露出来，或学生讲解，或师生共议，或教师讲解。对于学生暴露出来的问题，教师需要重点指导。这是习题训练课的升华部分，重在解法的强化、规律的总结、认知结构的完善等。

针对学生存在的问题，找准切入点，及时进行方法指导，充分发挥好教师的支架作用。例如，从哪些方面分析，为什么这样分析，有哪些方法和技巧，如何挖掘隐含条件，如何建立正确模型，如何排除思维障碍等。

⑤反思总结，变式训练。针对有代表性的共性题设计相应的变式练习。以练促思，以练促改，练中悟法。通过练习，让学生巩固知识，掌握方法、思路、规律。同时，教师在课堂教学中还应随时关注学生在解题过程中生成的新问题，及时对所做题目进行调整。

3. 课后练习

（1）二次过关

针对出错多的练习题目，再设计类似的变式训练题，进行二次过关，以检查学生改错程度和掌握程度。

（2）反馈评价

教师应及时批阅二次过关训练题，并做出相应的反馈和矫正。

（三）知识梳理课（复习课）

1. 教学流程

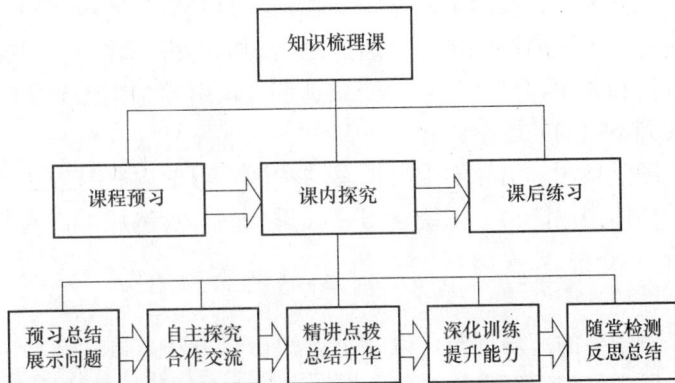

2. 流程解读

（1）课前预习

①明确复习目标。预习过程中应让学生明确本节课的复习任务及所要达到的要求，从而增强自主复习过程中的针对性。

②梳理知识，构建网络。学生在预习过程中应根据教师设计的复习提纲，带着问题预习，做到初步感知学习内容，掌握"是什么"的知识，初步解决"为什么"的知识，形成基本知识框架。

③自我检测。要求学生在规定时间内完成预习学案中的训练题。题目可提供答案，通过学生的自考自批，发现预习过程中存在的问题。

④预习总结。培养学生养成预习反思的习惯，让学生写出预习反思，内容包括自主学习感到困难的疑点和难点、未能解决的问题等。

（2）课内探究

①预习总结，展示问题。一节课的开始，教师在简要交代本节课的学习任务后，首先让学生在组内互相交流预习的问题。教师通过查看学生预习学案，归纳汇总学生学习过程中存在的相关问题，在班级进行展示，让学生带着问题开始新的学习。教师要把这些问题放在后续适当的学习环节中处理解决。

②自主探究，合作交流。学生在规定时间内独立思考并完成课内学习任务，同时找出疑难问题。课内探究学案中设计的典型例题要有层次性，应体现新课标的理念，应密切联系实际，注重学生能力的培养和思维的开发。依据自主学习中发现的问题，教师应引导学生在自主探究找到问题根源的基础上，积极开展小组合作学习，就学生对某些问题的理解、认识、掌握等方面进行互帮互学，并组织组间的交流展示，破解重点、难点问题，构建相对完善的知识框架。

③精讲点拨，总结升华。针对所复习的相关知识，教师对知识的重点、难点、疑点及知识的交汇点进行分析总结、归纳提升，帮助学生理清解决问题的思路，找出解决问题的方法

和规律，促使学生在知识的理解与掌握、方法规律的运用等方面得到升华。教师的点拨讲解可从以下几个方面入手：一是不会的问题；二是重点、难点、易错点、易混点、易忽视点；三是引导学生将相似、相关的知识联系起来，进行易同比较，总结规律，理请知识间的内在联系，构建好知识网络；四是知识的合理延伸；五是适当联系学生的生活经验和社会实践。

④深化训练，提升能力。教学中应坚定不移地立足基础，着眼能力，把学科能力的培养有效地渗透到例题、习题的讲练中去。通过对例题的解析，教师要引导学生归纳出一些不易掌握的解题方法和规律，设计适当的变式训练题，引导学生做到举一反三，从而把解决问题的方法迁移到不同的问题中。

⑤反思总结，随堂检测。引导学生反思总结本课学习的内容与方法，进一步完善知识框架，提升学生的整体把握能力。围绕学习目标设计达标检测题，当堂检查训练效果，让学生做出自我评价。

(3)课后练习

①达标训练。对学生的薄弱环节，以及重点知识与方法，再精选相应习题进行课后训练检测，使学生对所学知识进行内化整理，把知识纳入个体的认知结构中。

②反馈评价。通过教师收缴批阅或学生互批等方式，了解达标训练情况。针对达标训练中再次出现的问题，教师进一步在知识理解、解题思路、解题方法技巧等方面对学生进行指导，同时还应设计一定量的补充练习题，进而达到知识的巩固与迁移。

案例 3-5　人教版九年级(下)第十单元"常见的酸和碱复习课"案例分析

复习目标：认识两酸两碱的化学性质、应用及相互反应关系；用常见酸碱的性质解释一些常见的现象。

根据酸碱的性质进行物质的检验和推断。

复习重点：熟悉两酸两碱的相互反应关系；初步了解物质检验方法和推断的方法。

环节一：情境激趣(5 分钟)

【情境引入】装载 7 000 吨浓硫酸的轮船沉没海底是一个巨大隐患，存在潜在的危险，有可能成为一个"定时炸弹"。

环节二：任务驱动、梳理知识体系(10 分钟)

问题 1：结合所学知识讨论一下，为什么 7 000 吨浓硫酸会成为海底的"定时炸弹"？

问题 2：如果你是环保人员，如何用化学方法监测硫酸是否泄漏？(小资料：天然海水pH 为 7.9～8.4)

问题 3：假如浓硫酸泄漏，你如何处理泄漏出来的浓硫酸？

环节三：梳理知识结构，揭示规律方法(5 分钟)

对知识进行梳理，并将图 1 补充完整。

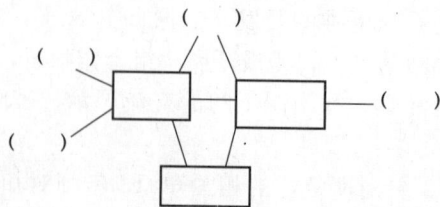

图 1

环节四：学以致用，知识能力拓展(10分钟)

1. 实验室里有一瓶未写标签的溶液(图2)，可能是稀硫酸或澄清石灰水中的一种，如何确定它的成分？

要求：①写出所用物质并书写有关反应的化学方程式(或现象)，填入表1；

②任选一种方案，详细叙述鉴别过程。

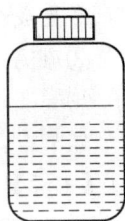

图2

表1

方法	试剂	化学方程式(或现象)
1		
2		
3		
4		
5		

所选具体方案之一：

检验(鉴别)的核心方法：

2. 甲是初中化学中的常见物质，请根据下列叙述回答问题：

(1)若甲能与稀硫酸反应生成一种在标准状况下密度最小的气体，甲在常见的金属活动顺序中的位置是_____。

(2)若甲是一种红色的氧化物，能溶于稀盐酸，得到黄色溶液，则甲的化学式为_____。

(3)若甲既能与稀盐酸反应生成X，又能与氢氧化钙溶液反应生成Y，且X与Y能反应，则甲的化学式可能是_____(写出一种即可)，X与Y反应的化学方程式为_____。

(4)若甲、乙、丙、丁为四种化合物，其中甲和乙含有相同的金属元素。甲的溶液与丙、丁的溶液反应时，均有气体产生；乙的溶液与丙、丁的溶液混合时，均能发生反应，但无明显现象。你认为甲和乙分别可能是_____。

推断的核心方法：_____。

环节五：训练巩固，当堂检测达标(8分钟)

【巩固提高】三瓶遗失标签的无色溶液分别是盐酸、氢氧化钠、氢氧化钙，为鉴别这三瓶溶液，进行如图3所示实验。

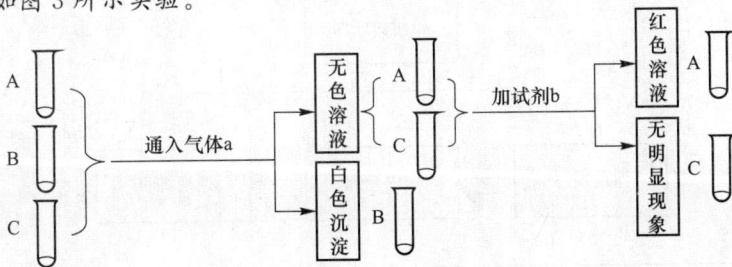

图3

①气体a的名称是_____。

②生成白色沉淀的化学方程式是_____。

③原 A 和 C 两支试管所盛溶液分别是_____。

④如果只用一种试剂来鉴别三种溶液,可选用的试剂是_____,写出有关方程式：_____。

环节六：课后作业(7 分钟)

【中考】现有四只烧杯,分别盛有氧化钙、稀盐酸、饱和石灰水、碳酸钠溶液中的一种,并向其中滴加了酚酞或石蕊溶液(如图 4 所示)。已知：碳酸钠溶液呈碱性,氯化钙溶液呈中性。

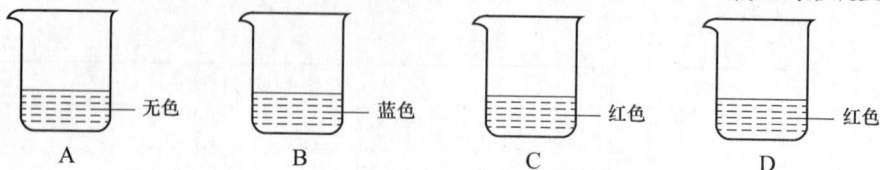

　　　A　　　　　　　B　　　　　　　C　　　　　　　D

图 4

选用下列药品继续实验：铁、氧化钙、氧化铁、稀盐酸、饱和石灰水、碳酸钠溶液,请依据实验回答问题：

(1)B 中溶液是_____。

(2)取 A 中溶液于试管中,加入甲,溶液由无色变为黄色,则甲是_____,反应的化学方程式为_____。

　　　　　　　　　　　　　　　(案例提供：北京工业大学附属中学张浩)

✽ **案例分析**

　　复习课可以灵活多样,本案例采用"梳理知识体系——揭示规律方法——知识能力拓展——当堂检测达标"的方式。本课堂从生活的实际问题浓硫酸泄漏入手,通过任务驱动的问题串儿,在教师的指导下,学生自主梳理、自主归纳构建知识结构,形成知识网络——酸碱的化学性质。教师适时点拨追问,以实现知识能力的拓展和延伸,最终应用其解决实际问题。

(四)试卷讲评课

1. 教学流程

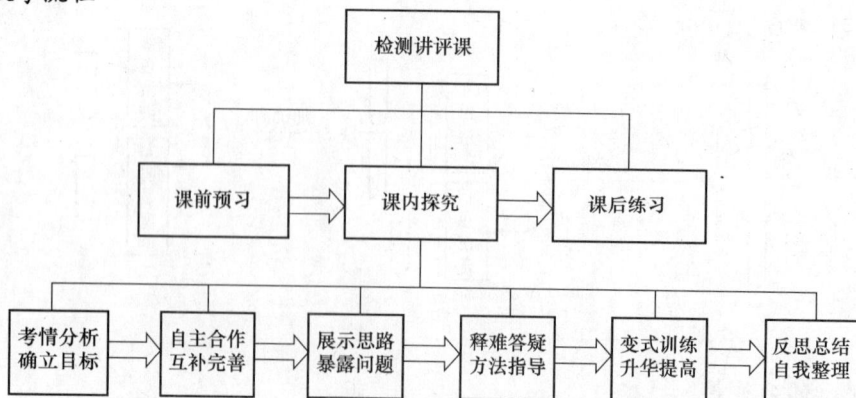

2. 流程解读

(1)课前预习

①分析体验。要让学生明确本次测试所涉及的知识点及重要程度。教师可将《课程标准》或《考试说明》中的相关要求及各种考试中的典型题链接在学案上展示出来，引导学生自主理解、体验知识的重要程度。

②纠错寻因。学生自查自纠，进行错因分析，找出每道错题的出错原因，把做错的题进行错因归类。

③查漏解惑。教师根据出错情况总结出学生对知识的遗漏点和迷惑点，并进行归类，设计相关问题加以强化。可通过对基础知识和基本方法的回顾再现，解决学生能够自行解决的绝大多数问题，同时记录自己不能解决的问题。

④总结反思。学生自我总结、自我反思，内容包括：本次测试的成功与失败之处、哪些知识点需强化等，并写在试卷的空白处。

(2)课内探究

①考情分析，确立目标。教师对试卷、试题及答题情况做概要分析。试卷讲评课最重要的是前期的准备工作，要求教师逐题进行错题率统计，按难度系数将卷面试题粗略划分为"难题""中档题"和"送分题"三个层次，使教师在上课时更有针对性，将学生的情况分析透彻。在"难题"和"中档题"中仔细核查学生的错误答案，分清楚哪些是由于粗心或审题不透所致，哪些是由于知识没有掌握到位所致。这两种层次也是不同的，应将它们区别对待。同理，在"送分题"中，也可能潜藏着一些问题：答案上没有反映出来，但学生的思路中却有碰运气、"旁门左道"的成分。教师不能被虚假现象所迷惑，只有分析过程细致到位，才能更有针对性地对学生进行学习指导，明确指出学生在答题过程中存在的共性与个性问题，让学生对号入座，使学生明确讲评课中应注意哪些问题，以及应达到什么目标等。

②自主合作，互补完善。在教师进行考情分析的基础上，引导学生进一步自主分析测试过程中存在的深层次原因。对错的题目，要让学生明白错在哪里，为什么错，更要让学生知道怎样纠正。对于一般基础类、计算失误、审题不对、答题不规范等问题，完全可以让学生通过自我查纠来解决，这样可以让学生自己深刻认识错因，吸取教训，从而完善对知识的理解和运用。

对部分学生不能解决的题目及疑问，可发挥小组合作学习的作用，组织学生进行互查、互帮、互补，达到互惠共赢。尤其是个别学生存在的个别问题，力争在小组合作过程中解决。仍然解决不了的问题，做好记录。

③展示思路，暴露问题。针对学生出现的相关问题，以小组为单位让学生展示讨论的结果，展示形式可灵活多样。小组展示后，可让其他组同学进行点评，将"问题"及"错因"充分暴露出来，展现学生当时的解题思路。教师也可以有准备地让个别学生在全班进行展示，指导学生分析为什么会造成这些错误。

④释难答疑，方法指导。根据学生暴露出的问题，教师需要重点指导。这是试卷讲评课的发展部分，重在解法的强化、规律的总结、认知结构的完善等。

学生已经掌握大部分题目的解题方法，但只是做到了就题论题，教师应根据学生暴露的问题"借题发挥"，进行重点指导；在分析学生解题思路的基础上，找出学生在理解化学知识上存在的问题，在思维方法上存在的缺陷等。教师要找准切入点，进行方法指导，如从何处分析，为什么这样分析，有哪些方法和技巧，如何挖掘隐含条件，如何建立正确模型，如何排除思维障碍等。还要指导如何快速切题，如何才算是完整的叙述和规范的表达等。

⑤变式训练，升华提高。针对有代表的共性题，设计相应的变式练习。以练促思，以练促改，练中悟法。通过练习，让学生巩固知识，掌握方法、思路、规律。通过当堂反馈的信息，教师要引导学生归纳、整理出这些错题的解答方法和思路，明确此类题目容易出现的错误原因。同时要求学生答题时做到审题仔细、计算准确、答案规范等，从而提升学生的解题能力。

案例 3-6　高三年级期中考试试卷讲评案例，根据考试后学情分析设计教学流程

环节一：根据实验现象及结论解释相关问题

1. 将 $KMnO_4$ 溶液逐滴滴入一定体积的酸性 $Na_2C_2O_4$ 溶液中（温度相同，并不断振荡），记录的现象见表 1。

表 1

滴入 $KMnO_4$ 溶液的次序	$KMnO_4$ 溶液紫色褪去所需的时间/s
先滴入第 1 滴	60
褪色后，再滴入第 2 滴	15
褪色后，再滴入第 3 滴	3
褪色后，再滴入第 4 滴	1

请分析 $KMnO_4$ 溶液褪色时间变化的可能原因：＿＿＿＿＿＿＿＿＿。

答题步骤：

第一步：找到变化的物理量。

第二步：引起物理量改变的因素（c，T，p，催化剂）。

第三步：回答结论（实现目的）。

2. 某同学以 H_2O_2 分解为例，探究浓度与溶液酸碱性对反应速率的影响。常温下，按照表 2 所示的方案完成实验。

表 2

实验编号	反应物		催化剂
a	50 mL 5% H_2O_2 溶液		1 mL 0.1 mol·L^{-1} $FeCl_3$ 溶液
b	50 mL 5% H_2O_2 溶液	少量浓盐酸	1 mL 0.1 mol·L^{-1} $FeCl_3$ 溶液
c	50 mL 5% H_2O_2 溶液	少量浓 NaOH 溶液	1 mL 0.1 mol·L^{-1} $FeCl_3$ 溶液
d	50 mL 5% H_2O_2 溶液		MnO_2

①测得实验 a、b、c 中生成氧气的体积随时间变化的关系如图 1 所示。

由该图能够得出的实验结论是＿＿＿＿＿＿。

②测得实验 d 在标准状况下放出氧气的体积随时间变化的关系如图 2 所示，解释反应

速率变化的原因：_____。

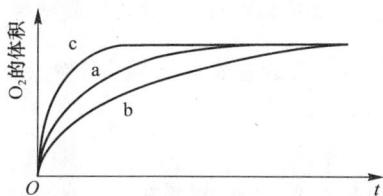

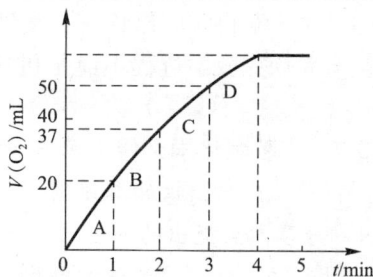

图1　　　　　　　　　　　　　　　图2

环节二：展示高考要求及近几年高考中相关问题

（案例提供：对外经济贸易大学附属中学田巧云）

✳ 案例分析

　　"对化学现象提出科学合理的解释"，"能够将分析问题的过程和结论，用正确的化学术语及文字、模型、图形、图表等表达，并做出解释的能力。"

　　该案例重在解法的强化、规律的总结，建立合理解题模型。同时提供相应的变式练习，以练促思，以练促改，练中悟法。通过方法总结和变式练习，让学生巩固知识，掌握方法、思路、规律，从而提升学生的解题能力，最后展示高考中的要求，帮助学生找准方向，有的放矢。

---

　　⑥反思总结，自我整理。根据错误原因、题型、知识点等方面，让学生自己进行总结和反思，写出感悟，完成满分答卷。

　　（3）课后训练

　　①二次达标。针对学生在考试中暴露出来的普遍性问题，再设计一些相应的逆思路题或变式题进行二次过关考试。题目要针对学生在考试中暴露出的主要问题，题量不要太大，要求学生限时完成。

　　②反馈评价。教师要及时批阅二次过关试卷，并做出相应的反馈和矫正。

　　总之，对学生所提较为集中的问题，教师要从分析原因入手，从概念、规律认识、理解的深刻性、全面性方面，从解题方法、技巧的灵活性方面，从解题过程的规范性方面，从题干情景和设问的变化性等方面进行重点讲解、举一反三，实施重锤敲击。在实际操作中，教师可以根据实际情况对某些教学环节做适度调节，给学生足够的时间与空间自主探究、合作交流，使教学过程自然流畅，使教学内容在教师与学生、学生与学生之间的多边活动中得到有效的落实，达到事半功倍的效果。也可以采用"自查自纠→合作交流→问题汇报→教师点拨→梳理巩固"的基本流程。

　　（五）实验探究课

　　以实验为主要活动形式的课，称为实验探究课。以实验为主要活动样式的课堂教学，主要环节为："创设情境，提出问题——做出假设——制订实验方案，合作实践方案——汇报交流实验结果，获得实验结论——拓展应用"。同时，在流程设计中注重生成性问题的进一步研究。实验探究教学过程不应是机械不变的，而应该创造机会，给学生留下思维的空间和时间。

案例 3-7　人教版化学必修 1 第三章第二节"几种重要的金属化合物"实验探究课

【课前指导】学生画出铁的二维图

环节 1：分享学生提出的问题

【创设情境，提出问题】呈现补铁剂中涉及的问题，引出探究课题——铁盐和亚铁盐相互转化

环节 2：对铁盐价态间的相互转化进行理论分析

【理论指导】研究铁及其化合物相互转化的核心规律是"变价"，着眼点是明确有哪些价态，以及如何实现转化。尝试运用氧化还原理论预测加入何种反应物才能实现不同价态铁间的相互转化，并寻找规律性。

分析研究元素化合物的工具——二维图，通性的维度在研究钠和铝时已经得到了充分的应用，氧化性、还原性的维度的应用是本节课的重点。

【总结提炼】升价需加氧化剂，降价需加还原剂。

环节 3：对 Fe^{3+} 和 Fe^{2+} 的相互转化进行实验实证，并交流、总结

【做出假设，制订并合作实验方案】明确实验原理；选择合适的氧化剂和还原剂，说明活动要求，分工等；巡视、记录、指导。

【质疑】用 KSCN 验出的 Fe^{3+} 是原溶液中就有的，还是氧化生成的？

【小结】Fe^{2+} 有强还原性，遇氧化剂易被氧化成 Fe^{3+}；Fe^{2+} 的检验方法。

【提问】Fe^{2+} 转化为 Fe^{3+}，溶液由浅绿色变黄色，现象不明显，你有何办法使该转化结果更易于观察？

【小结】Fe^{3+} 有较强氧化性，遇还原剂易被还原成 Fe^{2+}。

【总结】Fe^{2+} 有强还原性，遇稀硝酸、氯水、双氧水、酸性高锰酸钾等氧化剂易被氧化成 Fe^{3+}；Fe^{3+} 有较强的氧化性，遇铁粉、铜屑、维 C 等还原剂易被还原成 Fe^{2+}。

环节 4：知识应用

【拓展应用】1. 补血剂补什么？怎么补最好？

2. 玉石局部由浅绿变红的原因是什么？铜质印刷电路板的原理是什么？

【总结】介绍科学探究的一般流程，鼓励学生像科学家一样思考问题。

（案例提供：北京第十七中学刘丹）

❋ **案例分析**

　　本案例的教学流程具备实验探究课的基本要素，按照"创设情境，提出问题——做出假设——制订实验方案，合作实践方案——汇报、交流实验结果，获得实验结论——拓展应用"的顺序引导学生进行了一个完整的实验探究过程。

该案例在注重宏观设计的同时，着眼动态生成，比如，在检验 Fe^{3+} 时，学生在探究中遇到了应该何时加入 KSCN 的问题，教师引导学生进一步实验，得出结论。使教学方案在实践中不断地调整，并引导走向深入，使科学探究既具有规范性，又具有创造性。

教学时应注意：

(1)实验方案撰写要规范。提出假设、器材准备、实验方法、实验结果预测、实验步骤、实验记录、对实验现象的解释、结论及注意事项等方面都要涉及。

(2)学生在实验前一定要明确实验的目的、方法步骤、应注意的事项等。实验步骤思考不足往往会造成实验变量失控，安全也会出问题等，这会使科学探究活动失败。

(3)教师要精讲实验步骤和注意事项，因为很多实验是有一定的危险性的，必须强调到位，并且很多知识需要实验后才能出结论，才能总结方法，才能应用。

三、案例观摩

案例 3-8 人教版九年级化学中考总复习——"常见气体制备、检验与净化等装置的分析"整体教学设计

根据学生情况设计如下的教学目标及教学流程：

1. 教学目标

(1)知识与技能

①复习常见气体制备与净化的一般步骤，掌握有关实验原理和实验装置的分析方法；

②以碳的氧化物的相关知识为载体，复习物质除杂、检验及有关实验装置的分析方法。

(2)过程与方法

复习常见气体制备与净化的一般步骤，以及进行碳的氧化物实验时，装置的选择、分析与评价。

(3)情感态度与价值观

学生初步形成严谨的科学态度，养成科学的探究意识和探究方法。

2. 教学重难点

气体制备与净化的一般步骤，常见气体除杂、检验，以及有关实验装置的分析方法。

3. 教学策略和方法

(1)对比，教师讲评，鼓励学生积极参与教学过程，激发学生参与、表现及成功的欲望。同时，由个别学生设计实验方案来引导全体学生，探究、创新、思考以新带旧、以旧促新知识的学、质、疑，再次激发兴趣。

（2）以具体的实验习题为载体，练习实验装置的选择和使用。

（3）小组合作、启发式、讨论式、导练结合的教学法。

4. 教学流程

流程简要概括为"情境引入——问题驱动，梳理知识——揭示规律方法——知识能力拓展——当堂检测达标"五个方面，具体如下：

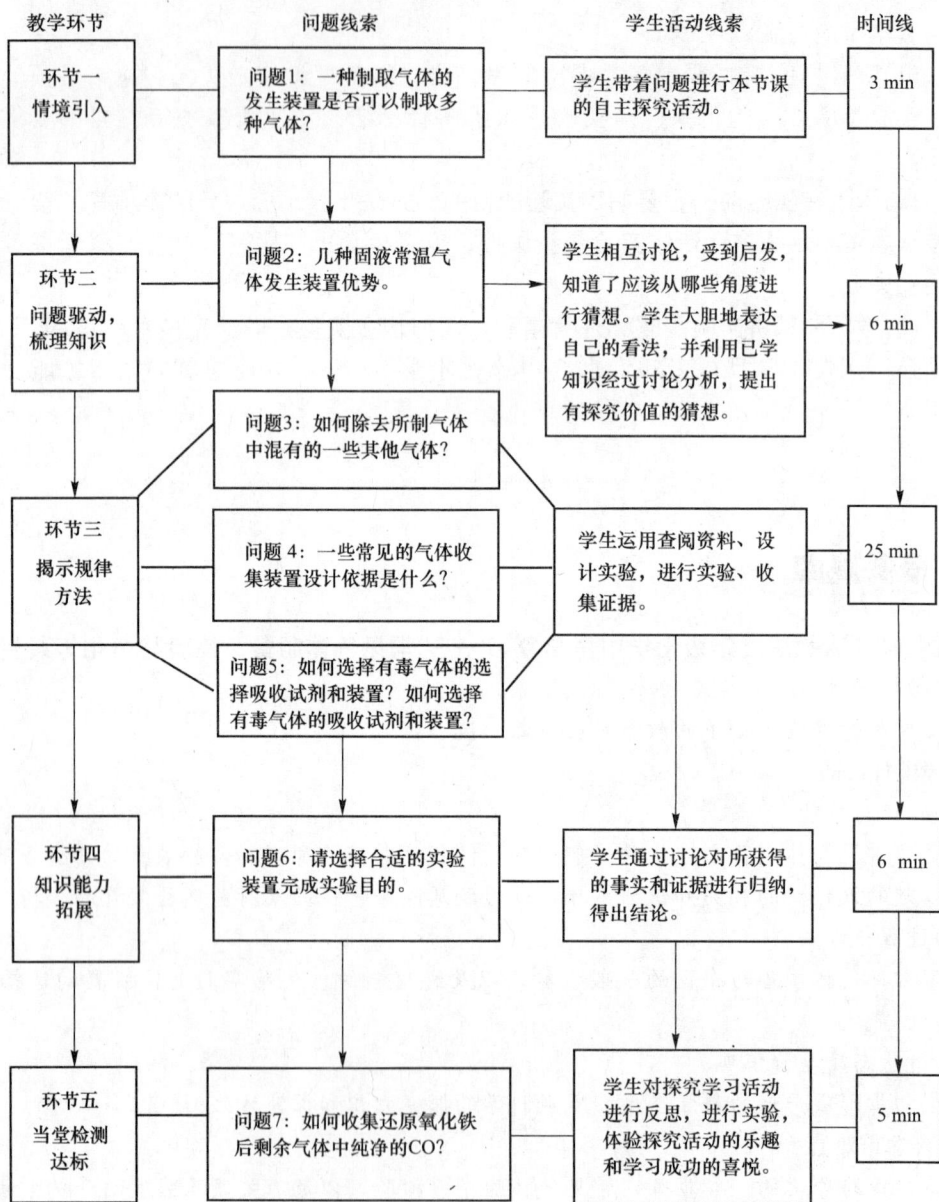

教学环节	问题线索	学生活动线索	时间线
环节一 情境引入	问题1：一种制取气体的发生装置是否可以制取多种气体？	学生带着问题进行本节课的自主探究活动。	3 min
环节二 问题驱动，梳理知识	问题2：几种固液常温气体发生装置优势。	学生相互讨论，受到启发，知道了应该从哪些角度进行猜想。学生大胆地表达自己的看法，并利用已学知识经过讨论分析，提出有探究价值的猜想。	6 min
环节三 揭示规律方法	问题3：如何除去所制气体中混有的一些其他气体？ 问题4：一些常见的气体收集装置设计依据是什么？ 问题5：如何选择有毒气体的选择吸收试剂和装置？如何选择有毒气体的吸收试剂和装置？	学生运用查阅资料、设计实验，进行实验、收集证据。	25 min
环节四 知识能力拓展	问题6：请选择合适的实验装置完成实验目的。	学生通过讨论对所获得的事实和证据进行归纳，得出结论。	6 min
环节五 当堂检测达标	问题7：如何收集还原氧化铁后剩余气体中纯净的CO？	学生对探究学习活动进行反思，进行实验，体验探究活动的乐趣和学习成功的喜悦。	5 min

环节一：创设情景问题引入（2分钟）

【问题1】一种制取气体的发生装置是否可以制取多种气体？写出图1所示气体发生装置的特点，并分别指出制取的是哪种常见气体。

(1)A:＿＿＿＿＿＿＿＿＿＿＿＿＿＿＿＿＿＿＿＿

(2)B:＿＿＿＿＿＿＿＿＿＿＿＿＿＿＿＿＿＿＿＿

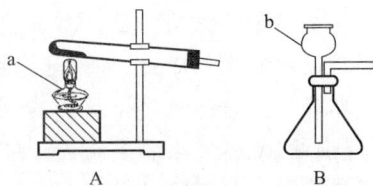

图 1

【学生】引发思考,同学有的回答:固体加热制气、固液在常温下制气。

(设计意图:熟悉的经典实验装置,激发学生的兴趣,引起学生思考,同时进行情感态度和价值观的教育。)

环节二:问题驱动深入(3分钟)

【追问】根据反应原理,选择制取气体的发生装置:

$$NH_4NO_3 + NaOH = NaNO_3 + H_2O + NH_3\uparrow;$$

$$FeS + 2HCl = FeCl_2 + H_2S\uparrow$$

【学生】有的回答:第一个 A,第二个 B。

【问题2】固液常温气体发生装置(变形图2)。

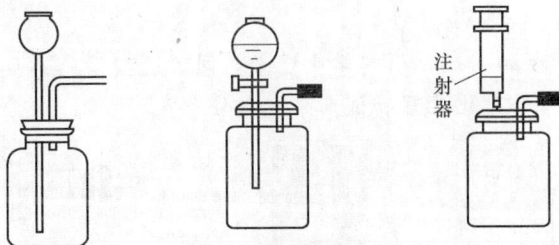

图 2

【提问】第二幅图及第三幅图与第一幅图比较,优点是什么?

【学生】思考后回答:随时控制反应的发生和停止。

请同学们分析下列固体与液体常温下制气装置(图3),谈谈与前面的装置相比有什么优点。

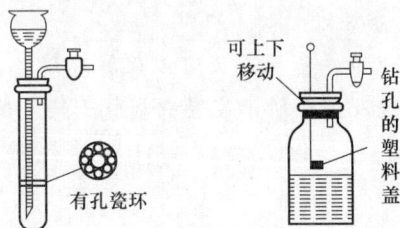

图 3

讨论优点:

(1)＿＿＿＿＿＿＿＿＿＿＿＿＿＿＿＿＿＿＿＿＿＿＿＿＿＿＿＿＿＿

(2)＿＿＿＿＿＿＿＿＿＿＿＿＿＿＿＿＿＿＿＿＿＿＿＿＿＿＿＿＿＿

(3)＿＿＿＿＿＿＿＿＿＿＿＿＿＿＿＿＿＿＿＿＿＿＿＿＿＿＿＿＿＿

(4)＿＿＿＿＿＿＿＿＿＿＿＿＿＿＿＿＿＿＿＿＿＿＿＿＿＿＿＿＿＿

(5)＿＿＿＿＿＿＿＿＿＿＿＿＿＿＿＿＿＿＿＿＿＿＿＿＿＿＿＿＿＿

学生思考并归纳回答：添加药品方便；控制反应速率；控制反应的药量和速率；随时控制反应的发生和停止。（设计意图：通过练习熟悉经典实验装置，激起学生的求知欲。）

环节三：归纳梳理小结（2 分钟）

【小结】气体发生装置的设计依据：①反应物的状态；②反应条件。

环节四：问题驱动再深入讨论（3 分钟）

【问题 3】讨论：如何除去所制气体中混有的一些其他气体？如果要除去 CO_2 中的水蒸气，下面的干燥剂是否都能选用：浓 H_2SO_4、固体 NaOH、生石灰、无水氯化钙？

【学生】学生思考并归纳回答：只有浓 H_2SO_4、无水氯化钙可以。

环节五：归纳梳理再小结（5 分钟）

【小结】除杂试剂选择注意要点：①选择的试剂要能吸收杂质气体；②被净化的气体不能与除杂试剂反应。

【学生】讨论回答并记录：①选择的试剂要能吸收杂质气体；②被净化的气体不能与除杂试剂反应。

（设计意图：激发学生的兴趣，引起学生思考，同时进行情感态度和价值观的教育。）

【追问】选用图 4 中哪个净化装置和试剂来完成任务？

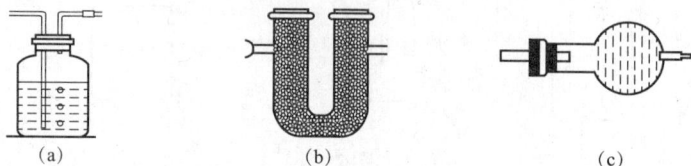

(a) (b) (c)

图 4

净化试剂：HCl—NaOH 溶液或水；CO_2—NaOH 溶液；H_2O—浓 H_2SO_4 或固体 NaOH；O_2—灼热的铜网

【学生讨论】回答：洗气瓶、U 形管、干燥管。

环节四：讨论探究设计（5 分钟）

【请你实践】废物利用既可以节约资源，又可以保护环境。某课外兴趣小组的同学设计利用废旧干电池中的锌皮和盐酸及图 5 所示装置来制取干燥、纯净的氢气。A 中产生的 H_2 里可能会混有 _____ 和 _____；若要得到干燥、纯净的 H_2，仪器连接的顺序是 _____。

环节七：问题驱动再深入讨论（2 分钟）

【问题 4】思考一些常见的气体收集装置（图 5），设计依据分别是什么？

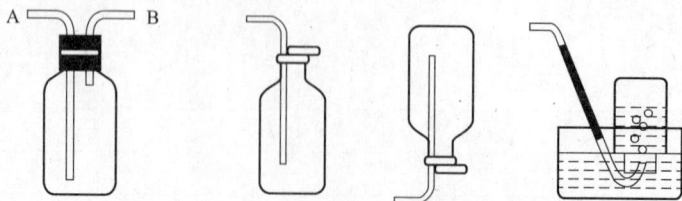

A B

图 5

①气体在水中的溶解性。

②气体的密度。

【问题5】如何选择有毒气体的吸收试剂和装置(图6)？(3分钟)

(设计意图：让学生用所学习知识进行分析比较，同类知识的迁移，掌握解题方法。)

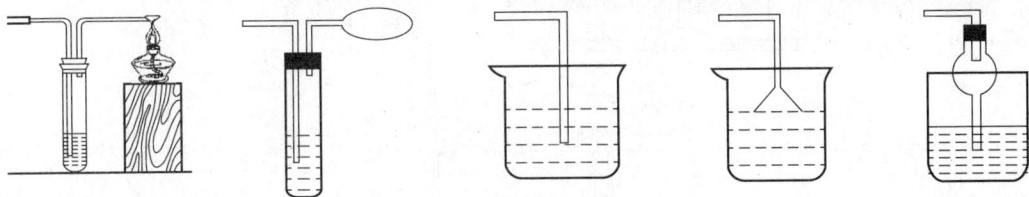

图6

环节五：归纳梳理再小结(3分钟)

【小结】气体的制取与净化步骤：(各步骤与哪性质些有关)发生装置、净化装置、干燥装置、收集装置、吸收装置。

环节九：问题驱动再深入讨论(6分钟)

【问题6】请选择合适的实验装置完成实验目的(装置可以重复使用，图7)

(设计意图：让学生用所学习知识进行分析比较，同类知识的迁移，掌握解题方法。)

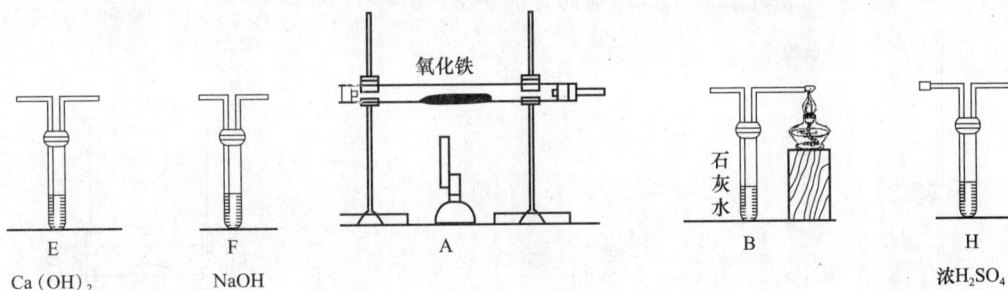

图7

(1)如何确认气体中有 CO_2 和 CO？

(2)在证明有 CO_2 后，如何除去混合气体中的 CO_2？

(3)如何证明 CO_2 已除净？

(4)如何用除去 CO_2 的干燥的 CO 来还原氧化铁？

(5)标出(4)中各部分装置的作用。

写出有关方程式：_____、_____。

环节六：问题驱动再深入讨论(2分钟)

【问题7】如何收集还原氧化铁后剩余气体中纯净的 CO？(选择合适装置替代 B 装置图8)

(学生听讲并预做本题，观察领悟动画原理并选择答案。目的是引发学生进一步思考，加深难度。)

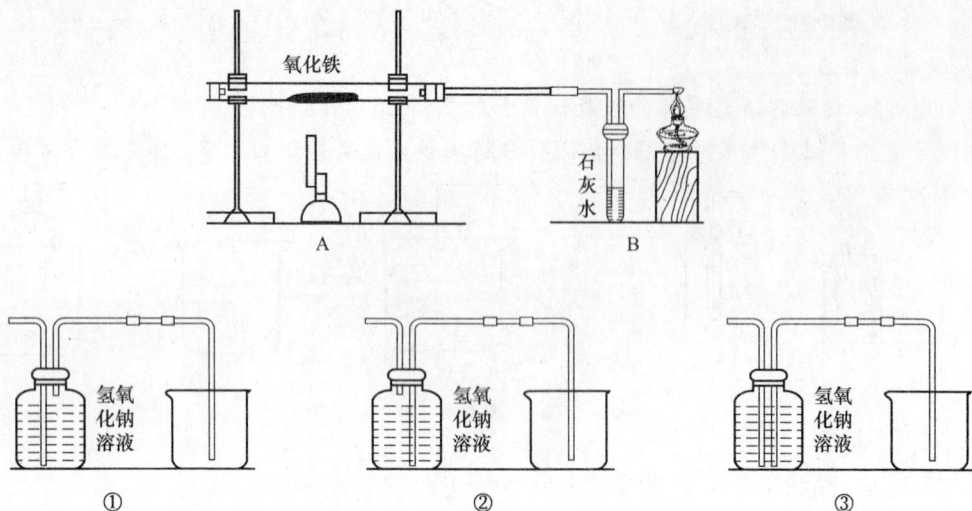

图 8

环节七：巩固练习（2分钟）

【小试身手】已知浓硫酸与木炭一起加热能生成 CO_2、SO_2 和 H_2O，用图 9 所示各种装置设计实验验证浓硫酸与木炭反应得到的各种产物。

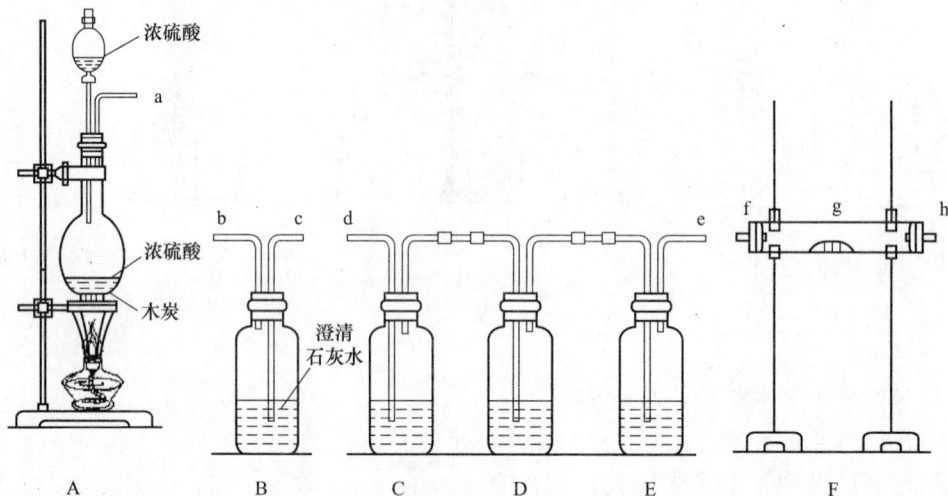

图 9

已知：①白色的硫酸铜粉末遇水能变为蓝色。②CO_2 不能使红色的品红溶液褪色，也不被酸性高锰酸钾溶液吸收。③SO_2 能使红色的品红溶液褪色，能使澄清石灰水变浑浊，也能被酸性高锰酸钾溶液吸收。

(1)装置 F 中所加固体药品是_____，可验证的产物是_____。

(2)这些装置接口的连接顺序是_____(填小写字母序号)。

(3)C、D、E 瓶中药品的作用分别是_____。

【学生】小组讨论后汇报讨论结果。学生思考并回答：（1）无水硫酸铜、水。（2）afhdecb。（3）C检验二氧化硫的存在；D除去二氧化硫；E证明二氧化硫已经除尽。（设计意图：巩固练习加强掌握复习成果，归纳总结，使学生掌握除杂题的解题方法。）

【归纳小结】解此类型试题的方法，学生领悟、理解、体会。

环节八：课堂小结（2分钟）

气体混合物中各成分检验的思路：

①定顺序，再检验；

②有干扰，除干扰，再检验。

【学生】领悟、理解、体会。

环节九：课堂检测（5分钟）

【练习】用稀盐酸和锌粒反应制取氢气时，常常混有氯化氢、水蒸气等杂质。设计实验证明并除去杂质，取得纯净干燥的氢气（图10，资料：无水硫酸铜遇水会由白色变成蓝色）。

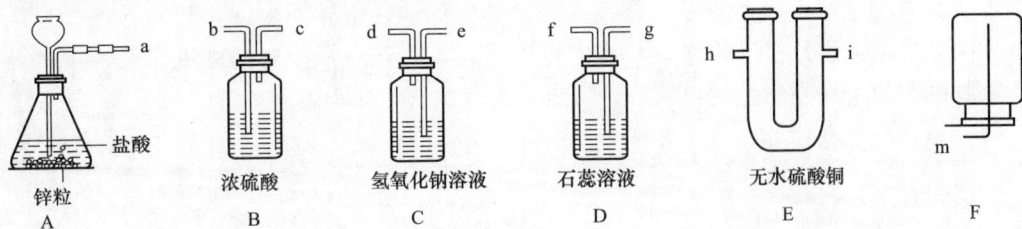

图 10

(1)要制备纯净干燥的氢气，各仪器的连接顺序是（按接口字母）_____；

(2)C装置中发生的反应的化学方程式为_____，其作用是_____。

(3)D装置中发生的现象是_____，作用是_____。

（案例提供：北京工业大学附属中学张浩）

❋ 案例分析

本案例体现出该教师具有"高观点、大视野、多角度"，在梳理出核心知识的基础上，充分考虑到知识逻辑和学生认知逻辑，安排具有开放性和生成空间的教学流程。复习课不是"炒冷饭"，而是要用高质量的新问题去唤醒学生沉睡的心灵，激发学生主动参与、积极思维，温故重在知新。复习课一定要把旧知识重新打造、包装，以全新的面貌引领学生发现问题、解决问题。这样学生才不会感到枯燥乏味，而乐于参与到课堂教学之中。通过自主探究、合作交流等学习活动和师生间的积极互动，用问题驱动的形式，以常见气体制备、检验与净化等装置的分析和碳的氧化物知识为载体，复习实验装置及一般实验题的解题思路和解题方法。可见本复习课内容对于今后的学习起着关键的作用。复习的深度、广度和容量都是新授课教学所难以达到的，它不仅仅是帮助学生整理知识、形成知识系统的过程，同时也是培养学生创新思维和提高实践能力的好机会。通过小组合作讨论、对比和教师讲评，鼓励学生积极参与教学过程，激发学生参与、表现及成功的欲望，利用其熟悉的知识激发学习兴趣、理顺知识，建立关系，提高学习信心，促进学生主动地获取知识进行学习，符合教学目标的要求。

建构主义的学习理论，认为教学中要把学习者原有的知识经验作为新知识的生长点。因此本节课的设计注意带领学生梳理所学知识，形成知识网络，并为学生搭建了利用所学知识解决实际问题的展示平台。有知识经验和生活经验作为保障，本课实现了让学生进行实例观察、分析、对比，有效突破了教学难点。

教师在教学中应重视学生对各种问题的理解，倾听他们的想法，思考他们这些想法的由来，并以此为依据，引导学生的同时，丰富或者调整自己的解释。本节课通过设置一系列问题、思考探究、学生活动，引导学生逐步思考，使学生独立思考、合作交流的意识和能力得到了锻炼。在教学中对学生进行及时的激励性评价，增强学生的自信心，促进学生自主、全面地发展。

问题聚焦

（一）讨论本案例中教学流程的安排值得我们学习的方面。

1. ＿＿＿＿＿＿＿＿＿＿＿＿＿＿＿＿＿＿＿＿＿＿＿＿。

2. ＿＿＿＿＿＿＿＿＿＿＿＿＿＿＿＿＿＿＿＿＿＿＿＿。

（二）本案例对合理安排教学流程的分析给我们什么启示？

1. ＿＿＿＿＿＿＿＿＿＿＿＿＿＿＿＿＿＿＿＿＿＿＿＿。

2. ＿＿＿＿＿＿＿＿＿＿＿＿＿＿＿＿＿＿＿＿＿＿＿＿。

四、能力训练

（一）案例分析训练

案例描述

案例3-9　两位老师关于人教版初中化学（上册）第六单元课题3"二氧化碳和一氧化碳"中的关于二氧化碳的性质的案例

A例：以东城一中温老师的"二氧化碳的性质"一课为例。温老师教学采用的是讲练结合，"总分总"构建知识点，实验设计基本是按课本的顺序呈现，演示实验由于受空间和时间的限制，不能顾及所有同学，所以用多媒体教学，如视频。基本流程为"情境引入——新知识传授——演示实验验证——归纳总结——习题巩固"。

　　B例：以东城一中陈老师的"二氧化碳的性质"一课为例。陈老师针对自己学生的差异，采用不同的教学设计。陈老师采用的是层递式的推进，"分总"构建知识点。对同一教学素材做不同的呈现，如温老师的实验设计基本是按课本的顺序呈现，而陈老师的实验设计是重新整合呈现。陈老师给两个学生喝可乐，并以一张两个小朋友喝饮料的PPT图片，问两个同学喝可乐过程中有什么感觉。顺着学生的回答提出问题："同学们，我们探究一下可乐中含有什么物质会引起打嗝好吗？"通过体验探究来引入新课。陈老师注意抓住可乐与学生的实际生活的结合点，创设了非常生活化的学习情境，因此激发了学生对二氧化碳的好奇心和探究欲，课堂气氛非常活跃。"探究CO_2是否与水反应的实验"是这一节课的重点，也是难点。重点教学呈现方式是学生参与实验探究。陈老师注重知识的系统性、逻辑性，有目的地组织学生就二氧化碳是否跟水反应的问题进行了探究。从效果来看，学生从简单知道二氧化碳的化学性质层面上升到了探究性质并掌握运用的层面。这样的效果显然是高效的。用多媒体教学如视频作为补充实验是很有必要的。如陈老师"阶梯实验"的视频，学生能用视觉感知倒入二氧化碳就像倒水一样，从低到高慢慢地浸没蜡烛。再如"屠狗洞"的实验画面，陈老师在狗的上方多画了一条线，并在下方填充深一点的颜色，所以学生很快知道狗出来就死了而人无大碍的原因。基本流程为"生活情境引入——从生活中发现问题——提出假设，设计实验——参与探究实验——学生自主归纳总结——梳理本节课知识要点——应用本节课知识解释生活中的现象——习题巩固"。

（案例提供：北京市第七十一中学张晶）

评析：

　　两位老师对同一内容采用了不同的构思、不同的教法，可以看出他们在教学理念、教学风格、教学艺术、教学机智等方面的差异。这种听课方式有利于提升听课教师的教学水平，提高自己的课堂教学效率，这就是典型的"同课异构"教研模式。陈老师的教学风格比较切入生活实际，善于捕捉课堂上的生成点，从而演绎成课堂"亮点"，教师的角色转换比较自由，重心由"教"自觉地向"学"转移，这是目前比较提倡的，温老师的设计还是有些传统的。

▰▰▰ 案例研讨 ▰

回答下列问题：

1. 通过比较，您认为应该如何安排教学流程更为合理？

_____

_____

2. 请尝试指出"二氧化碳的性质"一节您认为安排较为合理的教学流程。

_____

_____

3. 您认为上述2位教师合理安排教学流程的水平如何？如何加以改进？

_____

_____

4. 请尝试分析本部分知识的学生认知逻辑和教学生成空间。

（二）自主设计训练

请初中教师以"金属的化学性质"为内容，合理安排教学流程的设计。

请高中教师以必修化学 2"化学反应速度和限度"为内容，合理安排教学流程的设计。

小组讨论：

1. 组内老师安排的教学流程是否合理？

2. 讨论合理安排教学流程属于《课标标准》中的哪一层级要求。

3. 反思安排教学流程中值得大家借鉴的做法有哪些。

五、考核反思

（一）自我检测

审读自己已有的一份教材内容分析，按照《标准》及合理安排教学流程的方法导引进行分析和评价，重新进行编写。

（二）创新设计

选取自己最成功的一节课（公开课或示范课等），将教学流程的精彩部分与组内教师分享。通过本次培训，您是否找到了可以提升的方面，与大家分享。或者选取一份您认为自己深受启发的优秀案例与大家分享，说出这份优秀案例的精彩之处，以及自己得到的启示。

六、参考文献

[1] 人民教育出版社课程教材研究所. 初中化学电子课本[DB/OL]. 北京：人民教育出版社网站. http://www.pep.com.cn

[2] 中华人民共和国教育部. 义务教育化学课程标准(2011 年版)[M]. 北京：北京师范大学出版社.

[3] 王晶. 化学(九年级上册)[M]. 北京：人民教育出版社出版，2012.

[4] 北京教育考试院. 北京市高级中等学校招生考试考试说明(2015 年)[M]. 北京：北京理工大学出版社，2014.

[5] 方杰. 教师教学基本能力解读与训练——中学化学[M]. 北京：北京理工大学出版社，2012.

专题四　灵活选择教学策略

培训目标

　　1. 理解不同层次教师根据教学目标和教学内容安排合理的教学手段能力达标的检核标准；

　　2. 组织学生活动充分有效，重点突出；

　　3. 教学活动和手段灵活多样。

一、问题的提出

案例描述

　　案例 4-1　某教师对人教版九年级化学教材《化学》(上)第五单元课题 1"质量守恒定律"的教学策略的分析案例

　　该课题隶属于《课程标准》中一级主题"物质的化学变化"里的二级主题"化学变化的基本特征"，在该二级主题的第一项"认识质量守恒定律，能说明常见化学反应中的质量关系"里，"可供选择的学习情境材料"中，除了原有的拉瓦锡的红磷实验，还新增了镁条燃烧后固体质量的变化和氢气燃烧实验及其微观解释。

　　参照教材，我们安排了学生分组实验，学生完成实验 1(铁＋硫酸铜)，教师引导学生分析得出定律内容(参加化学反应的各物质质量总和等于反应后生成的各物质质量总和)。然后学生完成实验 2(碳酸钠＋盐酸)，观察到天平不平衡，教师引导学生分析天平不平衡的原因，巩固定律内容。通过学生用质量守恒定律解释镁条燃烧前后质量不变，对定律内容加以巩固，并用氢气燃烧实验微观解释定律(即微观原子种类、质量和数目不变，推导出元素种类、质量不变)。

　　依照教材，将进气、出气、不进气也不出气三种情况都涉及了。同时，设计了学生实验，增加了学生的课堂参与度，并使学生对质量守恒定律的相关内容有了更深刻的了解。

案例研讨

1. 您认为本案例中该教师灵活选择教学策略的能力如何？

2. 您认为该教师选择的教学策略会导致怎样的教学结果？

3. 如果是您，该如何灵活选择教学策略，并进行正确使用？

问题聚焦

1. 您认为灵活选择教学策略的含义是什么？

2. 您认为怎样才能做到灵活选择教学策略？

3. 您能判断出教师运用该项能力的基本水平吗？请说出您的判断依据。

二、能力解读

内涵揭示

教学策略是为了达到教学目标、完成教学任务，在清晰认识教学活动的基础上，对教学活动进行调节和控制，并选择运用恰当的教学媒体所使用的方法或方式的总称。它是教师在教学实践中为提高教学效率，依据教学计划、学生身心特点，有意识地对教学规律、教学原则、教学模式、教学方法进行选择、筹划和灵活处理的过程。有效的教学策略能较好地发挥教学理论具体化和教学活动概括化的作用。因此，教学策略是教学活动过程结构的教学方法的灵魂。教学策略的选择集中地反映了教学设计者的教育思想和主张，教学过程结构和教学方法组合运用的流程总是教学策略选择和运用的体现。在课堂教学情况下，教学策略体现于教学设计和教师在课堂上的发挥。教师在教学策略的制订、选择与运用中，要从教学活动的全过程着眼和入手，要兼顾教学的目的、任务、内容，学生的状况和现有的教学资源，灵活、机动地采取措施，保证教学的有效、有序进行。所以，教学策略是一系列有计划的动态过程，具有不同的层次和水平。

标准解读

《北京市朝阳区教师教学基本能力检核标准》中"正确理解教材内容"能力的检核标准如下：

维度	关键表现领域	能力要点	合格	良好	优秀
教学设计能力	教学过程设计能力	灵活选择教学策略	能够根据教学目标和内容进行板书、提问、媒体演示和评价等教学手段的设计。	能够根据教学目标和内容，利用小组合作等学习方式突出教学重点、突破教学难点。	能够根据教学目标和内容，设计教学策略，并灵活运用各种教学手段。

（一）合格水平

对于合格水平的教师要求是：能够根据教学目标和内容进行板书、提问、媒体演示和评价等教学手段的设计。教师能够确定好教学目标，并根据教学目标创设问题情境，有效地讲解和提出问题、科学地使用板书和媒体演示，合理运用不同的评价方法，达到实现教学目标的目的。

案例4-2　人教版九年级(上)第六单元课题1"金刚石、石墨和C_{60}"合格水平的教学策略

教师让学生看书，阅读后回答下列问题，

(1)金刚石有什么性质？有什么用途？

(2)石墨有什么性质？有什么用途？

(3)C_{60}有什么性质？有什么用途？

(4)是什么原因造成性质不同？

(5)性质和用途有什么关系？板书，小结。

此案例进行知识讲解时，基本是3个重点知识的罗列，并没有对学生阅读能力以外的相关素材进行自己的理解和解读，只能算是采用最粗浅的策略让学生了解了教材所涉及的基本内容，体现不出第六单元内容与其他知识和能力间的横纵联系，也没有对该单元的教育价值进行挖掘，因此属于合格水平。

（二）良好水平

对于良好水平的教师的要求是：能够根据教学目标和内容，利用小组合作等学习方式突出教学重点、突破教学难点。在合格的基础上，教师还能够适时呈现学习材料，安排小组活动，引导迁移、应用问题，在具体情境中教授认知策略。

案例4-3　人教版九年级(上)第六单元课题1"金刚石、石墨和C_{60}"良好水平的教学策略

本课题在《考试说明》中只以碳作为燃料考查。因此在此处只用了1课时。对单质的物理性质只进行了介绍，学生不记笔记；碳还原氧化铜虽然不考，但为了使学生能理解CO炼铁，在此进行了实验，因该实验成功率低，用了替代实验：用硫酸铜溶液淋湿一张滤纸，将滤纸在火焰上小心烤干，烤成黑色，向学生解释硫酸铜变成了黑色的氧化铜，纸变成了碳，继续在火上烤，则迅速红热，最后留下红色的粉末——铜。同时，燃烧一张普通滤纸，得到很少的灰色纸灰，做空白对比，再强调课本中装置、高温条件，给学生留下了深刻的印象。

此案例除教材所涉及的基本内容外，还在策略上分析了本单元在教材中的位置，从化学教材编排顺序的角度认识了学习初中化学知识的发展过程，体现了知识的横纵向联系，并且挖掘了碳及其氧化物的性质及它们之间的衍变关系，以及学习第六单元为以后学习燃料及其利用、高温炼铁等单元的内容打下一定基础，具有承上启下的作用，属于良好水平。

（三）优秀水平

对于优秀水平的教师要求是：能够根据教学目标和内容，设计教学策略并灵活运用各种教学手段。在良好的基础上，教师能够灵活应用各种问题的设计方法，如：激发兴趣的问题、引发深入思考的问题、激发学生生成或创新的问题、检测学生所学内容的掌握情况等；教师还能体现反思性教学策略，如：理论的思考、教学研究等。

案例4-4　人教版九年级（上）第六单元课题1"金刚石、石墨和C60"优秀水平的教学策略

教师活动	学生活动
【图片】从碳原子的排列方式看出，一个碳原子能形成几个共价键？ 结构图	从碳原子排列方式看出，一个碳原子均能形成4个共价键，最外层4个电子。
【任务1】用山楂和牙签组装球棍模型	球棍模型

续表

教师活动	学生活动
【小结】碳原子按不同方式排列，构成主要的4种碳单质：金刚石（正八面体状）、石墨（层状）、球碳（球状）、纳米管（管状）。	学生使用 iPad 及 Hiteach（Hilearning）Hita 结合进行课堂互动，突出生生评价。 　　每种形式的碳单质的性质是由碳原子之间形成的独特结构决定的。
【任务2】为什么铅笔能写字？ 　　对比纸张图图画画前后不同的手感。 　　除了书写，还有什么用途吗？	
【视频】学生自制开锁、开抽屉等干性润滑剂。	
【实验1】测定石墨导电性	 测定石墨导电性
【实验2】测定石墨导热性	 测定石墨导热性
观察以上两组实验。 　　解释铜可归为金属而石墨不行的原因。 　　解释铜和石墨更适合包覆炒锅把手。 　　解释铜和石墨谁更适合做电线。	金属一般导电导热性都良好。 　　石墨很适合包住锅把手。 　　铜丝可以拉长，石墨易断，不适合做电线。
【知识拓展】(高中) 　　识别：1个碳原子能形成多少个碳键？ 　　解释：碳键的什么性质决定它可形成众多不同的化合物？ 　　列举：碳单质的四种主要形式。 　　构建因果关系：如何用碳键之间的区别来解释金刚石和石墨具有不同性质的原因？	

✳ 案例分析

（1）碳单质（金刚石、石墨、C60 等）是初中学生学习氧气之后首次全面学习的固态非金属单质。此节内容起着承上启下的作用，它是氧气学习的继续，同时为后面学习金属单质打下基础。实验结合先进的信息技术支持，学生使用 iPad 及 Hiteach(Hilearning)Hita 结合进行课堂互动，突出生生评价。

（2）充分运用学生已学知识进行新知识的学习，增长了学生的知识链、能力链。如讲解金刚石时，学生从碳在氧气中燃烧，迁移到金刚石在液氧中的燃烧，激发学生的好奇心和思维冲击力度。自己设计石墨与铜丝导电性、导热性的对比实验，有利于提高探究能力，提高实验的设计能力，以及对比迁移的能力。

（3）联系科学研究进行教学，提高学生学习兴趣。在球碳的教学中，运用教材增设的资料拓展了学生的学习空间，激发了学生的学习兴趣，引导学生关注生活、关注社会。在球碳的认知过程中，启发引导学生的创新意识。

（4）联系实际生活，提高学生学习兴趣。学生自制润滑剂视频，更加贴近学生的生活，用所学知识解决生活实际问题。

▰ 方法导引 ●

化学新课程要求课程实施遵循以下三个基本原则：

（1）基础性原则

中学教育的基础性决定了化学教育是一种大众化的基础化学教育。从课程构建模式上来说，主要以化学学科基本结构为课程框架，渗透有关化学与社会的内容。

（2）社会价值原则

化学与社会内容十分广泛，作为课程形态的化学教学，应全程体现化学是人类社会进步的关键。

（3）动态发展性原则

由于教科书编著的时间性及使用的相对稳定性限制，使得教科书总有一定的滞后性，因此，教师要具有现代课程意识，要不断地将动态的具有较高价值的新成果引入教学过程。

遵循教学原则，在实践中总结教学策略可用以下四种方法进行切入。

（一）以明确的教学目标为指向

任何行动策略都是以明确无误的目标为前提的。课堂教学是吸取知识、解决问题的教育活动。鉴于化学教学内容的丰富性和容易流向周边问题的散射性，在制订中学化学教学策略时，教师应该以提出明确的教学目标为首要任务。化学教学目标的设定应以课标理念、教材体系（包括教学要求）和学生基础三个方面作为依据。

深入钻研教材是非常必要的。有些教师由于对教学内容理解肤浅，导致设计教学目标时把握不准而显得空泛；而有的教师则会因为过分依赖过往经验而难以将章节、课的教学目标与"三维目标"挂上钩。所以，设定教学目标时，要以新课程"三维目标"为宗旨，以教材提供的资源为依托，以学生的认知水平为基础，准确把握教学目标的定位，力求提出一个全面、具体、适度，可操作性强的教学目标，实现知识与技能、过程与方法、情感态度与价值观的有机整合。

案例 4-5 在讲"乙醇"时，情感态度与价值观目标的设计

【过渡】焊接银器、铜器时，其表面会生成发黑的氧化膜，工匠说，可以先把铜、银在火上烧热，再蘸一下酒精，铜、银会光亮如初！这样操作可行吗？下面请同学们验证。

【探究实验一】乙醇的催化氧化

(1)在平底试管中倒入约 5 mL 无水乙醇，观察颜色状态并闻其散发的气味。

(2)将铜丝的螺旋状一端在酒精灯的外焰灼烧，观察铜丝变化。

(3)将灼烧至红热的铜丝插入乙醇液面下(注意不要触及烧杯壁和底)，重复2～3次。

观察铜丝插入乙醇后的变化，小心地闻烧杯中散发的气味。

【学生分组实验】

【学生汇报实验现象并解释原因】

【提问】铜丝的作用是什么？

【生活中的应用一】介绍酒精在人体内的代谢过程及醉酒原因

【学生交流】根据资料想想看，酗酒有什么危害？

北京市中学生日常行为规范(三十七)：珍爱生命，不吸烟，不喝酒，不赌博，拒绝毒品。

【生活中的应用二】运用所学的乙醇的性质想一想，有什么方法可以检查出来是否喝酒了呢？

简介交警查酒驾的方法。

【学生实验验证】乙醇使酸性高锰酸钾褪色。

结论：乙醇可与酸性重铬酸钾或酸性高锰酸钾反应。

【归纳总结】乙醇的氧化反应。

（案例提供：北京市三里屯一中朱昔平）

本节是人教版高中化学必修2第三章第三节生活中两种常见的有机物第一课时的内容，制订的情感态度与价值观方面的教学目标是：①使学生认识乙醇对人类日常生活、身体健康的重要性，体会化学知识服务于生活。②通过生活中常见有机物乙醇的性质和应用，培养学生关注化学与人类生活的密切关系。乙醇是学生在生活中经常遇到的化学物质，本案例根据教学目标和内容，并结合学生特点，通过以化学实验为主的多种探究活动，使学生体验科学研究过程，激发学习化学的兴趣，强化科学探究的意识，促进学习方式的转变，培养学生创新精神和实践能力。让学生知道官能团对有机物性质的重要影响，建立组成—结构—性质的学习模式。解释了醉酒的原理，并且让学生讨论酒精对人体的作用，这样处理与课题"生活中常见的有机物——乙醇"遥相呼应，引领学生关注社会、了解生活中的化学，对学生创新精神和实践能力的培养起到了很好的示范作用。本节课从引入生活中的乙醇开始，以解释银匠处理银器结束，引导学生运用所学的化学知识解释生活中的现象，体现"化学来源于生活、服务于社会"的思想。

（二）以引人思考或具有挑战性的问题情境切入

在创设化学问题情境（如质疑式、悬念式、矛盾式、递进式等问题情境）时，一定要先正确分析学情，为落实教学目标的需要而设计。探究、讨论不要过于机械，关键在于科学合理的方案设计和具体的行动。问题情境的设计必须符合新的、学生待知的化学事物（概念、原理）的某些特点，切合学生对于化学知识的认知水平。这样有利于调动全体学生的积极性，促使他们积极参与学习进程。

案例 4-6　在探究"苯的性质"时，教师可设计如下问题情境引入新课

（1）给学生提供信息，让学生利用"李比希燃烧法"计算某未知烃的分子式（C_6H_6）。

（2）学生利用不饱和度预测未知烃可能的结构简式。

（3）设计实验验证假设，形成矛盾冲突，引入新课。

（案例提供：北京市三里屯一中朱昔平）

在讲授"苯的性质"之前，学生已经学习了烯烃及炔烃的性质，在习题中接触过利用"李比希燃烧法"计算某未知烃的分子式，故本节课利用这些问题引入新课，既能够复习前面所学习的重要知识，又自然而然形成矛盾冲突，这样设计切合学生对于化学知识的认知水平，有利于调动全体学生的积极性，极大地诱发了学生的问题意识和探究欲望，从而培养学生的探索精神和创新能力。

案例 4-7　在讲"氢氧化钠变质"时，教师可设计如下问题情境

教师可以设置紧扣教学课题的系列性问题，将学生逐步引入氢氧化钠变质的探究空间，使其积极主动探究，指导和引导学生思考。针对如何检验氢氧化钠变质的教学中，可以设计如下问题：

（1）氢氧化钠变质分为哪些程度？请写出每种变质程度的成分。

（2）每一种程度的组成，分别需要验证哪些物质？

（3）请评价甲、乙、丙同学的方案。

甲：取少量样品于试管中，滴加酚酞溶液，若溶液变红，则说明样品为氢氧化钠。

乙：取少量样品于试管中，滴加过量的稀盐酸，若有气泡冒出，则样品为碳酸钠。

丙：取少量样品于试管中，加足量水溶解，滴加适量的氢氧化钙溶液，若有沉淀产生，则样品中含有碳酸钠。再滴加酚酞溶液，若溶液变为红色，则样品中含有氢氧化钠。

（4）请你设计实验方案，分别验证每种变质程度。

（5）请指出每种变质程度的干扰物质，并说明如何排除干扰。

（案例提供：北京教育学院朝阳分院附属学校曹晶晶）

分析：氢氧化钠变质分为未变质（只有氢氧化钠）、部分变质（氢氧化钠和碳酸钠）和完全变质（只有碳酸钠）三种情况。

若要确定变质程度，需分别检验没有碳酸钠（没变）、二者都有（部分变质）和没有氢氧化钠（全变）。

实际上，检验样品中是否存在碳酸钠，即检验是否含有碳酸根离子，可选取过量酸（看是否有气泡产生）或含有钙离子的盐溶液（看是否有沉淀产生，锌离子、钡离子等也可以，但初中阶段对锌离子和钡离子与碳酸根的反应无要求，所以不予考虑）。

合理的方案为：取少量样品于试管中，加足量水溶解，滴加过量的氯化钙溶液，若有沉淀产生，则说明样品中含有碳酸钠；若无沉淀产生，则样品中不含碳酸钠。再取上层清液，滴加无色酚酞溶液，若溶液变红，则说明原样品中含有氢氧化钠；若溶液不变红，则说明原样品中不含氢氧化钠。

在解决类似氢氧化钠变质的问题时，思维方法为：明确目的，思考独立验证物质的方法，寻找独有性质及独有的现象，在取样体系、加入试剂的顺序、加入试剂的量等方面找到干扰因素，根据物质性质排除干扰，并且不要引入新的干扰项，得出实验方案。

不同层次的学生，根据立体化的问题设计，问题难易度以阶梯式递进，可以拓展学生的思维深度和广度，让每一位学生在课堂上都有思考空间。

（三）以有效的师生互动推进教学

目标的落实课堂不应该是一潭湖水，而应当是一条河流，"流水不腐，户枢不蠹"，教师的教学应如一潭活水，"鱼翔浅底"的景观才是教学充满活力的表现，化学教学就是要追求这样的景观。

案例4-8　在讲"气体摩尔的体积"时，教师可设计安排一系列的师生探究活动

【过渡】同学们，我们知道 1 mol 任何粒子的集合体都含有阿伏伽德罗常数个粒子，1 mol 任何粒子的质量以克为单位时，其数值与其相对数量相等，那么 1 mol 物质的体积在相同条件下又有什么规律呢？

【学生活动】学生根据体积与密度、质量之间的换算关系，计算探究 1 mol 固体、液体、气体物质在 0 ℃ 101 kPa 下的体积（见书上表格）。

【教师展示】表示 1 mol 的固体、液体、气体的实际体积的模型。

【学生总结规律】相同条件下，1 mol 的固体、液体的体积一般是不同的，而相同条件下，1 mol 的气体体积一般是相同的。

【学生讨论】（1）决定物质体积的因素有哪些？

（2）1 mol 的固体、液体、气体中以上因素有何特点？

（3）结合上两问回答：为什么相同条件下 1 mol 的固体、液体的体积一般是不同的，而1 mol 的气体体积一般是相同的？

（案例提供：北京市三里屯一中朱昔平）

在教师的精心安排下，学生针对教师提出的问题进行计算、探究和观察，然后教师对其探究结果进行评价，确定结论，接着又提出进一步的问题，使教学活动和师生互动进入下一个层次，一步步地接近整节课教学目标的落实。我们看到，师生互动是以问题为中介的。问题如何设计才能紧紧地扣住教学目标，怎样提出才能一步一步地引发学生的学习兴趣，最后怎么结束才能得出结论性的认识，这些都十分考验教师的教学功力。

（四）以学生的"课堂即时生成"（原生态）为基准进行的教学推进

"以学定教"教育思想源远流长，可以追溯到孔子的"因材施教"，随着国家对教育给予的越来越多的重视和教育者们对教育不断地深入的研究，以学定教这一教育思想也越来越受关注，新课程改革则以行政的力量将其推上了教育舞台。"以学定教"包含"形而上"与"形而下"两个方面，"形而上"就是它通性的、理性的意义和特点，在理念层面一般主要包括学生学习和学生两个方面的基本规律和特征。而"形而下",就是联系具体实践与实际,在操作层面所进行的不同探索,即教师通过有针对地对鲜活而具体的学生进行研究,在研究学生的基础上分析教学应实施的策略,进而进行教学设计,这是有效教学的出发点。

案例4-9　在讲九年级化学第六单元课题2"二氧化碳的性质"时可选用如下教学策略

【过渡】我们学习物质的性质,很大程度上是为了更好地利用它们,而 CO_2 和 CO 在生活和生产中有着非常广泛的用途。

【问题一】你能说说 CO_2 和 CO 的用途吗?这些用途分别体现了 CO_2 或者 CO 的什么性质呢?

【设疑】CO_2 能够用来灭火是否只与其不能燃烧也不支持燃烧的性质有关?所有具有这种性质的气体都能用来灭火吗?

【演示实验】模拟灭火:高低蜡烛实验。

(烧杯中有高低两根燃着的蜡烛,手持一瓶塞着带有导管的胶塞的雪碧,导管口始终位于烧杯内壁的上方,轻轻摇动雪碧)

观察到什么现象?得出什么结论?

二氧化碳可用来灭火与其密度是否有关?为什么?

【设疑】气体的密度与什么有关?你能否据此推测 CO 的密度与空气相比怎样?

【提供资料】六种气体的密度及其相对分子质量。

【学以致用】展示朝阳区警察上门安装 CO 报警器的新闻,提问:报警器应该装在室内较高的位置还是较低的位置?

由于课前教学设计是化学教师教学生活最主要的内容之一,而教学策略又是决定整个教学设计成败的关键,但不同时空中教育生态会有所差异,课堂教学策略即有所不同,与之相对的课堂教学设计就不可能千篇一律。对基于课前调研的教学策略,确定教学目标和教学重难点,设计出了符合学生全面发展的整体而详尽的教学方案。

教学策略关系到一堂课目标的设置、方法的选择、步骤的安排,关系到"三维"的呈现方式和时机,等等。中学化学课程标准重视教学策略的使用,明确提出了要把握不同课程模块的特点,合理选择教学策略和教学方式。

教学策略包含以下几个要素。

（一）学习准备

学生为了完成一定的学习任务,必须具备一定的认知水平,熟悉一定的知识技能,这样才能保证他们有可能达到一定的学习效果,所以,教学策略中应该包含对学习准备的测验等相关程序。

（二）学习动机

学生有学习动机才可以促进学习。教师可以通过让学生确认掌握教材的意义和价值,以及通过制订他们期望达到的目标来进行激发。所以,教师提供的学习内容和采取的教学方式,应当对学生具有挑战性,并且要使学生有自信能够成功,同时要帮助他们端正学习态度。

（三）目标范例

在制订教学策略时,不但要考虑到教学目标,而且应当尽量展示给学生一些典型例子,这些例子能表现出学习活动结束时能产生的结果或完成的行为，使学生对需要掌握的知识技能有理解的方向和模仿的榜样。

（四）内容组织和分块

较为恰当的教学内容呈现顺序能够使学生更容易地完成教学任务，并能较容易地理解知识和保持长久的记忆知识，这个过程可以根据相关的教学流程图来完成。还应将教学进行分块，分块的大小应根据内容的复杂和困难程度、学生的特点及学习的类型而定。

（五）适当指导

教师应该及时给予学生指导和提示，并且这种指导和提示应该随着教学过程的进展逐渐减少，即让学生有更多的自主决策权，使他们最终在没有教师指导或提示的情况下也能完成该学习任务。

（六）积极反应

在教学过程中应该有意识地引发学生对所呈现的教学内容以各种方式做出反应。可以用提问的方式激发学生的思考，采用各种方式引起学生积极反应。

（七）重复练习

在制订策略时，应当考虑到尽量提供给学生各种练习机会，以重复表现其习得的知识和技能。不断地定期练习新学的知识技能，促进记忆和迁移，锻炼其应用能力。

（八）及时反馈

学生应该及时地或经常地了解自己的理解或反应是否正确。为了强化学生的行为，必须让学生知道成功反应后能够得到的好处。可以给学生提供一种效果标准，以评定自己反应的正确性。当学生的理解或反应不正确时，则应适时告诉他们正确的理解或反应。

（九）个别差异

人类个体的心理特征不同，所以学习的速度和方式也不同，教学活动的安排需适应学生的个别差异。制订教学策略时，要以学生为出发点，尊重学生的独特的认知、情感和人格特征，尤其是对于学习较差的学生，应更加注意理解和尊重。

三、案例观摩

案例描述

案例 4-10　人教版九年级化学实验综合复习专题—"多功能瓶的使用"

创新型实验本身是中考的热点，综合实验与探究实验更是中考中的难点。而大型仪器组装后或常见仪器变形后，学生没有实际地动手和体验，由静态到动态的分析就显得尤为困难。物理化学的学科综合性也更加凸显出来。

教学环节	教师活动	学生活动
活动一 课题引入	得分率对比 表格如下： | 1	2	3	4	5	6	7	8
0.996	0.992	0.984	0.985	0.988	0.991	0.978	0.996
9	10	11	12	13	14	15	16
0.997	0.996	0.995	0.996	0.989	0.970	0.972	0.983
17	18	19	20				
0.993	0.993	0.973	0.625				| 原因分析 板书：	找到问题所在 重视起来 反思
活动二 小组讨论多功能瓶的作用	多功能瓶的使用 板书：	空瓶($p>p_{空}/p<p_{空}$) 半瓶(洗气等) 满瓶(排水集气)
活动三 任务1	【任务1】小组合作。用所提供的仪器，在多功能瓶中收集 50 mL 的空气。	 iPad 拍图，上传
活动四 任务2~4	【任务2】用加热高锰酸钾制备氧气，用排水法收集氧气。 【任务3】设计完整装置图及所需试剂，完成如下实验目的：检验二氧化碳，除去二氧化碳，收集一氧化碳。（注：装置不可重复使用）	 iPad 画图，上传 iPad 画图，上传

续表

教学环节	教师活动	学生活动
活动四 任务2～4	【任务4】小组合作。试一试用双长管排水集气50 mL，观察并描述现象。	 iPad画图，上传 左长管：洗气 右长管：排液 iPad统计上传，数据分析
活动四 巩固练习	【生活现象解释】 怎么证明给病人输上氧气了？ 工作原理和什么一致？ 	看冒气泡了，调节输氧量，给气体加湿。 和半水万能瓶长进短出原理一致。
活动五 简单应用	【生活现象解释】 为什么给病人输液时用此装置？ 	可控制输液速度； 进空气，才会流下来（玻璃输液瓶）。
活动六 原理分析	【实验原理分析】 为什么每次实验时，打开止水夹，均可见C瓶内的水流入D中，B中有气泡逸出？ 	C中的水落入D中，C中气压减小，将B中气体吸入C中，B中气体压强减小，又将A中气体抽入B中。

续表

教学环节	教师活动	学生活动
活动七 小结	【趣味实验】 牛奶的顺利流出 	

（案例提供：润丰学校崔蕾）

❋ 案例分析

崔蕾老师关于本教学内容确定教学策略所体现的基本方法如下。

（一）能从整体上把握教材编排体系，正确理解教材内容

（1）对课标的理解：课标中化学课程发展趋势是以能力为重，进一步审视提炼了学生发展所需的化学核心知识、过程方法和实践能力。课标一级主题"科学探究"下的二级主题"发展科学探究能力"中新课标的修订主要体现为提高了实验要求，所以，除学生的基本实验外，由万能瓶衍生变换出来的仪器装置及其大小综合实验探究均会有所涉及。

（2）指导思想和理论依据：以提升初三学生化学学科核心能力的课堂互动策略的研究为指导思想，理论依据为任务驱动式的课堂互动策略研究和信息技术支持下的课堂互动策略研究。任务驱动策略主要包括问题驱动策略、实验驱动策略、小组合作驱动策略。信息技术支持下的课堂互动策略主要体现为 iPad 支持下的课堂互动策略和 Hiteach 信息技术下的课堂互动策略。

（3）地位、作用：此为实验复习的创新课题。化学实验中常常变换装置是化学学科的特点，万能瓶不但是基础实验的常见仪器，也是各种大小综合实验仪器变形的来源。

气压本身是物理、化学与生活中无处不在的物理知识。气压与化学实验变形装置相结合的小综合是近年中考的趋势和热点。而这其中大多由万能瓶这个基础装置引发拓展而来，创新型实验本身也是中考的热点。综合实验与探究实验更是中考中的难点。而大型仪器组装后学生没有实际地动手和体验，由静态到动态的分析就显得尤为困难，故本课题以任务驱动模式来构建知识体系，从而形成解决问题的思路和方法。

（4）联系：本次专题复习是在所有新课刚刚结束，气压原理也已经略有了解的基础上，结合万能瓶这个新开发的基础实验仪器，学生亲自动手，为提升综合实验能力而设计的专题复习。学生在已有基础实验能力上，发展综合实验的分析、理解和应用。

（5）学情：初三学生知道温度、气体多少的改变会导致气压改变，但对气

体、液体的流动而造成的气压改变则不太明白，学生凭空想象力较弱，尤其是从静态到动态，所以，在实际分析中往往陷于窘境，尤其是在大型连动装置中不知所措。对气液流动走向始终处于初级的死记硬背阶段。

此外，学生在分析此类题目时，没有生活经验，一看到陌生装置就有为难情绪，缺乏动手实践经验，也就没有清晰的思路和分析方法，从而也难以建立自信。

(二)能从教材处理中找准关键问题所在

•32题——装置情境的变化

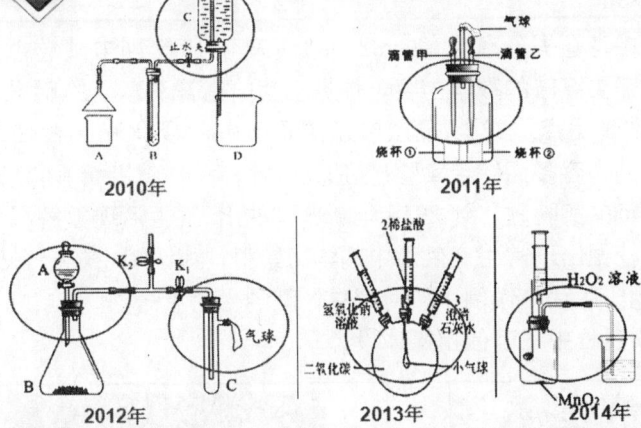

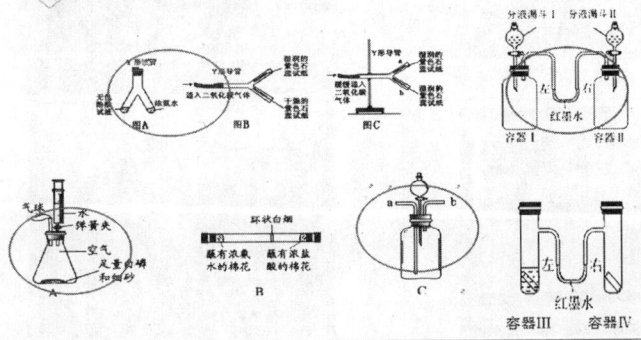

•32题——装置情境的变化

续表

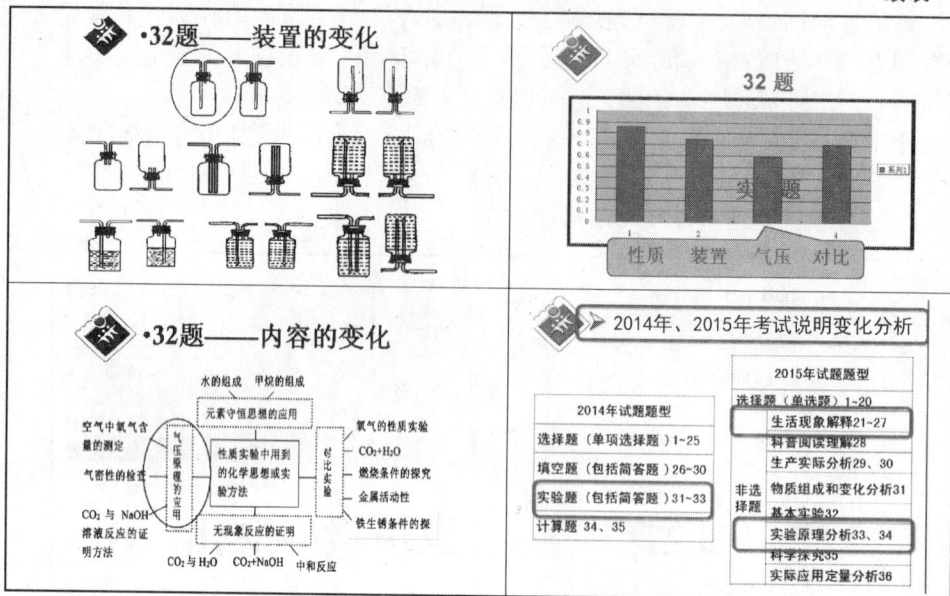

依据 2014 年中考题失分率最高的 32、33 题及 2015 年期末试卷中失分率高的 20 题确定了需要突破的教学内容，依据学生的错答及学生的反思，确定了需要突破的思维障碍点。32 题重点涉及的是装置的变化和装置情境的变化，且 32 题涉及的内容多为综合实验(性质、对比、气压、装置)。呈现方式的变化，从 2014 年的实验题，到 2015 年新题型的出现(生活现象解释和实验原理分析)，由此挖掘出日常生产生活中的学习素材，如医院中的吸氧装置和输液装置，并应用于生活中倾倒牛奶时解决外溅的生活小窍门。

(三)能在教学过程中正确使用媒体设计

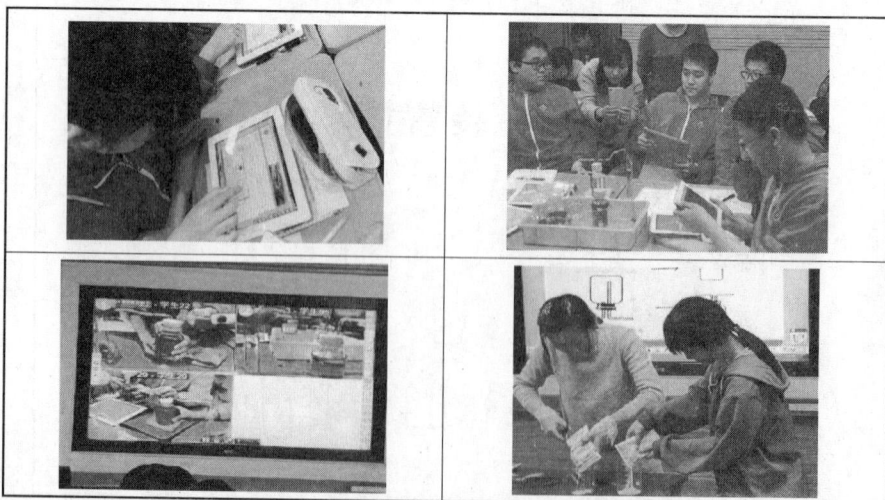

　　由《北京市朝阳区教师教学基本能力检核标准》并结合 2014 年中考题失分率最高的第 32、33 题和 2015 年期末试卷中失分率高的第 20 题，可以确定需要突破的内容。第 20、32、33 题涉及的内容多为综合实验(性质、对比、气压、装置)。第 32、33 题难点涉及的是装置的变化和装置情境的变化。结合学生的错答反馈及学生的反思，确定了需要突破的思维障碍点。题型的呈现方式出现变化，从 2014 年的实验题，到 2015 年新题型的出现(生活现象解释和实验原理分析)。挖掘出日常生产生活中的学习素材，因地制宜地自制实验仪器，并且使重要且有难度的气压原理和万能瓶相结合，使该知识应用于解决生活实际问题，如牛奶倾倒时的防外溅方法。袋装牛奶在倾倒时，如果袋子剪小口，牛奶流出慢，如果剪大口，牛奶流出快，却四处飞溅，所以生活中可以上下各剪一个口。本次课感觉口剪得过小，对比不明显，口剪成大拇指粗细对比效果最好，学生只剪下口，教师上下各剪一口后效果最好，或者在时间允许的前提下，让学生讨论出解决方案。所以，本教学策略选择非常灵活多样，属于优秀层次的教学策略。

问题聚焦

(一)讨论本案例中对于如何灵活选择教学策略值得我们学习的方面。

1.

2.

3.

(二)本案例对教学策略的分析给我们什么启示？

1.

2.

3.

四、能力训练

(一)案例分析训练

案例描述

　　案例 4-11　三位老师关于人教版九年级化学第八单元课题 1"金属的化学性质"的教学策略案例

教师 A：

（1）回忆金属与氧气的化学反应，归纳总结金属与氧气的化学性质。

（2）教师演示实验镁、锌、铁与酸的化学反应，学生观察现象，板书总结金属与酸的化学性质。

（3）教师演示实验铁与硫酸铜溶液的化学反应，学生观察现象，板书总结金属与盐溶液的化学性质。

（4）教师小结规律。

教师 B：

（1）回忆金属与氧气的化学反应，归纳总结金属与氧气的化学性质。

（2）学生实验镁、锌、铁与酸的化学反应，观察现象，板书总结金属与酸的化学性质。

（3）学生实验铁与硫酸铜溶液的化学反应，观察现象，板书总结金属与盐溶液的化学性质。

（4）问学生是否发现规律，自行总结。互相评价，教师总结。

教师 C：

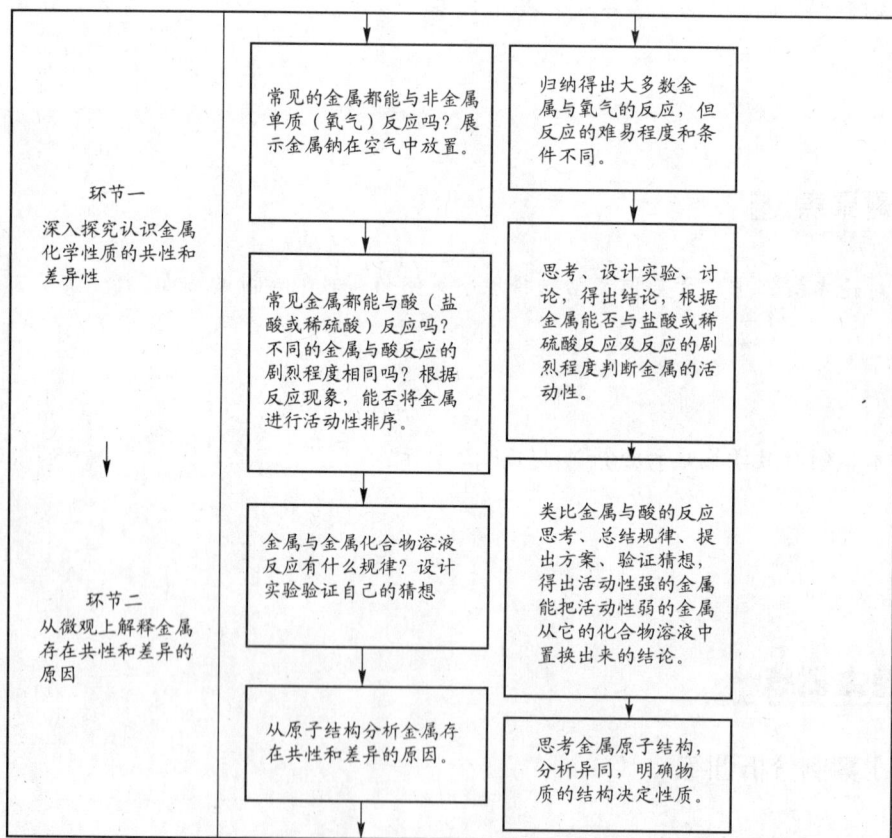

环节一
深入探究认识金属化学性质的共性和差异性

常见的金属都能与非金属单质（氧气）反应吗？展示金属钠在空气中放置。

归纳得出大多数金属与氧气的反应，但反应的难易程度和条件不同。

常见金属都能与酸（盐酸或稀硫酸）反应吗？不同的金属与酸反应的剧烈程度相同吗？根据反应现象，能否将金属进行活动性排序。

思考、设计实验、讨论，得出结论，根据金属能否与盐酸或稀硫酸反应及反应的剧烈程度判断金属的活动性。

环节二
从微观上解释金属存在共性和差异的原因

金属与金属化合物溶液反应有什么规律？设计实验验证自己的猜想

类比金属与酸的反应思考、总结规律、提出方案、验证猜想，得出活动性强的金属能把活动性弱的金属从它的化合物溶液中置换出来的结论。

从原子结构分析金属存在共性和差异的原因。

思考金属原子结构，分析异同，明确物质的结构决定性质。

案例研讨

回答下列问题：

1. 通过比较，您认为哪位教师的策略更理想？

2. 请尝试列出《金属的化学性质》一节所涉及的教学策略。

3. 您认为上述 3 位教师教学策略的水平如何？如何加以改进？

4. 请尝试设计与三位老师不同的本部分知识的教学策略。

（二）自主设计训练

请初中教师以"溶解度"为内容，灵活选择教学策略的分析。

请高中教师以必修化学 1"离子反应"为内容，灵活选择教学策略的分析。

小组讨论：

1. 组内老师的教学策略分析是否符合灵活选择教学策略的基本方法？

2. 讨论评价教学策略的选择属于《标准》中的哪一层级。

3. 反思选择教学策略时值得大家借鉴的做法有哪些。

五、考核反思

（一）自我检测

审读自己已有的一份教学案例，按照《标准》及灵活选择教学策略的方法导引进行分析和评价，重新进行编写。

（二）创新设计

选取自己最成功的一节课（公开课或示范课等），将教材案例中教学策略的精彩部分与组内教师分享，通过本次培训，您觉得是否找到了可以提升的方面？如果找到了，与大家分享。或者选取一份您认为自己深受启发的优秀案例与大家分享，请说出这份优秀案例的精彩之处，以及自己所得到的启示。

六、参考文献

［1］方杰．中学化学教师教学基本能力解读与训练［M］．北京：北京理工大学出版社，2012，01.

［2］孙亚连．高中化学教学策略刍议［J］．中学生数理化·教与学，2013，07.

［3］薛晨娟．新课程标准下高中化学教学策略探讨［J］．理化生教学与研究考试专刊，2013，16.

［4］伍小莲．浅谈新课标下的高中化学教学策略［J］．数理化解题研究，2012，6.

专题五　营造良好学习环境

培训目标

1. 理解不同层次营造良好学习环境能力达标的检核标准。

2. 营造良好学习环境所涉及的基本内容，能够通过恰当整合教学资源、积极地认知环境、构建和谐师生关系和健康的竞争环境，确保学生学习的情绪和状态良好。

3. 结合案例设计、研讨与反思，把握营造良好学习环境的一般思路和方法，提高营造良好学习环境的能力。

一、问题的提出

案例描述

案例 5-1　人教版初中化学第一节"绪言——化学使世界变得更加绚丽多彩"教学片段

人教版初中化学，在第一堂课"绪言——化学使世界变得更加绚丽多彩"，为了营造良好的学习氛围，激发学生的学习兴趣，设计如此开场白。

师：今天是我们第一次见面，我请大家喝点白酒。

生：我们年纪小，不能喝白酒。

师：那就请大家喝点红酒吧。

生：红酒也不能喝。

师：好吧，就请大家喝点可乐吧。

生：好啊。

师：碳酸饮料虽然口感很好，但容易引起钙的流失，所以还是少喝。

生：啊？

师：还是请大家喝点最好的牛奶吧。

师1：刚才大家都看到什么颜色？（师2：刚才大家都看到什么现象？）

生1：无色、红色、无色、白色。（生2：白色变成红色，红色消失，有气泡产生，出现了白色沉淀。）

师1：大家描述得都非常好，你知道它们的成分吗？（师2：你知道其中的原理吗？）

生：不知道。

师：你想知道吗？

生：想！

师：从今天开始，就让我们一起走进绚丽多彩的化学世界，通过你们自己的学习来揭示其中的奥秘吧！

师1：（采用白酒、红酒、雪碧、牛奶的实物图片进行导入。）

师2：（用碳酸钠溶液、无色酚酞溶液、过量的盐酸溶液、硝酸银溶液，通过向溶液中滴加不同的药品，溶液的一系列变化完成，导入教学。）

案例研讨

1. 您认为这两个案例使用了什么方法营造学习环境？

2. 您认为这两个案例在营造良好的学习环境方面达到了什么样的教学效果？

3. 您是如何设计和营造这一节课的学习环境的？

问题聚焦

1. 您认为教学中如何营造良好的学习环境？

2. 您认为营造良好的学习环境能达到什么样的教学效果？

3. 在平时教学中，您都是通过什么手段或者方式营造良好的学习环境的？

二、能力解读

内涵揭示

营造良好学习环境主要是从物化环境和心理环境两个方面进行考虑的。课堂是情境中的人(教师与学生)与环境(教室及其中的设施)互动而构建成的基本系统。课堂是教师教学和学生学习的主要场所,不同的课堂教学环境会对教师的教学和学生的学习产生不同的影响。生动活泼、积极主动的课堂教学环境具有较强的感染力,它易于形成一种具有感染性的促使人向上的教育情境,使学生从中受到感化与熏陶,从而激发出学生学习的热情与创造力,有利于课堂教学目标的顺利达成,提高课堂教学质量。相反,懒散、沉闷、压抑的课堂教学环境则会抑制学生的学习热情,使学生产生焦虑,不利于激发学生的创造性,造成师生关系紧张,严重的还可能会使学生产生厌学情绪。

标准解读

《北京市朝阳区教师教学基本能力检核标准》中"营造良好学习环境"能力的检核标准如下:

维度	关键表现领域	能力要点	合格	良好	优秀
教学实施能力	一、激发动机能力	营造良好学习环境	能够营造整洁有序的教学环境,并以稳定的情绪和良好的状态进行教学。	能够以稳妥的方式处理课堂中的突发事件。	能够将课堂突发事件转化为教育契机。

(一)合格水平

对合格层级教师的要求是"能够营造整洁有序的教学环境,并以稳定的情绪和良好的状态进行教学",即要求教师能够创设有利于教学的物化环境和解决课前预想到的心理环境问题。

创设良好的物化环境,就是要求教师注意采用文字、实物、图示、音像等多种信息和载体辅助教学,同时还要关注教室的布置要整洁有序(桌椅整齐摆放、黑板清洁、地面干净、教学用具摆放整齐等);采取有效的方式减小外面噪声(关窗或提醒噪声发出者等);恰当调节教室光线,如播放幻灯片时要拉上窗帘,同时开灯等。

解决预想到的心理环境问题,即要求教师课前观察和预测学生或教师自身的心理问题,并用恰当的方法在教学实施前予以解决。

案例5-2 人教版九年级化学(上)第六单元课题 3"二氧化碳和一氧化碳"的教学设计片段

【展示】一瓶二氧化碳的气体。

【实验探究1】如图1所示，两个纸口袋保持平衡，向其中一个口袋中倒入二氧化碳气体，学生甲做实验，其他同学观察现象。

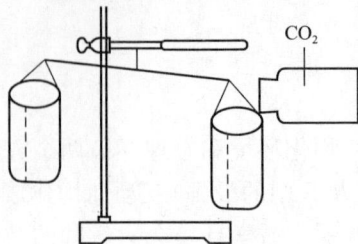

图1　倾倒二氧化碳

师：你能得出什么结论？

生：二氧化碳是一种无色无味，比空气密度大的气体。

师：在标准状况下，二氧化碳密度是 1.977 g/L，比空气密度大。

……

【实验探究2】学生乙用集气瓶通过普通漏斗像倒水一样将 CO_2 倒入烧杯中，如图2所示。

生：（观察现象）蜡烛由下而上依次熄灭。

师：由此我们能得出什么结论？

生：蜡烛不燃烧，也不支持燃烧。

师：为什么下面的蜡烛先灭？

生：因为 CO_2 的密度大于空气的密度。

师生小结：实验探究3得出：二氧化碳密度大于空气的密度，且不燃烧，也不支持燃烧。

师：烧杯中还有什么物质？

生：（讨论。）

师：（再次将阶梯状蜡烛点燃后，观察蜡烛熄灭的顺序。）

生：（观察、思考、分析、表达。）

师：将烧杯中的二氧化碳像倒水一样倒掉，再次将蜡烛点燃后放入。

生：（观察、质疑、思考、分析、表达。）

……

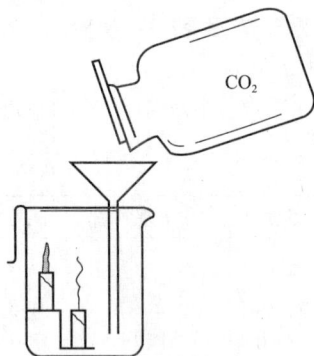

图2　倾倒二氧化碳

本案例用集气瓶通过普通漏斗像倒水一样向小烧杯中倾倒二氧化碳，两支蜡烛熄灭具有非常明显的时间差。通过反复倾倒，让学生感觉到二氧化碳"活"了，蜡烛"活"了，课堂也"活"了，从而轻松地掌握二氧化碳密度比空气大的物理性质、不燃烧也不支持燃烧的化学性质。本案例围绕教学目标，设计了动静结合的实验情境，引导学生对二氧化碳的性质进行思考，营造了有序的教学环境，提高了教学的有效性。整个实验教学解决了预想到的心理环境等问题，课前很好地预测了学生的认知水平，并用恰当的方法在教学实施中予以解决，营造了良好的学习氛围。本设计一直是学生跟着老师在走，学生只是被动地参与，缺少了学生的主观能动性，该教学设计属于合格水平。

（二）良好水平

对良好层级教师的要求是：在合格层级的基础上，还能恰当处理课堂突发事件。"课堂突发事件"是指在课堂教学过程中不曾预料而突然发生的事件。"恰当处理"就是将突发事件造成的课堂影响降到最小。课堂突发事件如果处理不当，会把教师精心设计的课堂教学计划搅得一塌糊涂。但是，如果处理得恰当，处理得巧妙，不仅能保证教学活动的正常进行，还能显示出教师的机智与创造性，学生也能从中受到教育和启迪。

案例5-3 人教版九年级化学（上）第六单元课题3"二氧化碳和一氧化碳"的教学设计片段

师：（出示了一瓶收集好的 CO_2 气体）请同学们思考这瓶气体告知了我们哪些信息。

生：（思考作答）

师：除此以外，你还知道 CO_2 的哪些性质？

（同学们七嘴八舌地说出一大串。）

【实验探究】（学生甲向烧杯中倾倒 CO_2 气体。）

（没有出现一低一高的蜡烛先后熄灭的现象。）

（小组讨论、交流……）

师：重拿一瓶，并用燃着的木条进行一次验满实验，CO_2 气体是满的，再倾倒，还是没有熄灭！

（同学们这时也从静静地观察，焦急地等待、思考，到议论纷纷。）

师：请同学们讨论为什么蜡烛不熄灭？

生：（交流、讨论、猜想，找原因）

（师生分析达成共识，蜡烛的灯芯太长，火焰过大，热气流阻止了 CO_2 气体下沉。）

师：（用小刀修整了蜡烛的灯芯，重拿一瓶 CO_2 倾倒，蜡烛由下而上依次熄灭。）

师：由实验探究的现象，你能得出什么结论？

生：（讨论交流，CO_2 不燃烧不支持燃烧，密度比空气大。）

……

此案例按照教师预设的教学流程展开，中途出现了一个意外，蜡烛没有出现预设的现象——熄灭，此时教师抓住契机，组织学生讨论，把讲课由传统的"授业"变成动态的"解惑"，把主角让给学生，创造了宽松的学习氛围，让学生畅所欲言地发表见解，全体、全程地参与学习过程，符合学生的认知规律和思维特点。

该教师除了能正常、有序地完成教育教学任务，还应能恰当处理课堂突发事件，将"课堂突发事件"处理得恰当，保证了教学活动的正常进行，充分体现了教师的扎实的专业能力和随机应变的机智，实现了"教学相长"。该教学设计属于良好水平。

（三）优秀水平

对优秀层级教师的要求是：不但能稳妥地处理课堂突发事件，而且能将突发事件转化为教育契机，即要求教师在从容应对课堂突发事件的基础上，因势利导，随机应变，将突发事件巧妙地融进自己的教学中，利用意外情况与讲授内容快速、合理地契合，借题发挥做"文章"，从容地化险为夷，化被动为主动。

案例5-4　人教版九年级化学(上)第六单元课题3"二氧化碳和一氧化碳"的教学设计片段

……

【实验探究】(学生甲将二氧化碳直接倾倒在上层的蜡烛上。)

(同组同学观察到上层的蜡烛先熄灭,下层的后熄灭。)

(该同学重新实验,观察现象。)

(现象:下层的蜡烛先熄灭,上层的蜡烛后熄灭。)

师:该实验探究能得出什么结论?

生:(讨论交流。)

结论:二氧化碳密度比空气大,不燃烧也不支持燃烧。

生乙:第一次的实验现象虽然与课本有差异,但底部的蜡烛也熄灭了,也能说明二氧化碳能像水一样将它倾倒下去,也能证明二氧化碳的密度比空气的大,实验还是成功的。

师:如果二氧化碳气体密度比空气小,我们能否直接将它倾倒出来熄灭蜡烛火焰?

生丙:氢气就倒不进去,氢气球都往上跑。

师:我们能不能利用一些不能燃烧也不支持燃烧,且密度比空气小的气体来做实验?

(生积极讨论,得出氦气可以。)

师:如果把装置放大,集气瓶比作大箩筐,里面装满无数的小氦气球,把筐里的气球缓慢向外倾倒的时候,氦气球不是向下扑火的飞蛾,而是凌空飞起的蝴蝶,离燃烧的蜡烛会渐行渐远。

师生讨论交流,总结出:在高于蜡烛火焰的位置缓慢倾倒气体,只要引起蜡烛火焰熄灭,就能证明该气体的密度比空气大。

师:是教材错了吗?为什么截然相反的现象得出相同的结论呢?

(师生共同回想两次实验,画出了两次的实验图(图3),学生认真对比之后,讨论、交流。)

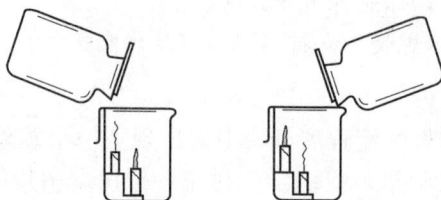

第一次实验图　　　　第二次实验图

图3　倾倒二氧化碳

结论:第一次是兜头灌顶、迎头痛击型,第二次是"水淹七军"型,只是倾倒角度变了,问题实质没有变……

反思:课堂最后的结论只是停留在假想的阶段,检验结论最好的方法是实验,怎样通过实验验证密度小的气体不能倒入烧杯呢?实验室没有氦气,氨气有毒,甲烷和氢气都可燃,能想到的密度比空气小的气体都不可行。经过反复思考,不支持燃烧的气体还有氮气,但密度与空气接近,那么氮气能不能倒入烧杯熄灭蜡烛呢?利用空气中氧气含量测定的实验,红磷燃烧剩余的气体主要是氮气,在实验室的钟罩中用燃烧红磷消耗氧气,再用向罩内注水的办法将气体收集到集气瓶中（排水法），将气体缓慢倒入烧杯中，结果两只蜡烛均未熄灭，反复几次，现象都一样，既然密度比氦气大的氮气都不能倒入烧杯熄灭蜡烛，那么氦气就更不可能了，我们课堂假想的结论是正确的。

❋ 案例评析

此案例中，教师没有拘泥于课前的预设，而是根据实际情况，倾听学生"异样的声音"，敏锐地捕捉了学生思维的闪光点，并将其巧妙地运用于教学活动中，把这些突发事件生成变为重要的教学资源，使之成为"预设不到的教学亮点"。难能可贵的是，教师不断反思生成，课后利用实验验证课堂上的生成，提高了自己的教学应变能力，促进了学生的思维发展和能力提升，创造性地完成了教学任务，彰显教学的有效性，将课堂生成变为培养学生科学素养的乐园！该教学设计属于优秀水平。

从上述三个案例可以看出，良好的学习环境能够促进学生的思维发展和能力提升，对于提高教学质量大有裨益。而营造良好学习环境时，要思考全面的学习环境，要有科学的方法指引。营造良好学习环境至少需要在恰当整合教学资源、创设积极认知环境、构建和谐师生关系、设计健康竞争机制等四个方面开展积极的工作。

（一）恰当整合教学资源，营造良好学习环境

教师要营造良好学习环境，就应该在上课前做好充分的准备，将本节课所需要的教学资源准备充分、对学生的学习环境和学生的认知水平进行科学的评估。在此基础上，教师可以采用教学资源生活化、趣味化、信息化、开放化等多种方法来整合教学资源，以达到教学的最佳效果。

1. 教学资源生活化

新课程标准中非常重视将科学、技术、社会三者的相互联系作为改革的重点。化学知识的学习就是要紧密联系社会生活、生产实际，从生活中来，到生活中去。所以，在化学教学中，教师就应该将所教的知识最大限度地生活化，为学生提供丰富的学习背景，这样才有助于学生的学习及对知识的理解与应用。

案例5-5 人教版九年级化学第八单元课题2"金属的化学性质"

在讲到金属的化学性质时，除了加强实验教学外，还用生活中的实际现象引出了金属和酸反应。

投影："酸菜鲜鱼汤"是某饭店的招牌菜，店老板反映盛汤用的铁锅很不耐用，没用多久锅底就有漏洞了。然后老板就把铁锅都换成了铜质的，结果很耐用，你知道这是为什么吗？

生：是不是铁可以和酸反应，铜和酸不反应。

学生实验探究铁、铜分别和酸的反应。

师：通过实验我们验证了铁可以和酸反应，而铜和酸不能反应，那你知道其他金属可

以和酸反应吗?

......

(案例提供:北京市第九十七中学段丽芹)

这种设计将学生学习的化学知识与生活中的情境相联系,运用化学的思想来解决现实生活中的问题,不但加强了相关化学基础知识的学习,同时也在一定程度上训练了学生设计实验、解决实际问题等多种能力。化学教学中的这种事例举不胜举,但是教师要把好度,尽可能地多举一些正面事例,像生活中的乳化现象、溶液的作用、酸碱性的意义等,避免学生出现"化学危害论"。

2. 教学资源趣味化

化学学科是初中学生在初三才开设的学科,与小学的科学和初中的生物有着一定的联系,但属于一个新的学科体系。要想使学生尽快地进入学习化学的状态中,教师就应该发挥化学学科的实验优势,多采用生动、形象、鲜明、新奇的实验,一方面可增强学生学习化学的兴趣;另一方面,可引导学生对该实验的新奇现象进行原因分析,推动学生由化学实验现象表面兴趣转化为对学习、探究化学知识本身的兴趣。

案例5-6 人教版九年级化学第五单元课题1"质量守恒定律"的教学片段

一、导入新课

【创设情境】播放重新配音的电视剧《神探狄仁杰》片段,引导学生进入新课的学习。

狄仁杰:元芳,蜡烛燃烧后质量减轻这个问题,你怎么看?

元芳:回大人,这个问题我似乎解释不了。

狄仁杰:再者,雕像上的那把铁剑放置很久后质量增加了,你又怎么看?

元芳:回大人,这个问题我还是无法解释。

狄仁杰:不知道现场的同学们,你们怎么看呢?

【过渡】本节课我们就来研究这位大人提出的问题。

......

二、学以致用,解释生产、生活中的现象

【提问】哪位同学能帮助狄仁杰、元芳解开心中的疑团?

【学生解释】蜡烛燃烧时生成了二氧化碳和水扩散到空气中,所以燃烧后质量变小了。铁生锈时吸收了空气中的氧气和水蒸气,所以质量增加了。

【播放视频】重新配音电视剧《神探狄仁杰》片段。

狄仁杰:同学们真了不起,比元芳知道的还多。原来,任何化学反应都符合质量守恒定律,我们可不能被表面的假象所迷惑。

(案例提供:北京市第九十七中学段丽芹)

本案例以生活中的问题作为研究对象,利用"元芳,你怎么看"编制情景剧导入新课,既避免了教师单调的讲解,也不是对质量守恒定律进行简单的验证,而是围绕"质量守恒定律"这一主线开展阶梯形的研究性学习活动,趣味性强,不拘一格。

案例5-7 烧不坏的手帕教学

在讲燃烧条件的教学过程中,师生共同通过实验分析完燃烧所需的三个条件后,可增设一个趣味实验"烧不坏的手帕"来进行概念的理解和再巩固。

将2体积95％的酒精和1体积水混合，把一块手帕浸泡到调配好的溶液中，取出后轻轻拧干，用坩埚钳夹持，在酒精灯上点燃并轻轻抖动，火焰熄灭后，学生观察发现还是一条完好无损的手帕。这时学生在惊奇的同时陷入了深深地思考中，"为什么会出现这种现象呢？"

这样老师就可以抓住燃烧的实质，沿着燃烧条件引导学生进行分析，在掌握知识的同时，也学习了分析问题的方法。

案例5-8 通过实验创设学习情境

利用化学实验中的"意外"、"失败"创设情境，引导学生对有关知识进行探究。

一位老师在做浓硫酸稀释的演示实验时，将水加入浓硫酸中进行稀释，这时学生感到非常惊讶，教师也意识到自己的失误。但这位教师灵机一动，继续操作，同时对学生说："请同学们仔细观察实验现象，同时思考几个问题。"

(1)稀释浓硫酸时，能不能直接把水倒入浓硫酸中？为什么？

(2)你能否说出稀释浓硫酸的正确操作步骤是什么？

(3)通过这一实例，你认为我们为人处世、做学问应具备什么态度？

通过反例教学方法，不仅收到了意想不到的教学效果，而且在学生的成长中留下终生难忘的特殊效果。在化学实验教学中，难免会遇到一些意外情况，如演示或操作失误造成实验失败，此时教师如能巧妙地以此创设情境，或故意设计一些"意外"，使学生通过观察、分析，思考实验失败的原因，并创造条件使实验最终成功，不仅能顺利地完成教学任务，还有利于培养学生科学严谨的态度，同时也有利于拓展学生思维的深度和广度。

3. 教学资源信息化

处于信息时代的今天，互联网已经逐步走进课堂。不但大量的资料、图片、视频等辅助课堂，许多教师也在实践着将课堂上学生的学习状态利用信息手段进行直观呈现。将教学资源信息化创设教学情境变得更加丰富，使化学实验更加优化，将微观知识进行直观展示，大大提升了课堂的容量。但值得注意的是，不要将这些在课堂上进行堆积，必须要加强课前的教学设计，信息手段只能是课堂教学的辅助手段，达到一般课堂不能达成的效果。

案例5-9 人教版高中选修4《化学反应原理》第二章知识综合——工业合成氨(新授课)

【情境引入】德国人弗里茨·哈伯(Fritz Haber)由于发明了合成氨的方法而获得1918年诺贝尔化学奖，他的发明大大提高了农作物的产量。利用氮、氢为原料合成氨的工业化生产曾是一个较难的课题，从第一次实验室研制到工业化投产，经历了约130年的时间。

化学反应 $N_2(g)+3H_2(g)\rightleftharpoons 2NH_3$ 看起来十分简单，可为什么合成氨的工业化生产会经历如此漫长的发展过程呢？合成氨工厂为什么需要那么庞大而复杂的生产设备和特殊的生产条件呢？

【创设问题】

教师：假如你是一个工厂的厂长，对畅销产品的成本、生产效率作何要求？

学生：要尽量降低成本、提高生产效率、增加产品的产量和质量。

教师：现在工厂合成氨气，应从哪些方面选择合成氨的反应条件呢？

学生：应从反应限度和反应速率两个方面综合考虑，找到控制外界条件的最佳方案。

（案例提供：北京市和平街第一中学刘堃）

在情境创设中提出合成氨对人类生存的使用价值，让学生对于本节课研究的问题产生使命感，并且用问题的创设让学生感受到运用自身已有的知识可以解决一个对社会生产有实际价值的问题，可以激发学生强烈的探究欲望，并且在从该问题的解决过程中提升知识综合运用的能力，对学生是一种全方位的素质的提高。

案例5-10　人教版高中选修4《化学反应原理》绪言——简化后的有效碰撞理论（新授课）

向学生描述化学反应微观过程中的有效碰撞时，由于该变化发生在微观世界，有一定的复杂性且为动态过程，并且由于只是介绍简化后的有效碰撞情况，故无法获取或选择真实的微观图像和视频。此时，利用计算机模拟有效碰撞过程就可以清晰地呈现出反应体系微观世界中普通分子转化为活化分子的过程、分子间的碰撞情况，并对比出无效碰撞与有效碰撞的区别。学生可以通过对动态过程的观察，对比出二者区别，并归纳出发生有效碰撞的条件。

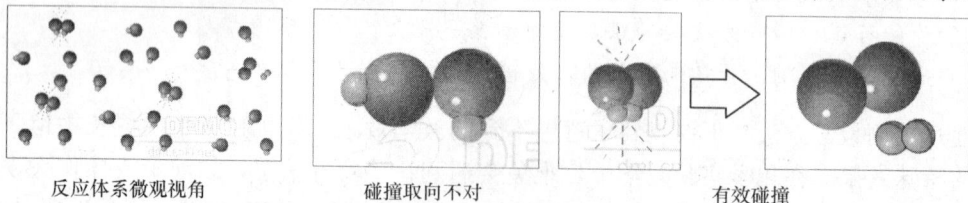

反应体系微观视角　　　　碰撞取向不对　　　　有效碰撞

（案例提供：北京市和平街第一中学刘堃）

通过动态演示，学生可以直观地获取微观世界的反应状况，对有效碰撞有了形象的认识，避免了教师语言表述缺乏严谨和苍白无力，也避免了学生凭空想象产生的思维误差。让学习氛围更生动，难点突破更容易，知识获取更直观精准。

4. 教学资源开放化

教学资源的开放化也需要教师的精心设计，在设计中实现教学资源的最大化的应用价值。如倡导学生进行合作—探究式学习；开放化学实验室，组织学生进行研究性学习；开设学生感兴趣的化学校本课程或组织社团活动；精心设计家庭小实验等。这些操作都能够实现教学资源最大限度的开放，从而提升教育资源的使用价值。

案例5-11　催化剂概念的学习

学习目标：①通过探究合作学习理解催化剂概念。

②培养学生的合作能力和团队意识。

③培养学生提高效率的意识和竞争意识。

任务分工：

把班内学生按4人分为学习小组，每组学生合作完成以下实验，最后通过讨论得到结论。

合作内容及程序：

①取等质量的氯酸钾两份，其中一份加二氧化锰（测出二氧化锰的质量），另一份不加二氧化锰；加热相同的时间，观察氧气的放出情况。

②将生成物溶解、过滤、蒸发，回收二氧化锰，与原来的质量进行比较，体会催化剂

的概念。

③用回收来的二氧化锰与氯酸钾混合，继续加热制氧气，继续深化对催化剂概念的理解。

进一步延伸：

①在一支试管中加入 5 mL 5‰过氧化氢溶液，把带火星的木条伸入试管中，看木条是否复燃。

②微微加热装有过氧化氢溶液的试管，观察有什么现象发生；把带火星的木条伸入试管，观察发生的现象。

③在另一支试管中加入 5 mL 5‰的过氧化氢溶液，并加入上述反应用过的提取出来的二氧化锰，把带火星的木条伸入试管，观察发生的现象。实验后将二氧化锰洗净、干燥、再称量，与加入前所称量的二氧化锰进行对比，进一步加深对催化剂概念的理解。

④实验结束后，由学生自己讨论、交流、总结，得出催化剂的概念。

如此设计，通过探究合作学习既理解了催化剂的概念，又培养了学生的合作能力和团队意识，提高了效率意识和竞争意识。

案例 5-12 精心设计家庭小实验

布置任务：学生回家做实验

①用稀醋酸在生鸡蛋上写字，写好后，把它煮熟，拨开蛋皮，会发现你写的字都覆盖在那个鸡蛋的蛋白上。

②把生鸡蛋放入水中，现象是＿＿＿1＿＿＿；把生鸡蛋放入醋中，现象是＿＿＿2＿＿＿。两三分钟后，两个杯子里的生鸡蛋的变化是＿＿＿3＿＿＿。一两天后，两个杯子里的生鸡蛋的变化是＿＿＿4＿＿＿。

学生汇报实验现象：

第1个：无现象。

第2个：蛋壳逐渐溶解/蛋壳冒泡。

第3个：水中的无变化，醋中的蛋壳逐渐溶解，蛋上下起伏。

第4个：水中的无变化，醋中的已经没有蛋壳。

学生分组讨论。

结论：鸡蛋壳主要成分是碳酸钙，所以放入水中不会有什么反应。放入醋中，由于碳酸的酸性弱于醋酸，故碳酸钙溶解，只剩下一层凤凰衣包裹着蛋清和蛋白。就是我们说的软皮蛋。

利用学生的实践活动创设教学情境，感性认识化学知识与社会生产、生活密切相关，如此强烈丰富的感性材料，容易激发学生创新思维的火花，融入化学的世界中来。

（二）创设积极认知环境，营造良好学习环境

认知能力是指人们分析、了解和把握事物的能力，即人们对事物的构成、性能、与他物的关系、发展的动力、发展方向及基本规律的把握能力。在化学课堂教学中，教师要根据所教知识积极创设认知环境，为学生营造良好的学习氛围。

1. 通过构建知识网络，创设认知环境

对于已经获取的知识，如果没有完整的结构把它们串联起来，就很容易被遗忘。在实际教学过程中，教师习惯于把一单元的整体知识分割成一份一份的，使学生更容易接受新知识，这样知识点就变得零散难记。因此，在每一个单元教学结束之后，教师要注意各部分知识点间的相互联系，将各知识点纵横串线织网，形成知识网络结构，使知识成块呈现，帮助学生构建一个完整的知识网络，使学生便于用已有的知识同化新知识，这样在解决化学问题时才能快速提取。

案例 5-13　物质的多样性知识间的关系

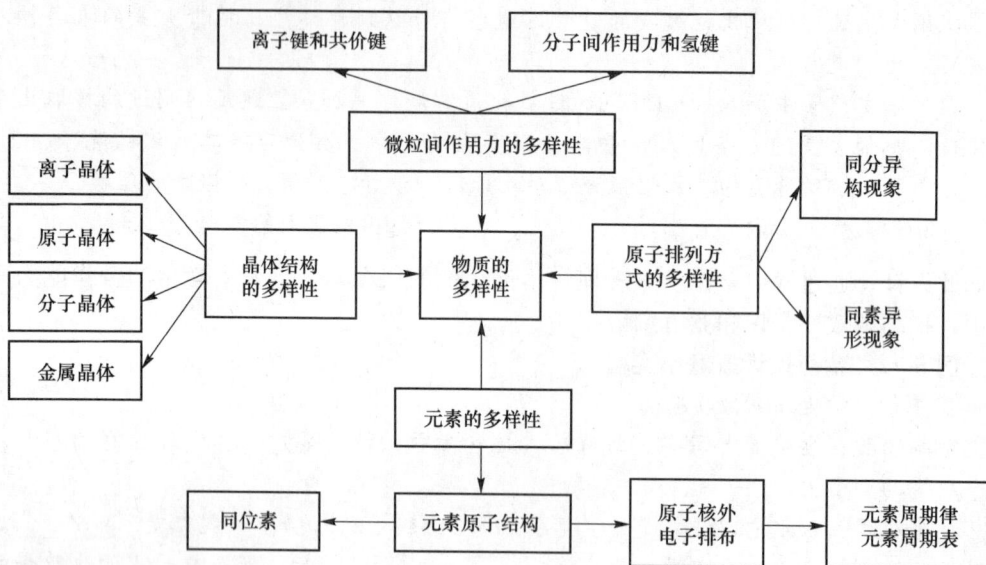

它反映了晶体结构、原子形成分子或晶体的方式、元素多样性、微粒及微粒间作用力多样性等各部分之间的整体性相互联系，以及这些知识之间深刻的结构层次关系。这有助于学生整体把握相关知识框架。

2. 通过增设生活情景，创设认知环境

化学学习有时比较单一、抽象，学生有时很难将一些化学名词与生活实际相联系，所以课堂教学中增加生活情景创设，能够提升学生学习化学的兴趣，理论联系实际更容易掌握所学化学知识。

案例 5-14　燃烧与灭火

首先利用学生已有的生活知识播放有关燃烧的图片，引导学生从熟悉的燃烧现象中认识燃烧是发光放热的剧烈化学反应。问题驱动：燃烧必须同时具备三个条件吗？教师利用试管、烧杯及热水，演示白磷、红磷的燃烧实验。实验证明，要燃烧，可燃物、氧气、温度达到着火点三条件必须同时满足。紧接着点燃几支蜡烛模仿若干火灾现场，让学生利用教师所提供的灭火材料讨论如何灭火，并且必须说出灭火方法及灭火原理，既破坏了燃烧的条件，也使学生学到的知识得以运用。接下来利用学习已有的生活知识及新学到的知识完成课堂练习与中考链接题目，诸如油锅着火、电器着火、室内着火、煤气泄漏等。最后拓展到燃烧是一种发光放热的剧烈氧化还原反应，也并非一定有氧气参加，二氧化碳也并非能灭所有火灾。

本案例充分利用了学生已有的生活知识及当堂学到的知识，并在学以致用的教学过程中有效地将感性认识上升到理性认识的高度，起点低——贴近学生的生活实际，落点高——与高中教学的氧化还原反应相联系，容量大——两课时内容在一课时轻松完成，实现了有效教学的高效课堂。

3. 通过主题问题设计，创设认知环境

主题问题设计是信息加工过程的最高阶段，是构建学生良好认知结构，培养学生思维能力的一条重要途径。主要方法有：①简化法。即把复杂的问题简单化。如找有机物的同分异构体时，往往可先根据对称性、找对称轴把问题简化。②图像法。即在解决有些比较复杂的化学计算问题时，根据已知条件，利用图像可简化对问题的解决。如，$AlCl_3$ 与 $NaOH$ 溶液相互滴加反应的问题。③类比迁移法。用已掌握的方法，类比迁移再生出"新"的化学信息。如，由 H_2O 电离方程式类比出 NH_3 的电离方程式。④逆向思维法。即从问题要求证的结果入手，反向思考、推理，从而使问题获得解决。如，CH_4 是空间正四面体而非平面正方形结构的原因是其二氯代物不存在同分异构体。⑤守恒法。如，可根据物料守恒、电荷守恒、质子守恒三大守恒寻找盐类水解时离子之间量的关系。

案例 5-15　"盐类水解"通过主题问题设计，创设认知环境

请分析：在饱和的碳酸氢钠溶液中都存在哪些守恒？

1. 电荷守恒：电解质溶液中所有阳离子所带的正电荷数与所有阴离子所带的负电荷数相等。

在 $NaHCO_3$ 溶液中，$c(Na^+)+c(H^+)=c(HCO_3^-)+2c(CO_3^{2-})+c(OH^-)$

2. 物料守恒：由于电离或水解因素，有些离子会发生变化，变成其他离子或分子等，但离子或分子中某种特定元素的原子的总数是不会改变的。

在 $NaHCO_3$ 溶液中，$n(Na^+):n(C)=1:1$，$c(Na^+)=c(HCO_3^-)+c(CO_3^{2-})+c(H_2CO_3)$

3. 质子守恒：溶液中质子守恒就是水电离生成的 H^+ 与 OH^- 浓度相等。

碳酸氢钠在溶液中既有电离，又有水解，电离方程式为：

$$NaHCO_3=Na^++HCO_3^-，HCO_3^-=H^++CO_3^{2-}$$

水解离子方程式为：$HCO_3^-+H_2O=H_2CO_3+OH^-$

根据上面的叙述，可得碳酸氢钠的质子守恒：$c(OH^-)=c(H^+)+c(H_2CO_3)-c(CO_3^{2-})$

注：①因为碳酸氢根离子电离生成的氢离子浓度和碳酸根离子浓度相等，由于氢离子中包含碳酸氢根离子电离生成的 H^+，所以需要减去碳酸氢根离子电离生成的碳酸根离子。

②水电离生成氢离子的浓度＝水电离生成氢氧根离子浓度。

③每摩尔的碳酸氢根离子水解时结合 1 mol 的氢离子，所以需要加上生成的碳酸浓度。

（案例提供：东北师范大学附属中学朝阳学校石娟）

通过以上分析，学生能更深入地理解溶液中各个离子浓度之间的关系，加强了对电离平衡、水解平衡、电荷守恒等理论知识的应用，更加娴熟地掌握此类问题的基本解题方法和技巧，提高了学生的逻辑思维能力和综合分析问题的能力。

（三）构建和谐师生关系，营造良好学习环境

教师营造良好学习环境，就要构建和谐的师生关系。教师既要能够控制自己的情绪，也要能够调控学生的心理状态。课堂教学中教师和学生在一定程度上角色是辩证统一的，如教师和学生既是"问者"，又是"听者"，既是"教者"，又是"学者"，教学的主导和主体是辩证统一的。教师在课堂上自觉地"放开自己的手"，学生有了相对的自由，有自由的脑子、自由的嘴巴、自由的身体，学生就有了自主性。这种教学过程，好像是教师对学生的"失控"，课堂好像是"散"的，但只要教师善于点拨、引导学生找到问题的切入点，就可"控制"着学生学习的方向和学习的时间，实现主体和主导的统一。

案例 5-16　人教版初中化学十单元"酸和碱的中和反应"教学案例

在教学酸和碱的中和反应时，教师先带领学生复习了酸和碱的化学性质，接着引入课题。

……

方案确定好了以后，一个学生上讲台来完成这个实验。

将酚酞滴入氢氧化钠溶液时，溶液变红，但当他把该溶液振荡两下后，红色却慢慢消失了。

师站在旁边，暗自思考实验的准备过程，突然想起氢氧化钠的浓度配得太高，用浓的氢氧化钠溶液就会发生这种情况。这时教师灵机一动，决定让学生进一步探究其中原因。

甲同学认为可能是个偶然现象，于是再做一遍，结果还是出现相同的现象，否定了这个猜想。

乙同学认为可能与空气中的二氧化碳反应而变质，当他把酚酞滴入碳酸钠溶液中溶液也变红，否定了乙的猜想。

丙同学认为与空气中的氧气反应而变质引起褪色，但通过讨论，也否定了该猜想。

丁同学认为可能是氢氧化钠溶液过浓所致。

请两位同学取两支相同的试管，加入了相同的氢氧化钠溶液，然后一支加入一定量的水稀释，一支不加水，再加入相同滴数的酚酞，结果加水的试管红色不褪，没加水的试管红色慢慢褪去。找到了原因后，又请了两位同学用稀释过的氢氧化钠溶液再重做该中和实验，结果取得了成功。老师对积极发言的学生大力表扬，增强学生学习化学的信心。

（案例提供：北京市十八里店中学尉静）

在课堂教学出现意外事件时，教师灵活改变原来的教学计划，利用课堂上对教学有价值的"意外"，引导学生思考。把突发事件与本节课的教学内容进行有机结合，利用这种意外事件激发学生的思考，让学生在思维的碰撞中获得知识。通过学生的讨论，发现问题、提出问题、产生怀疑，进一步激发学生的求知欲，使学生的思维从现象到本质产生飞跃。

正是这种主导"控制"了学生的主体。主导和主体的统一，不仅共同完成了教学活动，而且培养了学生的动手操作能力和创新意识，使学生的思维更加缜密。

（四）设计健康竞争机制，营造良好学习环境

课堂竞争机制的目的性十分明确，恰当地运用，能帮助学生有效吸收、内化知识和信息，把"死的知识"化作"活的信息"，提高课堂质量。在实际的课堂上，也会屡屡出现很多状况，需要教师进行防范和弥补，这样才能营造良好的学习环境。也只有经过教师深入了解和全方位考虑并准备不同的方案，才能使健康的竞争机制达到理想的目标和效果。在设

计和执行的过程中，很多细节也决定着课堂竞争机制的效果。

1. 建立合理的小组合作，促进良性竞争

小组合作现在已成为每节课必有的"项目"，但是部分"合作"只限于形式，要想使小组合作发挥它最大的效果，就需要教师进行整体的设计、针对性的培训和阶段性的反馈。教师要加强对小组长的培训、小组评价标准的制定、学生积极性的调动等，只有这样，才能形成健康的竞争机制。

案例 5-17　二氧化碳的制取教学片段

课前准备：

根据学生的不同情况，依据自愿组合的原则，分成 4 人一小组（以不超过 5 人为宜，按照组间同质，组内异质的原则），探讨实验室制取二氧化碳的反应原理、装置、收集方法和验证方法。先要求学生进行理论资料查询，具体问题：

①查阅你所知道的能得到二氧化碳的反应，总结归纳哪一种更适合在实验室中制取二氧化碳（指明原因）。

②复习有关实验室制取氧气的内容。

③实验准备，以小组为单位填写实验通知单，写出需要的仪器、药品，要求实验室准备。

教学过程：

课上小组选出中心发言人汇报本组的准备结果，包含以下三个方面的问题：

①选用哪种方法制取？为什么？

②选用什么样的装置？依据是什么？

③如何验证？

组内成员补充，其他组成员聆听，准备评价。

对学生设计的方案，组间互评、教师总评，要求学生自己设计实验去验证。

课上各小组进行探究实验，寻找最佳试剂和装置、收集方法、检验方法。

教师汇总讲评：各小组派一名成员上台演示，根据教师制定的评分标准，由各小组组长组成的评委团进行打分，评出优秀小组。

课后小结：

①学生对此活动表现出极大的兴趣，积极讨论，踊跃参与。

②在各组组长的安排下，每个学生都完全地参与到教学活动中来，并充分地相互交流合作，最大限度地激发了学习热情。

③对实验室制取气体过程有了清晰的感性认识，并由此引发了许多课外问题的思考。

比如，对于实验室制取气体时，制取装置、收集装置应该遵循什么思路有了清晰的了解。

把空白的实验报告提供给学生，学生小组自己设计实验，进行实验操作、观察、分析，带着问题查找资料，然后以小组为单位进行激烈的讨论，互相补充，互相帮助，共同完成报告。这有利于培养学生的实践能力和创新精神。

2. 实施科学的学科竞赛，促进良性竞争

教师可以结合学科《课程标准》和《学科改革意见》等文件要求，编制各类基础学科知识竞赛、趣味学科竞赛或拓展性学科知识竞赛等，来调动学生学习本学科的兴趣，这样也能够在一定程度上创设健康的学习环境。

案例 5-18　开展一次关于"塑料袋的利弊"的知识辩论赛

甲方观点：在生活中，塑料袋的使用利大于弊。

乙方观点：在生活中，塑料袋的使用弊大于利。

甲乙双方就各自的论点充分搜集资料，分别派出 4 位选手进行最后的辩论。

通过查阅资料，学生对塑料袋的使用和危害有了充分的了解，不管是对今后的学习还是生活，都会有很大的帮助。

三、案例观摩

案例描述

案例 5-19　人教版初中化学第六单元"当二氧化碳通入到澄清的石灰水中……"教学设计

教学设计背景：在二氧化碳性质的学生实验中，将二氧化碳通入澄清石灰水中，出现了意想不到的现象——有的石灰水未变浑浊；有的出现白色沉淀；有的出现白色浑浊后又变澄清。针对实验中出现的异常实验现象，在当堂课中留下了一个悬念，在学生充分搜集资料的基础上设计了这节课。

布置任务：以小组为单位上网搜集资料，试着解释出现上述现象的原因。

环节	教师活动	学生活动
环节 1 创设问题情境	【提问】上节课我们将二氧化碳通入饱和石灰水中，都观察到什么现象了？	学生回答：未变浑浊；白色沉淀；白色浑浊后又变澄清。
环节 2 猜想假设	【猜想】分组实验中，产生以上异常实验现象的原因有哪些？在学生完成猜想后，引导分析异常实验现象的影响因素。	学生小组讨论。 提出猜想与假设： ①石灰水未变浑浊的原因可能是： 石灰水已变质；石灰水浓度太低；二氧化碳的量太少；二氧化碳中混有氯化氢气体，氯化氢气体与氢氧化钙发生了反应。 ②出现白色浑浊后又变澄清的原因可能与石灰水的浓度、通入二氧化碳的时间有关。 在教师的引导下，归纳总结出本实验产生异常现象的原因主要是通入二氧化碳的时间、石灰水浓度和氯化氢的干扰等。

环节	教师活动	学生活动
环节3 设计方案 实验验证	一、探究石灰水未变浑浊的原因 【猜想1】石灰水变质，浓度太低。 【师】如何解决？ 【猜想2】二氧化碳的量太少。 【师】如果是反应时间和用量的干扰，如何设计实验解决问题？ 引导学生控制反应时间。 【猜想3】盐酸具有挥发性，二氧化碳中混有氯化氢气体，氯化氢气体与氢氧化钙发生了反应。 【师】如何除去氯化氢的干扰？ 【演示实验】 二、石灰水中出现白色浑浊，一段时间后又变澄清的原因 【猜想】①与石灰水浓度有关。 ②与通入二氧化碳的时间有关。 【进行实验】①配制饱和的澄清石灰水。 ②分别将饱和石灰水加水稀释2倍、3倍、4倍、5倍。 （教师有意不同组发放不同浓度的石灰水，标签上注明饱和石灰水或饱和石灰水稀释倍数） ③分别取5 mL上述五种溶液于试管中，通入二氧化碳气体，尽可能保证二氧化碳气流速度相同，记录沉淀出现所需的时间、沉淀完全所需时间，以及浑浊液变澄清的时间。实验记录如下： <table><tr><td>V(饱和石灰水)/V(水)</td><td>时间t_1</td><td>现象</td><td>时间t_2</td><td>现象</td></tr><tr><td>1:0</td><td>9 s</td><td>出现浑浊</td><td>>2 min</td><td>不澄清</td></tr><tr><td>1:1</td><td>10 s</td><td>出现浑浊</td><td>50 s</td><td>较澄清</td></tr><tr><td>1:2</td><td>12 s</td><td>出现浑浊</td><td>30 s</td><td>澄清</td></tr><tr><td>1:3</td><td>16 s</td><td>出现浑浊</td><td>28 s</td><td>澄清</td></tr><tr><td>1:4</td><td>—</td><td>无法判断</td><td></td><td>无法判断</td></tr></table> 【解释与结论】实验证明，先浑浊后澄清的情况与石灰水的浓度有关。在饱和石灰水中通入二氧化碳，溶液变浑浊，继续通二氧化碳，即使时间很长，也不能看到澄清。最好将饱和石灰水稀释2~4倍，这样产生浑浊和恢复澄清现象都很明显，其中效果最佳的是饱和石灰水与水的体积比为(1:2)~(1:3)。	思考、讨论、交流。 选用新配制的饱和石灰水。 思考回答： 继续通入二氧化碳观察，石灰水是否变浑浊？ 查阅资料，饱和碳酸氢钠溶液能除去二氧化碳中混有的氯化氢气体。 观察现象，得出结论。 思考、讨论、交流。 通过课前查阅的资料提出猜想。 【查阅资料】 ①把二氧化碳通入澄清的石灰水中发生的化学反应： $Ca(OH)_2+CO_2=CaCO_3\downarrow+H_2O$。 继续通入二氧化碳，发生如下化学反应： $CaCO_3+CO_2+H_2O=Ca(HCO_3)_2$。 ②20 ℃时，碳酸氢钙的溶解度是16.6 g。 $Ca(HCO_3)_2$受热易分解，发生如下反应： $Ca(HCO_3)_2=CaCO_3\downarrow+CO_2\uparrow+H_2O$ 实验中出现了三种不同的现象： 现象1：浑浊，继续通二氧化碳，浑浊明显减少，但不澄清。 现象2：浑浊，继续通二氧化碳，浑浊变澄清。 现象3：浑浊，继续通二氧化碳，浑浊没有明显变化。

演示实验装置标注：稀盐酸、大理石、饱和NaHCO₃溶液、澄清的石灰水、NaOH溶液

环节	教师活动	学生活动
环节4 反思与评价	为使该分组实验避免出现"意想不到的现象"，你有什么建议？	进行实验时，需控制石灰水浓度和通入二氧化碳的时间。
环节5 小结	这节课我们经历了科学探究过程。根据反应异常现象，发现问题，提出假设，设计实验并验证，最终得出结论。我们还会用这样的方法解决生活中的问题。纵观近现代化学史，新学说、新理论的创立，无不与化学家们实验时的异常现象密切相关。希望同学们在科学面前要有严谨认真、敢于探"异"的科学精神。	倾听，思考
环节6 教学反思	①二氧化碳和石灰水的反应会根据反应物浓度不同，出现不同的现象。实际反应原理比较复杂，涉及溶解平衡问题，初中阶段不做解释。 ②由于实验条件有限，浑浊和澄清主要靠眼睛直接观察，而且通入二氧化碳的量也会存在实验误差。	

叶澜指出，"课堂应是向未知方向挺进的旅行，随时都有可能发现发现的通道和美丽的图景，而不是一切都必须遵循固定线路而没有激情的行程"。在根据预设教案进行实验教学时，经常会发生"意外"，实验效果欠佳甚至失败是常见的。这些"意外"会对我们的教学造成怎样的影响，关键要看教师如何应对。如果处理得当，则会弥补或推进教学，成为有价值的教学资源，使课堂教学更精彩。

本案例，学生将二氧化碳通入一定量的澄清石灰水中，出现了意想不到的现象：有的石灰水未变浑浊；有的出现白色浑浊后又变澄清。这个问题并不是一个新问题，案例中教师没有设法搪塞或回避问题，而是"将计就计"，及时启发和引导学生针对不同的实验现象进行思索、讨论、实验，并得到了正确的结论，取得了良好的教学结果。我们认为，其根源就是营造了良好的学习环境，"动态生成"的效果好，主要优点体现在：

（1）恰当整合了教学资源

案例中，教师专门设计了这样一堂别开生面的异常现象探究课。课前教学设计时，要求学生网上查询相关资料，学生对实验有了初步的认识，奠定了实验基础；实验过程中主要应用控制变量法，即控制石灰水浓度和通入二氧化碳的时间，并通过实验对比来加以验证。实验过程中，溶液浑浊、沉淀消失等场景生动、形象、鲜明，原本的异常实验现象显得清晰而明朗，符合学生的认知水平。总的来讲，在教学资源的整合方面是成功的。

（2）创设了积极认知环境

案例中，选取的科学探究素材新颖、典型，引起了学生的兴趣，唤起了学生内在学习动力，从而引导学生主动进行探究，进而设计实验验证猜想，并对异常进行反思评价，突出了化学学科的特点，让学生体会了化学实验探究的一般过程。整节课处理得当，培养和发展了学生的思维能力和创新能力。

（3）构建了和谐师生关系

课堂是师生知识共享、情感交流、心灵互通的过程，是一个丰富多彩的动态生成过程。案例中教师在达成教学目标的基础上，特别重视以学生为中心，避免了"填鸭式"的教育方法，让学生自主地进行猜想假设，依据方案有计划地进行实验，分工合作等。通过积极引导、妥善处理，重视学生在"自主学习"的过程中激发兴趣、发现价值、体验方法、提高技能、感受神奇，在此过程中构建了和谐的师生关系。

（4）设计了健康竞争机制

分组竞争是调动学生主观能动性的有效方式。课程设计时，有意识地将学生们分成几个小组，每个小组都要形成自己的观点，要求能够自我举证，并且可以对其他小组和老师的观点、实验方法进行质疑。这样就形成了一个良好的竞争氛围，教学过程成为一个师生、生生有效互动、动态生成的积极的过程，从而使课堂异彩纷呈、充满活力。

学起于思，思源于疑，疑终于释。本节课的化学实验将思、疑、释三者完美结合，激发了学生学习化学的兴趣，帮助学生形成化学概念，弄清反应原理，获得化学知识和实验技能，培养了观察和实验能力，有助于培养实事求是、严肃认真的科学态度和科学的学习方法。

总之，要重新确立教学资源观：教学资源无处不在，瞬时即逝的教学资源尤其宝贵！教学中不是缺乏教学资源，而是缺乏善于发现和有效利用教学资源的眼睛，在初中化学的探究性教学中表现得更是明显。因此，教师应在继承传统的预设教案的基础上，逐步加大课堂教学改革，使自己真正成为课堂的组织者、参与者、合作者，使精心预设与动态生成相辅相成，相得益彰，将课堂变成培养学生科学素养的乐园！

问题聚焦

（一）本案例中营造良好学习环境方面哪些值得我们学习？

1.

2.

3.

4.

（二）本案例在营造良好学习环境方面给了您什么样的启示？

1.

2.

3.

4.

四、能力训练

（一）案例分析训练

案例描述

案例 5-20　分子和原子

教师 A：

如何鉴别酒精、白醋、香水三种无色液体？你能看到有物质接触你的鼻子吗？能闻到却看不到，这是为什么呢？解释：物质是由粒子构成的，分子就是其中的一种粒子。展示扫描隧道显微镜下苯分子的图像，说明分子是真实存在的，分子很小，分子间有间隔。得出分子的性质：小、动、间。

利用实验探究：氨分子的扩散；品红扩散（冷、热水对比）；湿衣服能晾干，阳光下干得快；水和酒精混合；碘的升华验证性质。利用瘪的乒乓球变鼓对所学知识进行运用，同时展示固、液、气微观模拟动画，说明三态的变化是因为间隔发生了变化。

小结：

①同种物质的分子，性质相同；不同种物质的分子，性质不同。

②一种物质由一种分子构成。

③物理变化中，分子不变，分子间间隔改变。

问题：单个分子能否保持物质的物理性质？

分析：物质种类不同，分子种类不同，化学性质不同。

得出分子的定义。

教师 B：

上课前先把花露水洒在教室，通过一道例题来回顾相关的知识，并引出分子。

通过实验得出分子的性质。实验探究将塑料袋挤净空气后倒入酒精，封口，将其放入盛有热水的水槽中，然后将塑料袋取出。

小结：分子性质——小、动、间。通过课本图和资料验证分子的性质。

通过改进实验，氨水扩散说明分子在不断运动，且温度越高，分子运动越剧烈。

通过看投影：氧气和液氧的助燃性，得到不同种分子化学性质不同、同种分子性质相同，从而得出分子是保持物质化学性质的最小粒子。

教师 C：

引导学生多角度认识身边常见的物质水，让学生画出桌面上的一杯水。教师演示"分水"实验，将水一分为二，再不断分成体积更小的部分，一直到不能再分了，让学生思考最终结果。介绍分子是真实存在的，展示扫描隧道显微镜下一些物质的分子图像，让学生利用数据进行计算，体会分子的体积和质量都很小。让学生用小圆圈表示水分子，二次"画水"。对比学生画的典型"水"图，分析认知差异。演示实验"分子的运动"（氨水使不直接接触的酚酞溶液变红），让学生体会分子在不停地运动。演示实验"品红在冷、热水中扩散"，体会分子运动快慢与温度有关。分析实验现象，得出结论。分析第 2 次"画水"成果体现出的学生认识的合理和不足之处。学生自我修正认识偏差，再次"画水"。第 3 次"画水"，学生画出水中微粒并不紧密相连，且微粒分布在液体内和液体面。学生认知：水由分子构成，且分子之间有空隙(静态的微观认识)；分子不停运动(动态认识)。分析学生所画成果体现出的认识。通过比例模型图片，体会不同物质的分子是不同的。依据水分子的比例模型，再次"画水"。第 4 次"画水"，学生画出水分子的构成，学生认知：具有微观构成的水分子间有空隙，且分子不停运动(原子层面认识)。总结分子的性质。应用深化，从分子的角度分析：①混合物、纯净物；②水蒸发和水电解。用分子的观点解释日常生活中的一些现象。

案例研讨

回答下列问题：

1. 通过比较，您认为哪种情境创设的方法更加有效？

2. 请尝试着列举出"分子与原子"一节中涉及营造良好学习环境的方法。

3. 您认为上述 3 位教师的学习环境创设水平如何？如何加以改进？

4. 请尝试分析本部分知识的教学价值。

(二)自主设计训练

请初中教师以金属的化学性质为内容进行教学设计，来营造良好学习环境。

请高中教师以必修化学 1"氧化还原反应"为内容进行教学设计，来营造良好学习环境。

小组讨论：

1. 组内老师的教材分析是否符合营造良好学习环境的基本方法？

2. 讨论评价营造良好学习环境属于《标准》中的哪一层级。

3. 反思营造良好学习环境中值得大家借鉴的做法有哪些。

五、考核反思

（一）自我检测

审读自己已有的一份教学设计，按照《标准》及营造良好学习环境的方法导引进行分析和评价，重新进行编写。

（二）创新设计

选取自己最成功的一节课（公开课或示范课等），将营造良好学习环境的精彩部分与组内教师分享，通过本次培训，您觉得是否找到了可以提升的方面，与大家分享。或者选取一份您认为自己深受启发的优秀案例与大家分享，说出这份优秀案例的精彩之处，以及自己得到的启示。

六、参考文献

[1] 毕田增，周卫勇，曹家忠. 新课程教学设计[M]. 北京：首都师范大学出版社，2004.

[2] 吴惟粤，李文郁，吕伟泉. 初中新课程化学优秀教学设计与案例[M]. 广东：广东高等教育出版社，2012.

[3] 乐进军，潘立红. 遵循认知规律，优化课堂教学[J]. 化学教育，2015(19).

[4] 赵映荷. 激活演示实验教学提高探究学习效率——以二氧化碳性质的实验教学为例[J]. 化学教育，2012.(03).

[5] 王晓春. "意外"的收获[J]. 新课程（中学），2010(07).

[6] 李兵. 浅谈化学教学中的预设和生成[J]. 学苑教育，2010(02).

[7] 范国睿. 教育生态学[M]. 北京：人民教育出版社，2000.

[8] 刘知新. 化学教学论[M]. 第三版. 北京：高等教育出版社，2004.

[9] 李杰红，陈代武. 化学知识的分类与教学设计[J]. 现代教育科学，2007(1).

[10] 胡久华，王磊. 促进学生认识发展的化学1模块氧化还原专题的单元整体教学研究[J]. 化学教育，2010，(3).

[11] 纪炳元. 化学课堂教学中的一次意外事件[J]. 中学教学参考理科版，2012(07).

[12] 李德前. 拓教学新思路，创课堂新气象[J]. 初中化学教学案，2015(10).

[13] 冯占希. "动态生成"让科学课堂更精彩[J]. 民营科技，2010(02).

[14] 林华. "意外"的收获——初中科学课堂生成性资源利用的案例[J]. 当代教育论坛（教学研究），2010(06).

专题六　有效组织教学方式

培训目标

1. 理解不同层次教师教学组织方式有效能力达标的检核标准。

2. 针对教学组织方式所涉及的基本内容，结合学科特点设计不同的问题，通过应用讨论学习、引导自主学习、开展合作学习、实施探究学习等多种学习方式，做到教学组织方式的有效性。

3. 结合案例设计、研讨与反思，把握教学组织方式的一般思路和方法，提高教师有效的教学组织能力。

一、问题的提出

案例描述

案例 6-1　人教版九年级化学第一册第七单元课题 1 中"燃烧条件探究活动"的教学设计案例

【活动与探究一】学生活动设计（学生分组实验）：

探究 1	点燃两支蜡烛，其中一支用烧杯罩住
现象	烧杯罩住的蜡烛火焰熄灭
结论	燃烧需要氧气
探究 2	用镊子分别夹取一根小木条和一块小石子，在酒精灯上点燃
现象	石子不能燃烧，木条燃烧
结论	燃烧要求物质是可燃物
探究 3	用镊子分别夹取一个蘸有水、一个没蘸水的小棉花团，放到酒精灯火焰上片刻
现象	蘸有水的棉花团没有燃烧，没蘸水的燃烧了
结论	燃烧时温度需要达到着火点

【活动与探究二】（教师演示实验）

【实验装置】

演示1现象	铜片上的白磷燃烧，而红磷和水中的白磷都没有燃烧
演示2现象	水中的白磷燃烧了

【活动小结】

燃烧需要三个条件：

①可燃物；

②与氧气（或空气）接触；

③达到着火点。

案例研讨

1. 本案例中教师采用了哪种教学组织方式？

2. 您认为本案例中学生分组实验的组织方式对"燃烧条件"的教学有效吗？

3. 您了解学生对燃烧条件的已有认识吗？您对"燃烧条件"的教学组织方式还有哪些建议？

4. 您认为教学组织方式有效的含义是什么？

5. 您认为设计教学组织方式时应该考虑哪些因素才能做到有效？

二、能力解读

内涵揭示

教学组织方式是根据教学的主观和客观条件，从时间、空间、人员组合等方面考虑，进而安排合理的教学活动方式。新课程提倡的教学组织方式是从班级整体教学向小组教学转变，学生在学习过程中主要以个人、两人或小组进行学习。要想使教学组织方式有效，教师就应设计有效的学科问题，采用灵活多样的教学组织方式。当然，教学组织实施的前提是教师依据学习内容和学情进行准备，只有进行了充分的研究与准备，教学组织方式的有效性才能够得以实现。无论什么方式的学习，都必须以学生扎扎实实地独立学习为基础，这是别人和小组都无法替代的。因此，教师在组织学生合作学习之前，必须给学生独立思考的时间和空间。

标准解读

《北京市朝阳区教师教学基本能力检核标准》中"教学组织方式有效"能力的检核标准如下：

维度	关键表现领域	能力要点	合格	良好	优秀
教学实施能力	多向互动能力	教学组织方式有效	能够根据学习需要和特定学情，组织同位交流、小组合作、全班讨论等活动。	组织活动时，能够掌握恰当分组、有效分工、控制时间等技能。	能够调动每个学生参与活动的积极性，并对活动过程中出现的问题进行恰当处理。

（一）合格水平

组织教学活动的方式应当多种多样，具有实效性。除全班上课外，教师应该根据教材的重难点、学生的实际，合理选择合作的契机，让学生同位交流、小组合作、全班研讨。既可以每节课选用不同的教学活动方式，也可以在一节课中有不同的活动方式。

一般来讲，方法不确定的内容、答案不唯一的内容、个人难以独立完成的内容、结果容易产生分歧的内容，可以采用同位交流、小组合作、全班研讨的教学活动方式。在实际操作中，下位知识的学习用于小组合作学习的更多一些。但并不是每节课都必须安排这些活动，应做到：可有可无的不安排，不适当的不安排，要选择最好的题目，进行合作学习。

案例6-2　人教版九年级化学第一册第六单元"二氧化碳的性质"中二氧化碳与水反应的课堂实录片段案例

【过渡】二氧化碳除了是无色无味的气体，密度比空气的大，能灭火外，还有哪些性质？

【猜想】将水倒入集满二氧化碳且质地柔软的塑料瓶中，立即旋紧瓶盖，振荡，观察发生的现象，并填写实验表（学案）。

你的猜想	
实验现象	
获取结论	

【学生实验】二氧化碳溶于水。

（教师根据学情，按照优秀、良好、学困等因素将学生分成4人一组，组织学生进行实验。）

【提问】请你再列举一些生活事实，说明二氧化碳溶于水的过程中是否发生了化学反应。

【学生实验】取塑料瓶中液体少许，倒入试管中，再滴入紫色石蕊试液，观察实验现象。（塑料瓶中的液体能使紫色石蕊变红。）

（大部分学生实验结束后，教师组织学生进行提问、讨论。）

【问题】是溶液中的什么物质使紫色石蕊试液变红呢？

【猜想】下面是三位同学对上述问题的看法及猜想。

甲：是溶液中的二氧化碳使紫色石蕊试液变红。

乙：是溶液中的碳酸使紫色石蕊试液变红。

丙：是溶液中的水使紫色石蕊试液变红。

根据你掌握的知识，你支持谁的观点？你是否还有更好的想法？

（各小组根据教师所给实验方案进行以下探究实验（具体见学案）。）

【实验步骤】取三朵用石蕊试液染成的紫色干燥小花。

第一朵小花喷上水，第二朵直接放入盛满二氧化碳的集气瓶中，第三朵小花喷上水后，再放入盛满二氧化碳的集气瓶中。

实验中，你看到什么现象？得到什么结论？小组合作填写表格。

项目	I	II	III
现象			
分析			

【学生实验】

（大部分学生实验结束后，教师组织学生进行提问、讨论。）

交流反思：从上面的实验中可知，二氧化碳能与水反应生成碳酸：$CO_2 + H_2O = H_2CO_3$。

✳ 案例评析

　　从该案例可以看出教师重视培养学生科学探究意识，探究二氧化碳的物理性质和能否与水反应的化学性质时，给学生广阔的思维空间，每个实验都能让学生大胆猜想。教师能够根据学习需要和特定学情设计实验方案，组织学生进行实验分析、组织交流、小组合作、全班讨论等活动。但在整个教学活动中，学生始终跟着教师的问题进行学习，学生自主思考的时间少，教师设计的教学组织方式均是直接给出问题和方案进行教学，不能培养学生自主、合作、探究等科学品质。在活动中有分组，但是分工不明确，也没有控制时间，所以属于合格水平。

（二）良好水平

1. 恰当分组

教师应根据班内实际，有意识地将不同层次的学生按照"组间同质、组内异质"（小组间学生的水平相同，小组内学生水平有高有低）的原则进行分组，使学生在合作过程中做到组内合作、组间竞争，让每个学生在合作中都有展示自我的机会，让学习困难的学生在互相帮助中不断提升，让学习优良的学生获得自信。

在编排小组时，教师可以综合考虑每个学生各方面的特点，进行最佳分组。在进行分组时，主要考虑以下因素：学生的成绩，学生的能力，学生的性别等。教师安排座位时，也应考虑到何种坐法有利于学生开展合作学习。

2. 有效分工

在小组合作中，小组成员还应有一定的分工。分工就是让小组内每个成员都要为小组的学习任务承担一部分责任，从而消除依赖思想，激励每个成员努力参加小组合作学习。合作学习时，小组内成员的角色可以分为很多类，应根据活动的需要及小组人数分配不同的角色，如激励者、检查者、记录者、报告者、操作者等，并提出具体、明确的要求，保证每个学生都有参与机会。小组角色应该轮换，充分发挥不同学习程度学生的作用，防止分工拉开学生之间的差距，增进生生互动的有效性。

3. 控制时间

在同位互助、小组合作、全班讨论的实施中，教师在控制时间上容易产生两种倾向：

一是活动时间过短，一般简单的一分钟或几分钟，学生尚未进入活动的状态，就结束了。活动中所解决的问题应是有思考价值的，一分钟就能得出的结论是否有必要合作完成呢？

产生这个问题的原因有：教师设计的问题缺乏整体性，过于零碎，导致学生整堂课都在活动，而每个问题活动的时间都比较短，不深入，从整体上影响教学活动的效果；一些教师担心教学任务完不成，给学生学习活动的时间过短；一些教师把这些教学活动当成一种点缀，一种象征。

二是讨论时间过长。讨论时间过长的原因有：教师设计问题过难；小组人数过多；小组成员合作技能和技巧缺乏。

要解决教学活动时间过短或过长的问题，其根本是教师在教学活动设计过程中要有时间意识，能根据不同任务确定教学活动的时间。

此外，教师还要注意教学活动的节奏，合理安排独立思考、小组合作与汇报的时间。在活动之前，教师应明确提出本次活动的内容和要求，让学生知道要干什么，还要让学生进行独立思考。总之，良好层级的教师必须要对交流过程进行有效控制。

案例 6-3 人教版九年级化学第一册第六单元中的二氧化碳与水反应的课堂实录片段案例

【提出问题】观察图 1 和图 2，能说明什么问题？

图 1   图 2

（教师根据学情将学生分组，形成化学课堂固定的 4 人学习组。小组组长主要进行实验、讨论的组织，实验时组长对学生进行分工要求，有记录、操作(2 人)、汇报等，不同活动进行角色轮换，并对学生的表现进行评价。）

【学生讨论】小组讨论，回答二氧化碳的性质。

【问题】二氧化碳溶于水吗？请根据实验要求进行分组实验，讨论完成相关实验现象和分析，时间 2 分钟。

【分组实验1】分组完成图 1 的实验，向一个收集满二氧化碳的质地较软的塑料瓶中加入约 1/2 体积的水，立即旋紧瓶盖，振荡，并完成下表。

实验现象	
实验分析	

【归纳总结】此实验说明二氧化碳能够溶于水。

【分组实验2】二氧化碳和水反应。

【问题】二氧化碳溶于水时有没有发生化学变化？

【演示实验】取少量变瘪塑料瓶中的液体于试管中，向其中加入紫色石蕊试液。

【提出问题】看到什么现象？

【学生回答】溶液变红。

【提出问题】石蕊是一种植物的色素，它的溶液呈紫色，究竟是什么物质使紫色石蕊试液变红，请同学们做出猜想，并根据所给实验材料设计实验方案。

【实验药品】用紫色石蕊溶液染色的干燥小花、稀醋酸、水、盛满二氧化碳的集气瓶、胶头滴管。

【学生猜想】水；二氧化碳；水和二氧化碳反应的生成物。

【学生讨论】小组讨论并设计实验方案。

实验方案：

取四朵用石蕊溶液染成紫色的干燥小花。给第一朵小花喷上稀醋酸；给第二朵小花喷上水；将第三朵小花放入盛满二氧化碳的集气瓶中；给第四朵小花喷上水后，将其放入盛满二氧化碳的集气瓶中。

【实验实施】提出实验操作要求：请各小组根据实验方案合作完成实验，注意控制各实验中药品用量，如液体取等量。组长组织完成实验后，做好相关问题的讨论分析，时间为 5 分钟。

观察现象，并完成下表：

项目	1	2	3	4
现象				
分析				
结论				

完成上述实验后，再提出下列问题，让学生进行讨论和探究。

【思考讨论】

1. 紫色石蕊试液遇什么物质变红色？

2. 二氧化碳又是怎么样变成酸的呢？

（学生根据自己所做实验进行思考，教师根据分组实验情况组织学生进行交流与讨论。）

【演示实验】将第四朵小花取出，小心加热，观察现象。

【提问】第四朵小花加热后为什么又变成紫色？

【学生思考】可能是碳酸消失。

【讲解】碳酸化学性质不稳定，易分解生成水和二氧化碳。$H_2CO_3 \overset{\triangle}{\rule{1cm}{0.4pt}} CO_2 \uparrow + H_2O$，溶液由红变紫。

（多媒体动画演示，提问石蕊试液由紫变红再变紫的原因。）

【结论】①酸能使紫色石蕊变红；②水不能使紫色石蕊变红；③二氧化碳不能使紫色石蕊变红；④二氧化碳与水反应生成能使紫色石蕊变红的酸性物质：$CO_2 + H_2O = H_2CO_3$。

（案例提供：北京市十八里店中学尉静）

❋ 案例评析

该案例能根据探究学习的实际，将教材中的验证性实验"二氧化碳溶于水"与"二氧化碳与水反应"设计成探究性实验，能够激发学生学习化学的兴趣和求知欲，让学生亲身体验探究过程，培养学生的探究意识，同时增强了学生主动参与学习的意识。不仅可以提高学生的实验技能，还可以提升学生发现问题、解决问题的能力，有利于学生领悟科学方法，初步形成科学探究的能力。

本案例中，教师能够根据学生情况进行小组建设，有明确的要求与指导，课堂活动中把握教学活动的节奏，合理安排独立思考与讨论的时间。教师明确每次活动的内容和要求，注重对实验探究进行有效控制，属于良好水平。

（三）优秀水平

1. 调动每个学生参与活动的积极性

只有充分调动学生参与活动的积极性，才能提高教学活动的效果。首先，教师要根据不同的教学内容设计相应的问题，问题要具有一定的开放性和挑战性，难易适度。问题过于简单，浪费时间，问题太难，又会使学生产生畏惧情绪，不利于积极性的调动。其次，组织活动的时机也很重要。在学生独立思考后，在学生处于"愤悱"状态时，学生参与活动的积极性才高，活动才有效。

再有，要注意调动不同层次的学生，特别是平时不被人关注的学生参与活动的积极性。对积极参与活动，表现突出的小组和个人进行物质或精神上的奖励。对于不积极主动参与活动，甚至脱离活动的学生，教师应有耐心和爱心，关注他们在活动中的表现，多给他们发言的机会，进行适当的引导，抓住其"闪光点"，并及时给予表扬，增强他们的信心，让他们充分体会到学习的乐趣、被人尊重的滋味，慢慢引导他们加入教学活动。

2. 恰当处理活动中出现的问题

在活动过程中，随时都会有意外的问题发生。如果这些问题得不到及时有效的解决，往往会阻碍活动的顺利开展。因此，教师除观察外，还要介入学生活动，为他们提供及时有效的指导。

小组讨论偏离主题或讨论受阻时，教师应及时发现，及时制止，或为小组讨论提供及时的点拨，引导合作讨论的方向和途径，使小组讨论顺利开展。

小组讨论出现其他问题时，教师应及时进行干预和指导，通过巧妙的引导，促使学生深入思考，进而理解问题的本质，甚至转化为教育的契机。

对于个别学生或小组的独到见解或创造性思维的火花，教师要及时给予鼓励和支持，适量提出值得学生思考的问题，诱导学生提出自己的见解、观点和解决问题的策略。

优秀层级的教师应该有效地预防两极分化。除激发学困生学习兴趣，指导学困生预习，利用小组活动时间对学困生辅导外，还应该让小组成员树立荣辱与共，"只有小组所有成员全成功了，我才能成功"的意识。此外，还可以根据学习能力，为不同小组提出不同的学习要求，进行不同深度的指导。

案例 6-4　人教版九年级化学第一册第六单元"二氧化碳的性质"教学实录片段案例

师：（把一瓶雪碧饮料放在讲台上）二氧化碳气体能溶于水吗？

生：能溶于水，这瓶饮料中就溶有二氧化碳。

师：只要留心，喝饮料也能喝出学问，解决化学问题。你们能够利用所提供的用品设计实验来证明二氧化碳溶于水吗？把你的设计方案用图示或文字表示在每组的小白板上。

【探究一】（提供的用品）装满二氧化碳的集气瓶，装满二氧化碳的软塑料瓶，雪碧一瓶，澄清的石灰水，试管，水槽，水。（时间：8 min）

生思考，小组讨论。

生1：取软塑料瓶，加入一定量的水，振荡，软塑料瓶变瘪，说明二氧化碳溶于水，因为二氧化碳溶于水，使得瓶内的压强减小，所以瓶子变瘪。

师：这位同学很好，很有心，他联系测定空气中氧气含量的原理，如果能成功，一定是一个很有趣的设计。

生2：向盛有二氧化碳的集气瓶中倒入一定量的水，盖上玻璃片，并充分振荡，用手试试玻璃片是否容易拿开。

生3：向盛有二氧化碳的集气瓶中倒入一定量的水，盖上玻璃片，并充分振荡，将集气瓶倒置，看玻璃片是否掉下来。

生4：将充满二氧化碳的集气瓶倒扣于水中，观察集气瓶内液面的变化。

师：同学们肯动脑，设计得很好，并且能够举一反三。

生5：将澄清的石灰水倒入装满二氧化碳的集气瓶，如果石灰水变浑，证明二氧化碳溶于水。

生甲：立即反驳：你这可以证明二氧化碳和石灰水反应，不能证明二氧化碳溶于水啊。

师：你说得很有道理。

生6：（悄悄地把举起来的手放下去。教师让他说说自己的方法。他认为，把装满二氧化碳的集气瓶倒放入石灰水中，观察。听了其他同学的发言觉得很有道理，所以把高高举起的手悄悄放下了。)

生7：将雪碧饮料倒入澄清的石灰水中，看石灰水能不能变浑。

生8：这只能说明雪碧饮料和石灰水反应，你怎么就知道一定是雪碧饮料中的二氧化碳和石灰水反应呢？可能是雪碧中的其他物质和石灰水反应而变浑呢？不能说明二氧化碳能溶于水。

生9：振荡雪碧瓶，或加热雪碧，用导管把雪碧中的气体导出后通入澄清的石灰水，如果石灰水变浑浊，证明雪碧中溶有二氧化碳，证明二氧化碳溶于水。

师：你们大家讨论得很热烈，讲得也很有道理。

生10：老师，我没有用你提供的原料，我这样设计的：（展示小白板）有一些水草在水中生长，它要进行光合作用，而光合作用需要二氧化碳，说明二氧化碳溶于水。（他刚说完，听课的老师给以雷鸣般的掌声。）（这是一节公开课）

师：（总结学生设计的可行性方案，让学生按照设计的方案去完成实验。友情提醒——集气瓶的倒置实验最好在水槽上方做。）（巡回指导）

生7、生8：我们小组的实验成功了！

师：祝贺你们！（展示学生变瘪的塑料瓶，展示学生集气瓶倒置实验情况）

师：（走近实验失败的同学）你的实验好像没有成功，是吗？

生9：是的。

师：有没有分析一下原因？

生9：分析了，可能由于我的操作不当，集气瓶中的水加得太少，瓶内压强变化不大，倒置的时候没有注意，玻璃片掉下来了。

师：你能在实验失败后及时分析原因，总结教训，这很可贵！你可以重新做一次。

生10：老师：我们把雪碧中的气体通入澄清的石灰水，石灰水变浑浊了。

师：你们都很棒！你们能够将二氧化碳溶于水这一看不见的现象转化成能够看得见或者能够感觉到的现象，这种化隐性为显性的思想很重要，以后我们将会多次用到。

教师表演魔术，引出探究问题二（本环节5～6 min）：

【探究二】取1支试管，加3 mL的紫色石蕊试液，然后向其中通入二氧化碳气体。观察到现象后教师接着把石蕊试液加热，让学生观察奇妙的颜色变化（石蕊试液由紫变红再变紫）。酸能使石蕊试液变红。

$CO_2 + H_2O = H_2CO_3$，碳酸使石蕊变红；

$H_2CO_3 \xrightarrow{\triangle} CO_2 \uparrow + H_2O$，溶液由红变紫。

（多媒体动画演示，石蕊试液由紫变红再变紫的原因。）

（学生第一次遇到这种内容不可能自己去探究这个问题，教师设置变魔术这个情境来提出问题，然后借助现代信息技术突破难点，用多媒体分析微观世界，利用动画加深对知识的掌握和理解，激发学习兴趣。）

联系实际，深入探究问题三（本环节8～10 min）：

同学们都爱喝雪碧，关于雪碧你想知道些什么？（由学生提出问题，这是他自己想了解的问题，在探究时会更加主动和兴趣盎然。）

提出问题：

生1：喝了雪碧后，为什么会打嗝？

生2：怎么证明这些气体是二氧化碳？

生3：这些气体怎样制成雪碧？

生4：雪碧与二氧化碳有什么关系？

……

（对于这部分内容，教师注意到开放性的提问会引发学生多种开放性的问题，引导学生用前面所学的二氧化碳性质去判断、分析，知道打嗝出来的是二氧化碳气体。最后将问题归纳到：雪碧与二氧化碳有何关系？）

【探究三】雪碧与二氧化碳有何关系？

1. 设计实验：

（小组讨论：设计实验，选择器材。）

方案一：把石蕊试纸放到装有二氧化碳的集气瓶中，观察其是否变色。

（材料：装有二氧化碳的集气瓶、石蕊试纸、镊子。）

方案二：把石蕊试纸放到装有水的瓶中，观察其是否变色。

（材料：装水瓶、石蕊试纸、镊子。）

方案三：将水倒入装有二氧化碳的集气瓶中，用滴管吸取溶有二氧化碳的水，滴到石蕊试纸上，观察其是否变色。

（材料：装有二氧化碳的集气瓶、石蕊试纸、镊子、装水瓶、滴管。）

方案四：把石蕊试纸放到装有雪碧的瓶中，观察其是否变色。

（材料：装雪碧瓶、石蕊试纸、镊子。）

……

2. 实验验证：

学生小组实验，并填下表。

问题		可乐与二氧化碳有何关系？	
猜测1		猜测2	
设计实验		设计实验	
实验材料		实验材料	
实验现象		实验现象	
实验结果		实验结果	
发现新问题			

（本环节通过对可乐成分的探究过程，证实前面所学的知识。由学生自主探究过程让学生明白：二氧化碳不会使石蕊变色，水也不会使石蕊变色，真正让石蕊变色的是二氧化碳与水的生成物——碳酸。同时，教师由此启迪学生的探究思维及正确设计实验的思路，培养学生的实验操作能力。）

3. 小组交流，得出结论：雪碧成分和二氧化碳与水的生成物是一样的，即证明雪碧的主要成分是二氧化碳溶于水并与水发生反应的产物——碳酸。

（案例提供：北京市十八里店中学尉静）

❋ 案例评析

本节课充分调动学生参与活动的积极性。对学生的发言，教师及时使用激励性语言鼓励学生，使学生积极想办法解决问题，热烈讨论，调动了学生思维的积极性，使智力从"常态"跃迁到"激发态"，由此迸发出创造性的思维火花；能够对学生活动过程中出现的实验失败问题进行及时的引导，查找失败原因，对突发情况处理恰当。对二氧化碳能溶于水的探究，侧重点放在学生讨论和实验方案设计方面。教师在引导学生独立探索的基础上，重视引导学生开展讨论和交流活动，使学生在发表自己的探究成果和方法、倾听他人探究经验的过程中进行客观的比较和鉴别，从不同的角度改进自己的学习方法，提高认识，克服原先独立探索中的片面性和局限性，正确理解所学知识。本节课的难点是二氧化碳与水的生成物——碳酸，它使石蕊试液变红。在设计解决这个问题时，先用多媒体课件突破难点，再用学生爱喝的雪碧作为探究对象，研讨二氧化碳与水的生成物——碳酸，能很好地帮助学生克服难点。课堂的设计过程是教师对教学内容的再创造，根据学生的实际情况用教材教，而不是教教材。课堂中教师始终面对的是师生间思维相互碰撞而产生的"火花"，及时抓住"火花"，用教学机智来应对。属于优秀水平。

⚓ 方法导引

教师选择教学组织方式是以尊重教材、尊重学生为基础，所以教师要结合学科特点，从实现课堂教学目标、激发学生学习兴趣、培养学生探究能力和落实学科思想等角度来进行组织方式选择和实施。根据化学学习的主要内容和具体学情分析，组织安排教学内容、教学方法、活动类型、时间分配、所需条件和媒体设备等，课堂中可以通过教师应用讨论学习、引导自主学习、开展合作学习、实施探究学习等多种方法来实现教学组织方式的有效性。

（一）应用讨论学习，提升教学组织方式有效性

课堂教学中，让学生组成小组，通过听、说及非语言的方式互相交流，来达成教学目标。由于讨论学习的内容是灵活的，因而这种方法常常用于实现一些较大的教学目标，如主题掌握、态度转变、道德发展、掌握交往技能等。在讨论中，教师和学生既是教育者，也是受教育者，通过互相切磋，甚至是争论，可以从多方面接收信息，从多角度思考问题，师生分享彼此的思考、见解和知识，交流感情、观念、理念，丰富教学内容，求得新的发现，实现教学相长。

案例6-5　人教版九年级化学第二册第十一单元"酸碱盐习题课"片段案例分析

（投影：化工厂运来的粗盐主要成分是氯化钠，还含有少量硫酸钠、氯化镁和氯化钙，请你帮助设计一个切实可行的方案得到纯净的氯化钠。要求先独立设计，并写出实验方案，

然后组内讨论实验方案是否可行。)

资料：$Na_2SO_4＋BaCl_2＝BaSO_4\downarrow＋2NaCl$（氢氧化镁为难溶于水的白色沉淀）

师：希望同学们能够灵活运用所学知识全面地考虑问题。比比看谁设计的方案更合理，现在开始。

（学生们一边思考一边书写。接着组内交流，教师巡视，可回答学生提出的问题，但不对学生的方案给出评价。）

师：我发现各小组同学都设计出了自己认为可行的实验方案，你们愿意把本组设计的实验方案与全班同学交流吗？（如果中心发言人没表达清楚，请其他组员进行补充。）

方案一：先加水使粗盐溶解，加入试剂的顺序是：碳酸钠溶液—氢氧化钠溶液—氯化钡溶液，然后过滤，最后蒸发。

方案二：先加水使粗盐溶解，加入试剂的顺序是：氢氧化钠溶液—氯化钡溶液—碳酸钠溶液，过滤，然后加稀盐酸，最后蒸发。

方案三：先加水使粗盐溶解，加入试剂的顺序是：氯化钡溶液—氢氧化钠溶液—碳酸钠溶液，过滤，然后加稀盐酸，最后蒸发。

方案四：先加水使粗盐溶解，加入试剂的顺序是：氯化钡溶液—碳酸钠溶液—氢氧化钠溶液，过滤，然后加稀盐酸，最后蒸发。

师：通过汇总大家的方案，发现大家的方案中所加的试剂基本相同，只是加入的顺序有所不同，另外，在方案中都没有涉及所加试剂的量，下面组和组之间针对这四种方案再进行讨论，看加入试剂的顺序是否可以任意，选出最佳方案。

学生打破小组界限进行讨论，提出别的组的方案的不足之处。

……

师：通过各组间的交流，老师真觉得同学们很了不起，你们能把这么复杂的问题解决了。现在大家的设计已经很完善了，那能不能根据我们刚才完善设计方案的过程来总结一下，解决除杂质问题时，应该注意一些什么问题。

（案例修改：北京市九十七中学段丽芹）

✱ 案例分析

由以上案例可以看出，教师给予学生充分的思考时间、讨论时间，鼓励多种想法、发散思维。对学生抱有希望，发现学生的闪光点及时表扬，从而对学生学习化学产生了积极的影响，提高了学生的学习效率，这样的教学组织方式非常有效。

案例6-6　新课程人教版高中化学选修4第二章第三节"影响化学平衡状态的因素"片段案例（以数据举例，讨论压强对平衡移动的影响）

师：下面有一组数据，请同学们根据数据判断，压强对于化学平衡的移动有没有影响，有怎样的影响？

投影：450 ℃时，不同压强下 N_2 与 H_2 反应生成 NH_3（$N_2＋3H_2\rightleftharpoons 2NH_3$），达到化

学平衡时的实验数据如下。

压强/MPa	1	5	10	30	60	100
NH_3/%	2.0	9.2	16.4	35.5	53.6	69.4

师：分析以上数据，你可以得出什么结论？要求先独立思考，然后组内交流讨论，得出结论。

【讨论1】其他条件不变时，增大压强，平衡向_____移动；

减小压强，平衡向_____移动。

师：这个结论概括出来有点抽象，请同学们灵活运用所学知识，全面考虑问题，比比看哪个小组总结的结论最到位，现在开始。

（学生一边分析表格，一边总结规律，从学生之间的交流可以知道此问题概括出规律是需要动脑筋的。）

【组1成员】

在其他条件不变时，$\begin{cases}增大压强，会使平衡向着气体体积缩小的方向移动\\减小压强，会使平衡向着气体体积增大的方向移动\end{cases}$

【讨论2】对于等体积的气体反应，压强对化学平衡产生影响吗？

如 $H_2(g)+I_2(g) \Longrightarrow 2HI(g)$ 反应，如果增大压强，反应速率是否改变？平衡是否移动？并画出 $v-t$ 图。

（给学生充分的思考和讨论时间，学生积极踊跃参与讨论。）

【学生分组讨论后，回答】因为增大压强，导致浓度增大，所以正逆反应速率都增大，但增大倍数一样，平衡不移动。

（同学们踊跃发言，教师虚心倾听，总结得经典、到位。）

师：对于反应 $aA(g)+bB(g) \Longrightarrow cC(g)$

①$a+b>c$，改变压强的速率-时间图像；

②$a+b=c$，改变压强的速率-时间图像。

（全班同学把注意力集中在图像的绘制上，并对用图像分析问题产生了浓厚的兴趣。）

【组2成员】在其他体积不变时，若反应前后气体体积不变，则平衡不移动。

对于反应前后气态物质的总体积不变（$a+b=c$）的化学平衡，压强的改变对平衡无影响，但将同等程度地改变正、逆反应速率。

【讨论3】对于平衡混合物都是固体或液体的反应，如 $aA(s)+bB(l) \Longrightarrow cC(l)$，达到平衡后，改变压强，平衡怎样移动？

（学生的思想很活跃，全班注意力集中在问题的讨论上，这时生1举手发言。）

【生1】压强对固体或液体几乎无影响，对于无气体参加的化学平衡，改变压强平衡不移动。

（生1的回答简洁明了，出人意料，总结很到位。）

【讨论4】一定条件下的密闭容器中，反应 $N_2+3H_2 \Longrightarrow 2NH_3$ 达到平衡后，再充入一定量的氩气，平衡将做怎样的移动？

（学生的思想很活跃，思维很发散，出人意料，能够抓其根本，充分利用上节课所学的知识解决实际问题。)

【学生讨论后积极回答】充入"无关气体",如 He、Ne、Ar 或不参加反应的 N_2 等,有以下两种可能情况:

①恒容时:

充入"无关气体"→引起总压增大,但各反应物的浓度不变→平衡不移动。

②恒压时:

充入"无关气体"→引起总体积增大→使各反应物浓度减小→各气体的分压减小→平衡向气体体积增大的方向移动。

(评价各组的精彩回答,对本节课做出总结。)

【小结】压强的改变如果没有引起气体体积的变化,则不能引起平衡的移动。

师:通过同学的回答,老师觉得你们真了不起,你们的思维很开阔,很严谨,老师从中受到了很多启发,同学们总结的规律很到位,下面就请同学们利用这些规律完成课后作业题。

(案例提供:东北师范大学附属中学朝阳学校石娟)

✳ 案例分析

由以上案例可以看出,教师给予学生充分的思考时间和讨论时间,鼓励开动脑筋思考问题,群组合作,应用讨论,可以加深学生对知识的理解和认识。多鼓励学生,对学生抱有希望,发现学生思维的闪光点,并及时表扬,从而对学生学习化学产生积极的影响,提高学生的学习效率。这样的教学组织方式非常有效。

(二)引导自主学习,提升教学组织方式有效性

自主学习概括地说,就是"自我导向、自我激励、自我监控"的学习。它具有几个方面的特征:学习者参与确定对自己有意义的学习目标,制订自己的学习进度,参与设计评价指标;学习者积极地发展各种思考策略和学习策略,在解决问题中学习;学习者在学习过程中有感情投入,学习过程有动力支持,能在学习过程中获得积极的情感体验;学习者在学习过程中对认知活动能够自我监控,并做出相应调整。要促进学生的自主发展,就必须尽可能地设计出让学生参与到自主学习中来的情境和氛围。接受学习也可能是自主学习,如收听广播、上网学习等。

案例 6-7 人教版九年级化学第二册第十单元中"洗发后如何护理头发"可以设计自主学习活动

一、提出问题

生活中,洗头发是人人经常都要做的事,洗发后如何护理头发,就与溶液酸碱度对头发的影响有很大关系。那么,不同酸碱度的溶液会对头发产生怎样的影响呢?洗发后又应该如何护理头发呢?

二、猜想和假设

相邻学生间讨论后,抽学生在班上交流他们讨论的猜想和假设。

学生根据溶液酸碱度可能的大小，提出三种猜想和假设：

1. 酸性溶液对头发伤害大，且 pH 越小，伤害越大。

2. 碱性溶液对头发伤害大，且 pH 越大，伤害越大。

3. 中性溶液，对头发的损害大。

三、制订计划

首先要弄清不同溶液酸碱度对头发的影响情况和常用洗发液、护发液的酸碱度，才能回答洗发后如何护理头发的问题。

学生根据自己的猜想和假设，设计出能证明猜想和假设结论的实验方案。

1. 准备头发、洗发液、护发液。

2. 分别配制 pH 大小不同的溶液。

3. 用实验证明不同酸碱度的溶液对头发的影响。

4. 测定洗发液、护发液的酸碱度大小。

5. 确定洗发后头发的护理方法。

四、进行实验

1. 分别用小烧杯配制几种不同酸碱度的溶液，测定它们的 pH。

2. 将准备的头发分束放进上述不同 pH 溶液的小烧杯中，各静置约 30 min。

3. 将各束头发取出，用纸巾吸干液体，分别取一根头发，用手拉直至断，记录拉断的难易程度。

4. 分别在小烧杯中测定使用的洗发液和护发液的 pH。

五、表达与交流

学生对实验和收集的证据，通过分析、对比，将探究的结论与相邻学生交流，然后在全班进行交流。

学生：碱性溶液对头发有损伤，碱性越强，损伤越大。

发现问题：为什么碱性溶液对头发有损害而常用的洗发液又呈碱性。

查阅资料，洗发去污的原理：常用护发液呈酸性，这样才能中和洗发液的碱性。

结论：选择含有护发液的洗发液洗发。若用普通的洗发液洗发，洗完后一定要用护发液清洗，这样洗发时才不会让洗发液损伤头发。

（案例修改：北京市九十七中学段丽芹）

这个案例的教学实施，教师有意识地在一些环节采用实验、讨论、查阅资料等方法完成教学内容，组织方式还可以更灵活一些，如只在"猜想和假设""表达与交流"部分全班讨论和交流，其他部分让学生自主地进行，或者教师只给课题，确定研究时间，其余都让学生自主地进行探究，或者一些内容提前以任务形式布置给学生等，这样才能更有效地组织教学。

（三）开展合作学习，提升教学组织方式有效性

合作学习是指学生小组或团队为了完成共同任务，有明确的责任分工的互助性学习。有几个方面的要素：积极承担共同任务中的"个人责任"；积极地互动、支持、配合，相互促进；期望所有学生进行有效的沟通，建立小组成员间的信任，有效解决冲突，培养"社交

能力";对每个人完成的任务进行评议、加工;对共同任务进行整体评估,寻求更高效的途径。

合作动机和个人责任是教学组织方式有效的关键。这种形式将个人竞争转化为小组竞争,它可以培养学生的团队协作能力和集体观念,同时又有助于培养学生的竞争意识和竞争能力,方便因材施教。

案例6-8 人教版九年级化学第一册第四单元课题1"爱护水资源"教学案例

环节一:教师课前布置学习任务

师:同学们,我们下周将要学习第四单元的第一节"爱护水资源",老师觉得这节课课本上的资料不能让大家更深地体会爱护水资源的必要性,所以我打算发挥大家集体的力量去查找更多的能让大家体会深刻的资料。我把大家分成两组分头完成任务,在上这节课时,请两个小组各派一名同学做代表,把本组收集到的资料和大家分享。看哪个组做得更好,展示的内容更能让大家映象深刻。

(打出任务单发给组长,要求数据信息要新,运用图片和视频给大家造成较大的视觉上的冲击)

第一组:人类拥有的水资源

①自然界中水的存在形式。

②水的用途。

③地球上储水量,以及淡水、咸水和能被利用的水的情况。

④世界和我国的水资源分布情况分析。

第二组:

①我国水资源存在危机的现状(举具体事例)。

②水污染的具体来源。

③我们身边不爱护水资源的陋习。

④我们身边爱护水资源的一些具体措施或是节水小妙招。

组长根据本组每个成员的具体情况分配任务,最后再汇总资料并做成PPT。

……

上课时两个组进行精彩展示……

(案例修改:北京市九十七中学段丽芹)

❖ 案例评析

本节课的内容比较简单,但是属于社会关注的热点问题,课本资料比较理性地分析了水资源的现状,从知识的角度可以达到考试要求。但是仅依靠这些素材不足以达到良好的教育效果,利用这种小组合作、大家分工完成的方式,会使收集到的资料更丰富。学生在收集资料的过程中,也会对水资源的短缺、污染等产生深刻的印象,通过大量的图片和视频给学生造成视觉上的冲击,能更好地唤起大家爱护水资源的心声。另外,在查找资料的过程中,本组的同学之间,在完成自己任务的同时,为了小组荣誉,也会互相补充、相互合作。

　　合作学习需要进行合理的小组建制，它有多种形式，如师生合作、同桌合作、小组合作、邻近合作(可以是校外)等。班级中经常以同桌合作和小组合作为主，其中小组合作形式固定，经过长期训练可以做到分工明确，可以让小组成员形成一个真正的团队。邻近合作可以作为一种校外的学习形式，可以由家长、朋友或邻居等组成学习小组。

案例6-9　人教版九年级化学第二册"二氧化碳实验室制法"中的教学设计片段

　　在设计实验室制取二氧化碳的实验方案时，将学生按照固定的分组，4人一组，a_1是优生，负责实验原理的确定；a_2、a_3是中等生，负责设计实验，陈述交流；a_4是学困生，负责控制时间，并与其他小组交流，充当信使。学生在分组后，根据教学流程进行主题教学任务的学习、讨论等教学活动。

　　合作学习可以帮助学生通过共同任务来实践其社会技能。在合作式的小组活动中，可以培养学生的领导意识、社会技能和价值观。实施中还应该注意，合作学习并不一定是探究性学习，合作之中也可能存在被动接受的学习活动。

(四)实施探究学习，提升教学组织方式有效性

　　探究学习是指从学科领域或现实生活中选择和确定主题，在教学中创设一种研究情境，通过问题研讨，学生进行自主的猜想和假设、调查、信息搜集、实验设计、实验验证和处理、表达与交流等探索活动，获得知识与技能、情感与态度的发展。特别是探索精神和创新能力的学习方式，与传统的接受式学习相比，对学生的要求更高。

案例6-10　人教版九年级化学第二册"铁生锈"的教学设计案例

一、提出问题

向学生展示生锈的铁制品和图片，然后向学生提出问题：

(1)铁为什么会生锈？

(2)怎样才能防止铁制品生锈？

二、猜想和假设

学生的思路活跃，根据生活实际及空气的成分提出了许多猜想和假设。

(1)是因为铁和空气接触，氧气和铁反应生锈。

(2)是因为空气中有水蒸气，铁和水发生了反应。

(3)是水和空气对铁共同作用的结果。

同学们能否用实验来验证我们的假设？温馨提示：注意控制变量。

三、设计实验加以验证

学生设计实验方案后，教师给予适当的指导。

实验一：在干燥的留有氧气的试管内放置一铁钉。

实验二：在盛有蒸馏水的试管内放入一相同铁钉，并密封。

实验三：在盛有水的试管内放一相同铁钉，并和空气接触放置。

一段时间后，学生通过观察，发现放在第一、二支试管内的铁钉没有生锈，第三支试管内的铁钉生锈了。

四、获得结论与解释

根据现象不难得出，水和氧气对铁的共同作用是铁生锈的原因。

简析：本案例通过提出问题——设计实验方案——进行实验——观察实验——得出结论的探究过程，使学生的思维得以发展，知识视野得以拓宽。这样设计学生学习方式，可以将学生被动接受知识转化为主动探究学习。

✳ 案例评析

化学是一门以实验为基础的学科，对于与实验有紧密联系的教学内容，一定要充分挖掘实验过程中试剂的选取与用量、操作的选择与顺序背后的复杂性和不确定性。只有在开放的活动中给学生争论分析、尝试探索、犯错再更正的机会，才能帮助学生深刻体会化学实验设计思路的逻辑性，并在此基础上主动获取知识。而不是只在被动接受正确操作之后，单纯停留于实验现象的观察和实验结果的确认。教师应该注意发掘、设计、组织并引导学生进行探究。探究过程中要将对比、守恒、转化、平衡等思想贯彻其中，这样才能达到最佳效果。

三、案例观摩

案例描述

案例 6-12 人教版九年级化学第二册第十一单元课题 1"生活中常见的盐"第 2 课时碳酸盐课堂实录案例

片段一：从生活走向化学

教师：请同学们观看一段"制作馒头"的视频。

（教师根据学生的学情，将学生分成四人讨论组，组长负责活动的组织，不同学生进行发言、展示、记录等各项工作。每月进行小组评价。）

（观看后，请同学们分组讨论并且提出问题，讨论时间 3 min。）

学生：（观看，思考并讨论片中内容。）

（看到家庭中的常见事务，学生们讨论非常热烈。）

教师：通过观看刚才的短片，你能提出哪些问题呢？

学生：纯碱是碱吗？加了纯碱的馒头为什么不酸了，而且还蓬松多孔呢？……

教师：同学们的问题很有价值，下面我们就一起来讨论这些问题吧。

学生问题 1：对比氢氧化钠，讨论问题一：纯碱是碱吗？

学生：纯碱是碳酸钠，没有氢氧根离子，因此不是碱，而是盐。

教师：请观看表格，你知道表格中的盐是如何分类的吗？

请根据物质组成的结构讨论盐类的命名，尝试填写表格。

盐类别	_____盐	_____盐	_____盐
_____盐	$NaCl$	$CaCl_2$	NH_4Cl
_____盐	Na_2CO_3	$CaCO_3$	$(NH_4)_2CO_3$
_____盐	$NaNO_3$	$Ca(NO_3)_2$	NH_4NO_3
_____盐	Na_2SO_4	$CaSO_4$	$(NH_4)_2SO_4$

学生代表：行中是按照盐中所含的酸根离子的不同分类，列中是按照盐中所含金属离子的不同分类。

教师：今天我们就来学习碳酸盐。

片段二：核心知识——碳酸盐性质的探究

学生：加了纯碱的馒头为什么不酸了，而且还蓬松多孔呢？

查阅资料：面在发酵时会生成有机酸。

教师：回忆前面学过的碳酸钙和盐酸、稀硫酸的反应，你能得到什么结论呢？

学生：猜想可能是碳酸钠和有机酸发生反应了。

教师：下面就请同学们进行分组实验吧。

学生：（教师提出实验要求，时间 3 min，要求组长根据实验方案组织本组学生分工合作完成实验。教师巡视，纠正学生的错误操作，指导学生实验。）

动手分组实验：碳酸钠和盐酸、硫酸、醋酸的反应。完成实验报告并得到结论：碳酸钠和酸反应生成二氧化碳气体。

教师：根据你的结论，解释一下为什么加了纯碱的馒头不酸了，而且蓬松多孔。

学生：碳酸钠与酸反应，生成的二氧化碳使馒头蓬松多孔。

教师：（展示一袋发酵粉。）现代生活中常用发酵粉来制作面食。那么，发酵粉又起到什么作用呢？

学生猜想：发酵粉和纯碱都是用来制作面食的，原理可能和碳酸钠的相似。

教师：同学猜想的对不对呢？发酵粉的主要成分是碳酸氢钠，它和酸能反应吗？

下面我们来完成实验探究一：碳酸氢钠分别和盐酸、稀硫酸和稀醋酸的反应。

学生：观察发现，碳酸氢钠和酸反应能产生二氧化碳。

教师：为什么两物质制作面食的原理相似呢？我们来对比一下碳酸氢钠和碳酸钠的组成。

学生：对比发现，碳酸氢钠也是碳酸盐，组成和碳酸钠有相似之处，并且碳酸氢钠比碳酸钠多了氢元素。

教师：列出碳酸钠、碳酸氢钠、碳酸钙和不同酸的反应，谈论分析碳酸盐和酸的反应规律。

学生：（对比发现，盐酸、硫酸、醋酸与碳酸钠、碳酸氢钠、碳酸钙都能反应，生成二氧化碳。得出结论：碳酸盐和酸反应都能生成二氧化碳。）

碳酸盐的性质和检验方法。

$$Na_2CO_3 + 2HCl = 2NaCl + H_2O + CO_2\uparrow$$

$$NaHCO_3 + HCl = 2NaCl + H_2O + CO_2\uparrow$$

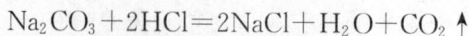

片段三：从化学走向社会，应用知识解决问题

教师：同学们在生活中都找到了哪些可能含有碳酸盐的物质呢？

学生：展示自己搜集到的可能含有碳酸盐的物质。例如，钙片、贝壳、水垢、鸡蛋壳等。

教师：请同学们通过实验验证你找到的物质中含有碳酸盐。

学生：（完成实验探究二：碳酸盐的检验。观察现象，完成实验探求报告。）（学生分组完成实验2 min，教师进行巡视，指导学生操作、观察和记录。）

教师：（展示"碳酸盐知识拓展学习网站"。）下面请同学代表通过这个网站分别从日常生活、健康保健、环境保护和工业生产等几方面了解碳酸盐的用途。

学生：（学生代表介绍网站。其余学生思考、记忆、理解。）

教师：最后给大家留一个拓展任务：请你自拟题目，根据学过的知识写一篇关于"厨房中的化学"的文章，并且以小组合作学习的方式，汇集和整理同学搜集到的资料，制作一张学习报和一个PPT展示课件。希望同学们在课下继续学习碳酸盐的相关知识来完善我们的资源网。

✳ 案例分析

本案例的特点是让学生通过科学探究的方式，从身边的化学物质入手，学习有关的物质结构和变化的知识，然后再应用所学化学知识解决社会生活问题。本案例突出了学习方式和教学方式的转变，从教学组织方式看是多样的、有效的。

1. 创设情境，学用结合，优化有效教学方式

本案例与生产、生活密切相关，与社会发展不可分割。教师能够利用有效的教学组织方式，调动学生积极、主动学习，让其在强烈的求知欲望中探索新知，变枯燥为生动，通过大量的实物、录像、图片让学生感知、体验、对比，加深对所学知识的理解和运用。同时，让学生感受到所学的化学知识能够解决生活中的实际问题，真正体现了"从生活走向化学"，"从化学走向社会"。

2. 问题引领，自主探究，凸显有效教学方式

问题源于生活，教师围绕教学目标设计了三个探究环节，层层递进，环环相扣，过渡自然。自主探究活动的问题源于实验，源于学生，在教师精心创设的情境和指导下，学生结合自己已有的经验和知识，探究了有关碳酸钠和碳酸氢钠的性质，并能够通过对比，从微观角度分析两物质结构上的相似之处，运用结构决定性质的思想归纳碳酸盐的性质和检验。学生经历了对科学知识的探究过程，领悟了科学探究的一般过程和步骤：提出问题——猜想和假设——设计方案——进行实验——处理信息——得出结论。在探究过程中，教师的角色发生了改变，与学生是一种平等关系，是学生学习活动的引导者、帮助者、咨

询者和学习伙伴。学生能主动参与探究活动，在使用对比与比较的化学研究方法过程中，思维、分析、总结和归纳能力得到了提升。

3. 积极参与，知行统一，体现教学方式有效性

本案例从引入开始，就用"蒸馒头"的熟悉情景抓住了学生，课上运用了多种丰富的教学组织形式，调动学生多种感官参与课堂活动，展现了化学的魅力，激发了学生学习化学的兴趣和探究欲望。学生的积极参与不是从表象上感知的，而是通过在整个过程中学生的行为和思维过程的统一得以反映。学生始终是学习的主角，参与讨论、提问、研究，积极思维，主动实验，始终处于学习的兴奋状态。

从整个案例来看，教师开展了以探究为核心的多样化教学方式，组织过程调控得当，营造了愉悦、宽松的教学氛围，充分调动学生学习的积极性和主动性，属于优秀案例。

问题聚焦

本节课有非常清晰的教学主线，这条主线"串"起一个个教学环节，环环相扣，由表及里，由浅入深，逻辑性强，学生注意力集中，把学习的主动权真正交给学生。

(一)讨论本案例中哪些教学组织方式是值得学习的。

1.

2.

3.

4.

(二)本案例的教学组织方式给我们什么启示？

1.

2.

3.

4.

四、能力训练

(一)案例分析训练

案例描述

案例 6-12　人教版九年级化学第一册中"二氧化碳的性质复习"的教学案例

教师 A：

【引入】PPT 展示新闻《半个西瓜三条人命》

①人为什么会死亡？

②地窖中二氧化碳含量较高的原因是什么？

③帮助人们确定进入地窖是否有生命危险。

④为测定地窖中二氧化碳的体积分数，用 250 mL 集气瓶采集地窖气体样品，应如何操作？

【思考】学生分组进行思考、讨论、回答。

师生总结二氧化碳的物理性质(略)。

(教师根据学情将学生分为 4 人一组，给出相关的实验器材、药品。学生进行二氧化碳化学性质的实验验证，并完成二氧化碳化学性质的学案内容。时间 10 min。)

【实验验证】学生依据药品、器材做分组实验，教师进行巡视指导，解决实验过程中的问题。

(实验后，师生小结化学性质：不能燃烧，不支持燃烧；不能供给呼吸；与水反应；与石灰水反应。)

教师 B：

设计思路是，用一段二氧化碳的漂流历程，将二氧化碳的性质逐个体现在其中，并且用拟人化的手法，生动形象地描述出二氧化碳"告诉"我们什么。

在上课的开始，二氧化碳"邀请"学生和它一起漂流，完成探险。

前序：出发！"我是二氧化碳，在空气这个大家庭里，有我、氧气、氮气等好多成员，纯净的我密度大，沉在最底层。进入空气这个大家庭后，我的分子会向他们的分子中间扩散，并与氮气分子、氧气分子等均匀地混合在一起。长大了，我想看看外面的世界，就开始了漂流。"

在这一段中，简单地认识二氧化碳，展示收集的一瓶二氧化碳。

让学生描述二氧化碳的物理性质。如何证明二氧化碳的密度比空气的大？

漂流第一站："有一天，我来到了南极。那儿温度在 $-78.5\ ℃$ 以下，使我变成固体二氧化碳——干冰。漂不起来了。我以为我会终老南极。结果人类发现了我，把我带出南极，利用我进行人工降雨、保藏很容易腐败的食品、制造舞台烟雾等。我感谢人类对我的别样开发。恢复原样后，我又开始漂流了。"

请同学们总结出这一段中有关二氧化碳的性质。

漂流第二站："一日，我又发现了水这个大家庭，悄悄溶入水中，并与水结合生成碳酸。由于此过程没有明显现象，因此我没有被发现。过了一段时间，人们的牙齿有所不适，开始对我有所察觉，就请来了他们的远亲紫色石蕊来帮忙，紫色石蕊一加入，液体立刻变成红色。我被人们用摇动或加热的方法从水里赶了出来。"

请同学们总结出这一段中涉及的有关二氧化碳的性质，并加以实验论证。

由于碳酸会分解，引导学生将水分"赶走"，孩子们想到用火烤。接着学生进行实验，将刚刚变红色的试纸烤干，颜色又重新回到紫色。(教师适当引导)

漂流第三站："孤苦伶仃的我继续漂流，没过几日，我又加入石灰水这个大家庭，结果因为我的加入，使石灰水变得天昏地暗，把他们搅浑浊了。这可不好，我赶紧出来，可怎么才能出来呢？真把我难住了，请大家都帮帮我。"

这一站涉及了二氧化碳的哪条性质？请学生上台默写方程式。

……

教师C：

【引言】今天我们一起复习二氧化碳的重要性质。

【提问】大家回忆一下，第六单元我们做过哪些有关 CO_2 和 CO 的实验？

小组抢答，交流。

（回顾原型实验，为变形及组合实验做铺垫。）

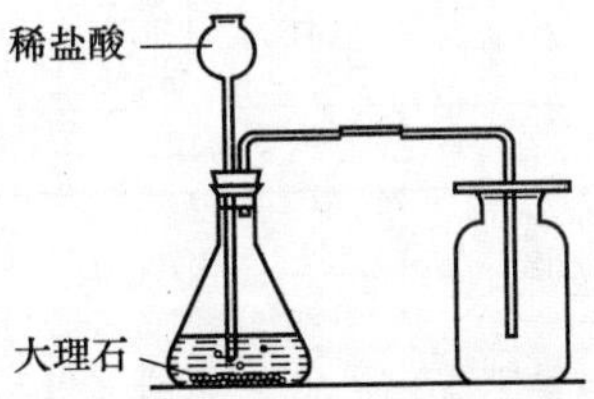

| 原型实验1 | 原型实验2 | 原型实验3 |

| 原型实验4 | 原型实验5 | 原型实验6 |

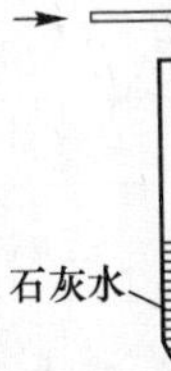

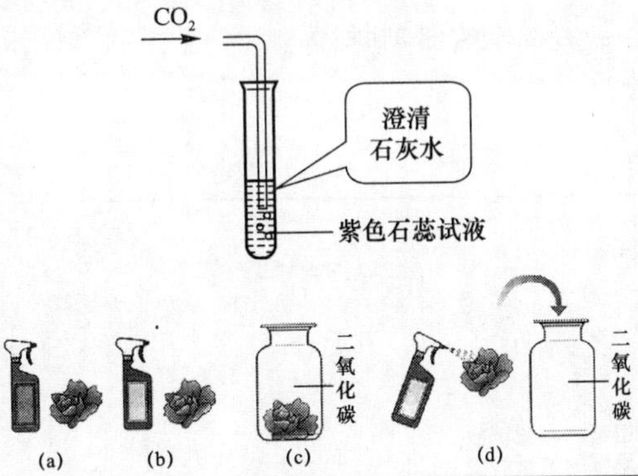

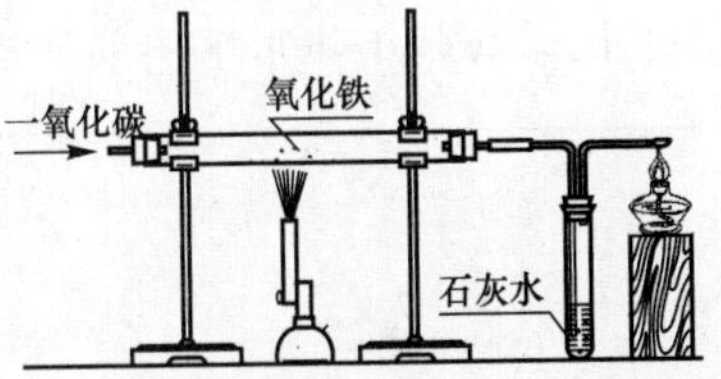

【引导】考试一定考书上原型实验吗？当实验有变化时，我们能应对吗？

【活动一】实验题1、2、3

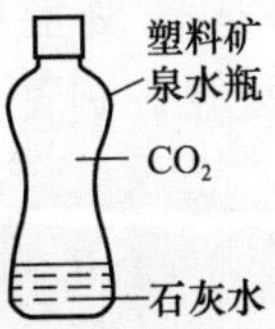

| 变形实验1 | 变形实验2 | 变形实验3 |

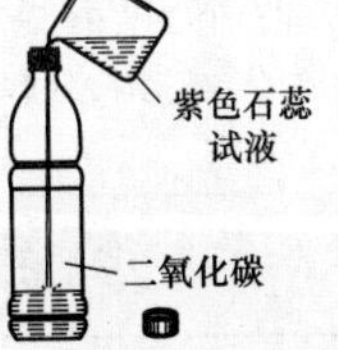

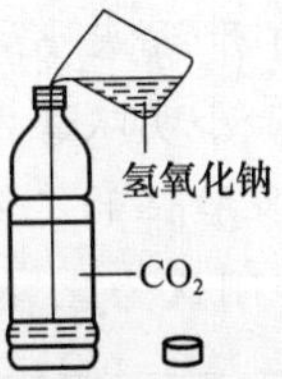

【讨论】变形实验1、2、3的实验现象和结论是什么？是由哪个原型实验演变而来的？

为什么现象和结论与原型实验不同？做变形实验题应注意什么？

思考、回答：由原型实验3演变而来，不同点是药品……

思考得出变形实验与原型实验相比，不同的地方有哪些。

（通过变形实验与原型实验的对比分析，培养学生思维的灵活性。）

【活动二】实验题4

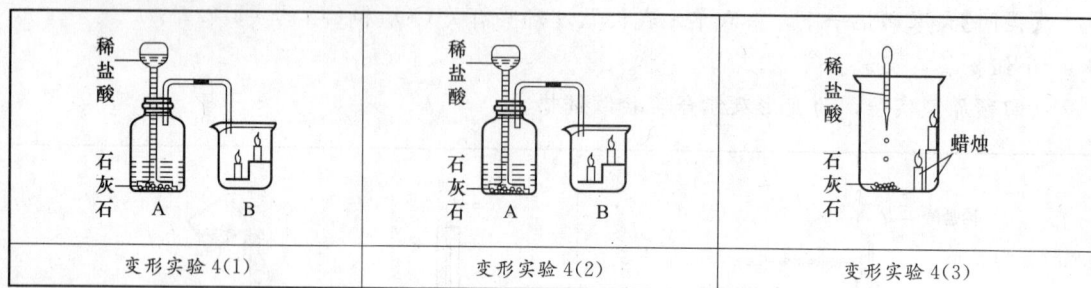

| 变形实验4(1) | 变形实验4(2) | 变形实验4(3) |

思考、回答：

【提问】实验4由哪个原型实验组合而来？实验现象和结论是什么？为什么结论与原型实验不同？

实验由原型1和原型5组合而成，变化之处为现制二氧化碳且直接通入烧杯底部。

（通过变形实验与组合实验的对比分析，培养学生思维的深刻性。）

【活动三】实验题5

化学兴趣小组用下图装置进行以下实验。

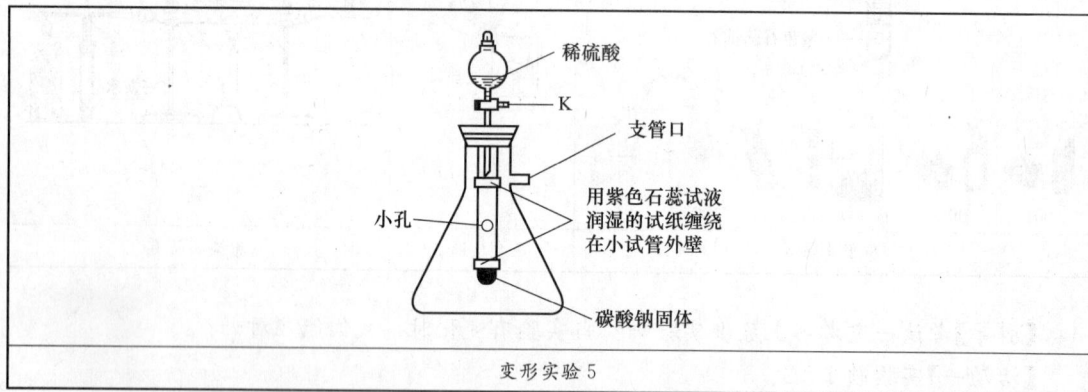

变形实验5

(1)打开活塞K，滴入稀硫酸后，两条用紫色石蕊试液润湿的试纸发生的变化是_____。小明从课本实验中知道，二氧化碳和水本身都不能使石蕊变色，因此他认为以上实验现象验证的二氧化碳的性质有_____。

(2)小刚认为此装置还可以验证以下实验结论，请填下表：

实验结论	实验操作
①二氧化碳不能燃烧，也不支持燃烧	
②二氧化碳不能使紫色石蕊变色	

思考回答：

实验 5 由哪个原型实验组合而来？实验现象是什么？验证了二氧化碳的什么性质？

（通过变形实验和组合实验与原型实验的对比，锻炼学生思维的灵活性和全面性。）

案例研讨

（一）回答下列问题

1. 通过比较，您认为上述 3 位教师各使用了哪些教学组织方式？

2. 您认为上述 3 位教师的教学组织方式选择是否合适？您认为哪种教学组织形式更适合本校的学生？

（二）自主设计训练

请初中教师以金属的化学性质为内容进行教学设计，体现有效的教学组织方式。

请高中教师以电解池为内容进行教学设计，体现有效的教学组织方式。

小组讨论：

1. 组内老师的教学组织方式是否符合教学组织方式有效的基本方法？

2. 讨论该案例中的教学组织方式属于《标准》中的哪一层级。

3. 反思教学组织方式中值得大家借鉴的做法有哪些。

五、考核反思

（一）自我检测

审读自己已有的一个教学组织方式案例，按照《标准》及教学组织方式有效的方法导引进行分析和评价，重新进行编写。

（二）创新设计

选取自己最成功的一节课（公开课或示范课等），将教学组织方式的精彩部分与组内教师分享，并反思通过本次培训，您所找到的可以提升的方面，也与大家分享。或者选取一份您认为自己深受启发的优秀案例，说出其精彩之处，以及自己得到的启示。

六、参考文献

［1］吴惟粤，李文郁，吕伟泉．初中新课程化学优秀教学设计与案例［M］．广州：广东高等教育出版社，2012．

［2］赵玉玮．新课程课堂教学行为创新——初中化学［M］．北京：新华出版社，2005．

［3］王小明．化学教学实施指南［M］．武汉：华中师范大学出版社，2003．

［4］孔建民，孔繁升．初中化学课堂教学艺术［M］．北京：中国林业出版社，2005．

［5］黄冬芳，李伏刚．初中化学学科主题教学案例研究［M］．北京：首都师范大学出版社，2009．

［6］毕田增，周卫勇，曹家忠．新课程教学设计［M］．北京：首都师范大学出版社，2004．

专题七 认真倾听 及时反应

培训目标

1. 不同层次的教师正确理解、认真倾听、及时反应达标的检核标准。

2. 积极听取学生的想法，与学生互动，引导学生认真倾听同学发言，随时与发言者交流自己的理解，师生互动，把课堂发言的评价权交给学生，促进生生互动。

3. 结合案例设计、研讨与反思，提高教学实施能力中的多向互动能力。

一、问题的提出

案例描述

案例7-1 某教师对人教版高中化学新教材《化学选修5(有机化学基础)》第二章第二节"烃和卤代烃"中的"芳香烃"的分析案例

高二化学理科班学生在学习了《化学2(必修)》第三章第二节"来自石油和煤的两种基本化工原料"中的"苯"的基础上，进一步学习了苯的同系物——甲苯。甲苯和苯无论是在物理性质还是化学性质上，都有相似之处(此时出示苯和甲苯两种物质，并写出相应结构简式)，当然也有区别，这部分内容可以围绕这些内容展开。

师：大家观察两种物质结构简式，请说出异同点，并预测两种物质的性质。

生1：都有苯环。

生2：虽然都有苯环，但甲苯上还有甲基，苯环和甲基之间会不会相互影响呢？

生3：我觉得它们应该都能燃烧，都能发生氧化反应，都能发生取代反应。

生4：老师，我想问：苯和甲苯的取代反应条件会相同吗？产物应该不同吧？

师：大家观察得很仔细，看到了两种物质在结构上的异同点，也提出了自己的观点，非常好。我们说结构决定性质，那么甲苯与苯相比，它的性质会与大家的预测吻合吗？

……

案例7-2 某教师对人教版初中化学新教材上册第六单元课题二"二氧化碳制取的探究"中"二氧化碳制取的发生装置和收集装置的选择"的分析案例

　　人教版初中化学新教材第六单元《碳和碳的氧化物》中课题二"二氧化碳制取的探究"是在课程标准中的一级主题"身边的化学物质"的二级主题"我们周围的空气"的第四项中，并且是一级主题"科学探究"的二级主题"完成基础的学生实验"中的第三个实验。

　　对这部分知识内容的学习，是在第二单元"我们周围的空气"中课题三"制取氧气"的学习之后，通过类比的方式学习制取二氧化碳。氧气和二氧化碳的性质不尽相同，制取原理也有差别，在发生装置和收集装置上自然也就产生了一定的差异。教材中除要求分析制取二氧化碳和氧气的发生装置和收集装置各有什么不同之外，还提供了一些实验仪器图片供学生替代原有仪器自行设计制取二氧化碳的装置。

　　由于"二氧化碳制取的探究"位于第六单元"碳和碳的氧化物"中课题三"二氧化碳和一氧化碳"之前，所以涉及的二氧化碳相关性质依靠学生的生活经验或提供的资料。

　　师：我们之前学习过制取氧气的方法，哪位同学来说说制取氧气的方法有哪些？

　　生1：可以用加热高锰酸钾制取氧气。

　　生2：还可以用过氧化氢溶液和二氧化锰制取氧气。

　　师：那么我们为什么要选这些物质来制取氧气呢？

　　生1：加热高锰酸钾和过氧化氢分解都能生成氧气。

　　生2：这两个反应的反应条件都很简单，比较便于操作。

　　生3：这两个反应的反应速率适中，比较利于收集氧气。

　　生4：高锰酸钾和过氧化氢中都含有氧元素。老师，制取氧气选的反应物都含有氧元素，那么制取二氧化碳选的反应物是不是应该含有碳元素和氧元素呢？

　　师：大家说得太好了，不仅考虑到了反应原理，还考虑到了装置、操作、收集等方面。制取氧气的反应物中的确都含有氧元素，那么，制取二氧化碳的反应物中是不是应该像同学说的含有碳元素和氧元素呢？

　　生1：反应物中没有碳元素和氧元素也行吧？

　　生2：制取二氧化碳的反应物必须含有碳元素和氧元素。

　　师：为什么这么认为呢？

　　生2：根据质量守恒定律，化学反应前后元素种类不变，生成物中的二氧化碳中含有碳元素和氧元素，那么反应前也应该有碳元素和氧元素。

　　师：大家觉得他说的怎么样？

　　生1：确实，如果反应物中没有碳、氧元素，生成物中也不应该出现碳、氧元素，否则就违背质量守恒定律了。

　　生2：那反应物如果是一种的话，这种物质就必须含有碳元素和氧元素，要是反应物不止一种呢？

　　师：大家觉得呢？可以尝试在已经学过的反应中寻找答案。

　　生1：那其中一种反应物必须含有碳元素和氧元素。

　　生2：不一定吧，质量守恒定律只是要求化学反应前后元素不变，并没有规定这些元素必须在一种物质当中啊。

　　生3：比如碳和氧气反应，木炭只含碳元素，氧气只含氧元素，但是也生成二氧化碳了啊。

生1：对，不一定是同一种反应物中同时含有这两种元素，不管几种反应物，加在一起具有碳元素和氧元素就可以了。

（本案例提供：北京教育学院朝阳分院附属学校曹晶晶）

案例研讨

1. 您认为以上两个案例中教师该如何设计问题并认真倾听学生的回答，及时做出相应的反应？

2. 围绕以上两个案例设置的问题，您准备让学生如何展开讨论？学生讨论的结果有可能出现哪些没有预设的问题？

3. 您准备如何处理师生之间、生生之间对案例内容通过讨论生成的临时性的问题？

问题聚焦

1. 您认为正确理解认真倾听，及时反应的含义是什么？

2. 您认为怎样才能做到认真倾听，及时反应？

3. 您能判断出教师运用该项能力的检核标准吗？请说出你的判断依据。

二、能力解读

内涵揭示

课堂中教师的倾听是指能有效觉察学生言语反馈信息的教学行为，是一种主动的听。在传统师生交往习惯模式的束缚下，课堂上教师总是说的太多，听的太少。教师的讲授挤占了课堂上的时间，学生失去了自我表现的机会，久而久之，学生也就没有倾听他人的习惯了。新课程下，这一习惯被打破，取而代之的是师生相互倾听和对话的师生交往模式。

（一）教师的倾听体现了对学生作为主体的尊重

教师的倾听体现着对学生的尊重和接纳。教师的倾听满足了学生情感上被接纳、受重视和安全感的心理需求，使学生感受到自己的存在和价值，使学生的思想和感情得到理解，进而使学生的主体性得到提升。

（二）教师的倾听具有激励学生、促进学生发展的作用

教师的倾听给学生创设了轻松、和谐的气氛，使学生有了安全感和融洽感，消除了学生的顾虑。学生在教师的倾听中获得了自信，他们的思维获得了自由发展的空间，从而促进学生最大限度的发展。倾听不仅消除了师生之间的距离，有利于课堂教学的管理，也有助于学生形成良好的倾听习惯。

（三）教师的倾听有利于教师的课堂决策，从而实现课堂教学的最优化

教师在倾听中，准确地了解学生的真实状态，了解潜在的意义及其情感，可以发现学生问题的症结所在，寻求问题解决的最佳方法，从而消除影响课堂教学的不利因素，实现课堂教学的最优化，促进课堂教学的健康发展。

（四）教师的倾听具有促进教师自我发展的功能

教师对学生的倾听也构成了教师自身的教育体验，它有助于教育经验的增长和丰富。这是难以从教育理论书籍中学到的。教师在倾听学生的同时，也唤醒了自己的教育体验，使教师能够从自身的体验出发，而不是从某种观念和理论出发，去倾听学生的声音。有领悟力的教师在倾听学生的时候，也会反思自己的教育存在的问题和受教育经验，这样的反思有助于移情的产生和共鸣的出现。因此，倾听学生不同的声音，可以促进教师的反思，进而促进其专业发展。

标准解读

《北京市朝阳区教师教学基本能力检核标准》中"认真倾听，及时反应"能力的检核标准如下：

维度	关键表现领域	能力要点	合格	良好	优秀
教学实施能力	多向互动能力	认真倾听及时反应	能够倾听学生的想法，与学生互动；鼓励学生大胆发言，并引导学生认真倾听同学发言。	能够在倾听过程中随时与发言者交流自己的理解，促进师生互动，并系统地指导同学倾听。	能够把课堂发言的评价权交给全班学生，并进行适当指导，有效地促进生生的真正互动。

（一）合格水平

对于合格水平的教师要求是：

1. 倾听学生的想法，与学生互动

教师倾听是为了理解学生，找到学生的真实答案，培养学生的自主性和独立性，而不是为了评价和获得标准答案，更不是为了"索要"教师课堂教学所需。

由于受到自身的知识水平、能力、性格、语言表达能力等多种因素的影响，学生的思维并不一定清晰，表达不一定流畅，答案也难以做到完美无缺。教师要学会寻找学生发言中所蕴含的道理。

当学生的发言偏离主题或出现沉默时，教师不要轻易打断，不要让其他学生帮助回答；更不能越俎代庖，急切地和盘托出答案。这样做不但让这个学生感到不受尊重，以后有可能不愿意发言，而且有可能扼杀一个精彩的观念。当出现沉默时，教师要有充分的信心、执着的精神，耐心等待。有时，短暂的沉默之后，会绽放出智慧的火花。当学生的发言与常理相悖时，教师更应该耐心倾听，等待学生完整地表达自己的观点。有时，偏离正常模式的思维背后，往往蕴含着创新的思维。

2. 鼓励学生大胆发言，引导学生认真倾听同学发言

教师在倾听时，要鼓励学生大胆发言，要多一份温情、冷静而富有智慧的等待，倾听学生心灵的呼唤，使教学活动成为教师和孩子心灵对话的过程。教师一个信任的微笑，可以驱散积聚在学生心头的自卑的阴影；一次肯定的颔首，可以找回他们失落已久的自尊；一个激励的眼神，可以校正他们迷失了方向的价值追求；一句热情的话语，可以唤醒他们埋葬心底的潜能；一个欣赏的表情，可以激发他们心中萌动着的创造欲望。

课堂上，学生除了能认真倾听教师的讲授外，还应该能够倾听同伴的发言。目前，课堂教学中存在着不注意倾听同学发言的现象：学生回答完问题，再请别的同学回答，结果却是简单地重复前面学生的回答，或是重复一些明显的错误；当学生从多角度回答问题后，其他学生却不能归纳综述。低年级课堂上还会出现学生为自己未有发言机会而连声惋惜、抱怨，或迫不及待地轻声与同学交流的现象。

倾听是有效的学习方式，倾听同学的发言，能产生心灵的共鸣，激活思维。倾听还是人与人之间交流合作的有效手段，它体现着一个人的道德修养。因此，教师不仅要对不能认真倾听的学生进行提醒，还要引导他们养成认真倾听的好习惯：克服以自我为中心的心理，从别人的角度考虑问题，超越自我；摒弃自己对问题的偏见，认真倾听别人的想法，不要因为与自己的观点相矛盾而影响倾听。即使自己的观点正确，也要倾听别人对问题的不同的看法，从中受到有益的启示。

案例7-3 人教版高中化学新教材化学选修4《化学反应原理》第二章第三节"化学平衡"中"温度对化学平衡的影响"的合格标准案例

课题：温度对化学平衡的影响

设计问题：

师：教材中关于温度对化学平衡的影响的实验是这样的：

实验：将 NO_2 球浸泡在冰水、热水中，观察颜色变化。$2NO_2 \rightleftharpoons N_2O_4$（$\Delta H = -56.9 \text{ kJ/mol}$），相关图如下。

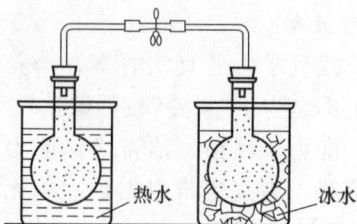

热水　　　冰水

师：请大家仔细观察实验，观察到什么现象？

生：放到冰水中的 NO_2 球颜色变浅，热水中的 NO_2 球颜色变深。

师：从化学平衡的角度考虑，说明化学平衡发生了怎样的移动？

生：升高温度，平衡向吸热方向移动；反之，向放热方向移动。

师：同学们回答得非常好。这是一个放热反应，浸泡在冰水中的 NO_2 球颜色明显变浅（ NO_2 的浓度减小，N_2O_4 的浓度增大），浸泡在热水中的 NO_2 球的红棕色明显加深（ NO_2 的浓度增大，N_2O_4 的浓度减小）。这说明升高温度，平衡向着吸热方向移动；降低温度，平衡向着放热方向移动。

此案例在认真倾听、及时反应教学实施能力中多向互动能力方面做到了教师尊重学生的回答，并认真听取学生的发言，同时加以鼓励。但忽略了学生之间的互动、讨论，没有能让学生充分思考，将知识深刻理解。

（二）良好水平

对于良好水平的教师要求是：

1. 在倾听过程中随时与发言者交流自己的理解

教师在倾听时，多听少说，但不是不说，教师要适时地进行积极的引导和评价，使学生的思维向纵深处发展，给学生以新的启迪。当学生的发言不顺利时，教师要用语言和非语言的方式来回应、引导学生，帮助学生完整地表达自己的观点。教师引导学生时，语言要简洁、具体、准确，以帮助学生去清楚分辨不同的感受和体验。比如，你说得很有启发性，继续说！你的想法还有别的理由吗？你是怎样想的？当学生的发言与教师的理想说法有距离或完全相反时，教师的诱导要与学生的思维相吻合，不能牵强附会，硬把学生思路拽到标准答案上。教师要做的是创造一个机会，让学生共同探究，说出反对和赞成的理由，在讨论和争辩中构建新的认知。教师还可以用微笑等体态语言传递有关信息，弥补有声语言的不足，增加倾听的效果。

2. 系统地指导同学倾听

倾听是学生学习最重要的方式之一，是一种创造性的活动。教师不仅要让学生明确倾听的意义，还要对学生的倾听进行系统的指导。比如，倾听要选择要点，让学生在倾听过程中，善于预测并准确地选择要点，合理地分配自己注意力。在课堂讨论或交流时，学生的中心思想有时并不明确。倾听者要根据发言人的具体表达，识别中心思想和主要观点，在头脑中形成一个框架。

案例7-4　人教版高中化学新教材化学选修4《化学反应原理》第二章第三节"化学平衡"中"温度对化学平衡的影响"的良好标准案例

课题：温度对化学平衡的影响

设计问题：

师：同学们，关于温度对化学平衡的影响，在人教版高中化学必修 2 第二章第三节中有这样一个问题："为什么要将食物放在温度低的地方（如电冰箱）？"请问这个温度较低是什么情况下？什么叫作温度较低？参照温度是多少？

生 1：哦，我们没考虑到这个问题，只是想到食物在冰箱里保持时间长，应该是跟常温或高温下比较而言的。

生 2：老师，我想到了，这是咱们经常说的对照法，对吗？

师：对的。回到我们的问题：温度对化学平衡的影响。设计实验将二氧化氮球分别放在冷、热水中，出现了不同的现象，大家觉得这个实验设计是否需要改进一下？如何改进呢？请大家分组讨论。

（学生讨论了一会儿。）

生 3：老师，我觉得应该设计对照实验，将常温下的二氧化氮球与冷、热水中的球对照。

师：谁能设计一下装置呢？

生 4：老师，生 3 的想法非常好，我将他刚才的方案设计成这样一个装置：将常温下的二氧化氮球放在两者之间进行对照，这样便于观察，同时还能说明问题，装置如下图。

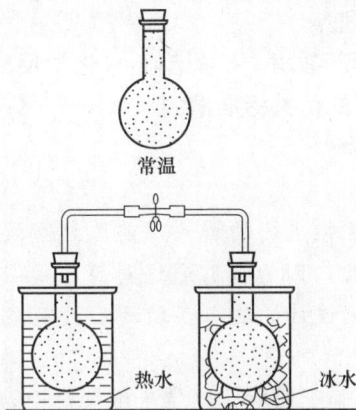

常温

热水　　　冰水

师：这个设计非常好，这就是我们化学常用的学科思维方法：对照法，刚才你们通过讨论得出了精彩的结论，你们都很棒！

此案例在认真倾听、及时反应教学实施能力中多向互动能力方面做到了教师尊重学生的回答，认真听取学生的发言并加以鼓励，同时还给学生创造一个机会，让学生共同探究，说出反对和赞成的理由，在讨论和争辩中构建新的认知，在头脑中形成一个框架。但此案例没有注意到对照试验也要在同一个外界条件下才有意义。

（三）优秀水平

对于优秀水平的教师要求是：

1. 把课堂发言的评价权交给学生

把课堂发言的评价权交给学生，改变了以往由教师单独评价学生的局面，推动了学生评价主体多元化的进程，有效促进了生生的真正互动。学生之间的相互评价可以帮助学生收集各方面的意见，补充和矫正自我意识中的不足或偏颇；可以完善学生诚实、谦虚等人格品质；还可以提高学生的交流能力，引导学生注意倾听。

2. 对学生的评价进行适当指导

由于学生的评价观念处于形成过程中，判断能力还不强，在对其他同学的评价中很容易受到各种偏见的影响，出现一些错误的倾向。如，学生在互评中自觉或不自觉地按照教师的见解和观点做出偏向性的评价，因此，教师要对学生的评价进行适当指导，使学生学会欣赏性地评价，评价他人发言中的闪光点；学会全面性地评价，不能只会说好，还要说出好在哪儿，为什么好。

3. 有效促进生生的真正互动

学生之间的互动，是教育交往活动的一种形式，也是课堂上互动的一个重要组成部分。在生生互动的过程中，学生不停地判断、调整着自己行为、观念，他们的主观能动性和特长得到发掘，情感体验加深，学生个体也得到发展。

促进生生的真正互动，首先要有适合课堂生生互动的问题，以激发学生的学习兴趣与互动的愿望；其次，互动应该发生在学生具有充分心理准备与求知欲望的时候；再次，要引导学生自我评价、自我认同及正确评价他人；最后，合作与竞争性的生生互动交替使用，生生互动与师生互动相结合。此外，教师要把握互动的"度"，若课堂生生互动的量过多，会造成心理焦虑或产生厌倦心理。

案例 7-5 人教版高中化学新教材《化学选修 4（化学反应原理）》第二章第三节"化学平衡"中"温度对化学平衡的影响"的优秀标准案例

课题：温度对化学平衡的影响

设计问题：

师：同学们，关于温度对化学平衡的影响，前边大家设计了几个方案，非常好的地方就是我们考虑到了增加对照实验，因为只有通过对照，我们得出的结论才有意义，才更加科学、完整。大家想一想，我们设计的这个实验还有没有改进的可能，使实验更加科学合理？请大家分组讨论。

（学生通过讨论得出的结论如下图所示，学生继续讨论。）

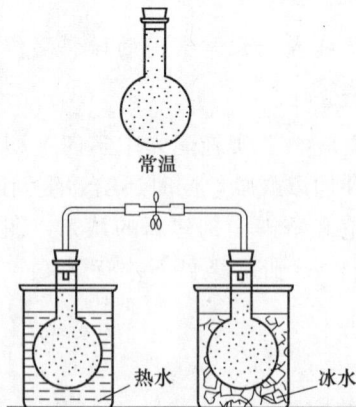

生1：老师好，我认为这个实验装置考虑到了对照，条件是常温、低温、高温，非常好，不需要再改进。

师：好，还有同学有不同见解吗？大家都同意生1的观点吗？

生2：老师好，我不同意生1的观点，我认为这个改进虽然想到了增加对照实验，但没有考虑对照实验也必须在同样的介质中才能进行对照。

生3：老师好，我同意生2的意见，鉴于生2的观点，我认为将上述装置中常温的那个二氧化氮球也放在液体中，因为在空气中，即使是常温，也不能说明就是相同条件下，所以严格控制条件才更加科学合理。

师：好，那如何改进现在的装置呢？

生4：老师，我设计了下面的装置，大家看是否合理？

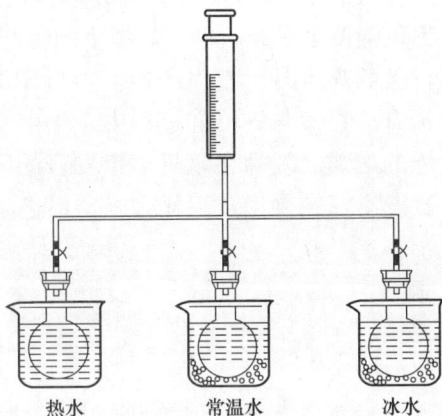

热水   常温水   冰水

生4：我设计的这个实验的操作步骤是：

第一步：在三个烧杯中分别加入相同体积的蒸馏水，取三个空烧瓶，用导管及橡皮管将三个烧瓶连接起来，打开止水夹，使三个烧瓶保持连通状态。

第二步：将注射器中的二氧化氮气体注入三个烧瓶中，待三个烧瓶中气体颜色一致，保证三个烧瓶中气体浓度相同，关闭止水夹。

第三步：向第一个烧杯中加入 10 mL 浓硫酸，第二个烧杯中加入 10 mL 蒸馏水，第三个烧杯中加入少许冰块，使三个烧杯中液体体积依然相同。

生5：这个实验设计非常巧妙，我完全同意生4的观点。我认为：根据温度对化学平衡的影响，$2NO_2 \rightleftharpoons N_2O_4(\Delta H = -56.9 \text{ kJ/mol})$，一段时间后，左、右两个烧杯中颜色与初始状态相比会有变化，从而得出结论。此实验改进之处：对比颜色在介质相同的环境中观察。因为介质不同，观察时会有视觉误差。这样可以避免此问题出现，能准确确定平衡移动方向。

师：评价太棒了！思路清晰、语言简练，分析问题详细、语言表达完整。我们给生5鼓掌！大家再想一想，还有没有可能将上述生4实验左右两个烧杯中的液体在不加热情况下，通过添加其他化学试剂，同样达到升温、降温的效果呢？请大家分组讨论。

（学生讨论了一会儿。）

生6：老师好，我认为可以将左边烧杯的水不添加浓硫酸，改为投入一定量氧化钙固体，由于氧化钙与水反应放热，当达到与中间烧杯中液体体积相同时，也可以达到相同的效果。

生7：我同意生6的观点。老师，我认为右边添加冰块的烧杯也可以加以改进。例如，在水中添加一定量硝酸铵固体，由于硝酸铵溶解吸热，当达到与中间烧杯中液体体积相同时，停止添加，这样就可以达到中间烧杯中的水保持不变，分别改变左、右两个烧杯中的物质来实现升温、降温的目的，就可以做到外界条件完全相同了。

师：非常好！大家通过讨论，可以主动获取知识，拓展思路。我们资源共享，让同学们的主观能动性和特长得到发掘，情感体验得以加深，我们的个体也得到发展。

此案例在认真倾听、及时反应教学实施能力中多向互动能力方面做到了课堂上教师善于把握时机，用赞赏的眼光、激励的语言与学生交流分享自己的见解，促进了师生互动。适时引导学生复述、补充，不仅强调了重点，也是对学生倾听的指导。

课堂上当一个学生说出自己的观点时，教师让学生参与评价，让学生们在评价中使自己的想法得到进一步内化与提升。在参与评价的过程中，学生学会去欣赏同学的观点，促使个体养成良好的反思与提炼的习惯。教师在倾听学生发言的同时进行了诊断，对学生的评价进行了指导，让学生尝试说出好在哪里，为什么好，促进学生评价他人表现的能力得到了提高。

方法导引

从生理过程来说，听是入耳，无须入心，但"倾听"是一种既入耳又入心的生命活动。倾听是信息采集者与自己内在认识和知识结构的比照，是信息采集者与信息内容的碰撞或有意义的融合。所以，"倾听"是教师从这一系统中获取和提炼信息的不可或缺的能力，良好的倾听能力和倾听习惯应是教师不可或缺的专业素养之一。在化学课堂教学中，教学的本义已经发生了演化，它不再只是平实地传递和接受化学知识，而是师生双方在课堂上的互动对话、实践创造。"倾听"越来越成为"让教师平等参与课堂的最重要的行为"，成为当下化学课堂教学的常态追求。

（一）转变观念，重建化学课堂交流系统

"倾听"是化学课堂教学交流的第一技巧。拒绝倾听的教师，会让自己的课堂变成独白，让教学变成苦旅。佐藤学在其著作《静悄悄的革命》中提出"创设以听为中心的教室"，强调了"学会倾听"的重要性。新课程下的化学课堂是为学生的"学"而开设的，学生是课堂教学中的主体，理应站在舞台的中心，而教师作为课堂教学的一个关键因子，必须重建交流系统，把倾听作为课堂交流的前提。

只有"听"得精彩，才能"教"得精彩。重建化学课堂教学交流系统就是要求不同教学背景的教师寻找到各自"倾听"的切入点，整合"听"的各种通道和信息资源，达到"听接上下，思通左右"的境界。

（二）分层倾听，关注不同层次学生需求

倾听不同层次学生的欲望和需求可以促进教师对学生的理解和应答，并准确辨析出言

语背后的化学思想和学科观念的萌芽。如果说真正的教育是从心与心的对话开始的，那么心与心的对话就是从真诚的"倾听"开始的，倾听是化学课堂教学对话的关键。

新课程背景下的化学课堂教学中，如果不以倾听为中心，就不可能让交流和对话走向深入。从优化课堂教学的角度而言，教师的"倾听"既要是全方位的，又要是分层次的。全方位的倾听主要关注课堂"学情"的发展，通过扫描式"全景倾听"了解学生的整体学习进度、理解状况，这类倾听主要用于诊断课堂教学预设的落实情况，通过倾听可以"触摸"到学生成长的阶梯。同时，倾听还必须关注到不同层次的学生个体，可通过雷达式"定向倾听"来了解不同类型的学生发言。这并不是简单的所有类型的学生都要听，而是与内容相关，涉及听取哪种类型的学生能够获取有意义的信息问题。如概念类问题要侧重倾听学困生纠错和争辩的声音、推断类问题要侧重倾听中等生质疑和反思的声音、实验设计类问题要侧重倾听学优生探究和质疑的声音。通过个性化的倾听，教师可以提炼具体的化学问题、分析学生未知的学习状态、收集影响化学学习的因素、预测学情变化的趋势等，以适时做出调整。

列文认为："倾听是揭示、回忆和思考存在的可能性的重要手段，通过倾听，教师领悟了学生首先是一个生命的存在，不是物质或观念的存在，相应地施之以对应于生命而不是对应于物（如机器）的教学方法。同样重要的还在于，当教师通过倾听领悟了学生生命存在的内涵和特性之时，他也领悟了自己的存在，这就是倾听的相互性和辩证法。"倾听是在课堂交往中展开的，倾听层次的细化可以更多地实现师、生、环境等多个课堂因子在教学中的理解和对话，最大限度地体现了学生的主体性和课堂的真实性，实现师生生命价值的不断超越。分层倾听，可以倾听到学生个体成长拔节的声音。

（三）强化反馈，用倾听推动课堂的优化

化学知识不只是静态的结论，还是生动的过程，一个在倾听中不断对话和反馈的过程。"倾听"不仅是一种教学态度，更是化学课堂教学的一种境界和追求，重视教学倾听中的即时反馈，可以推动化学课堂教学的优化。

化学课堂到底应该教给学生什么？除了知识，更重要的是化学基本的观念和方法、从化学视角认识物质的方式、进行理性思考的能力、对化学学习的兴趣和积极实践的态度。尤其是"物化的"知识以外的那些能力，离开了教学倾听中即时的反馈是无法落地生根的，课堂教学中师生的互动绝不会自动发生，倾听和反馈是师生互动的前提。

案例7-6 化学中比较常见的"电离"的概念的教学，在让学生阐述时，常有学生描述成"通电情况下的离解"。简单的"听"只是让教师知道学生的理解出了问题，从而做出"复述概念"这样的教学行为，而"倾听"的教师会知道这是因为学生在学习"电离"这个概念时，他的"前置概念"是错误的。学生的这种理解其实并不荒唐，大科学家法拉第也曾这样认识过，学生的错误不过是科学家曾经的错误认识而已。在强化对此概念的认识反馈中，可以结合生活中"打点滴"的知识，由生理盐水和葡萄糖水的不同浓度发现等渗透压的原理，从而认识物质的电离。把单调、乏味的概念教学变成生动、有趣的生活教学，能推动化学课堂教学生态的进一步优化。

"倾听"是沟通师生间心理安全机制的桥梁，更能折射出一个优秀化学教师的教学智慧。

良好的课堂交流系统是师生相互应答、有效交往的基础，它可以将师生的心智融为一体，将那些化学课堂中偶发的问题延展为必然的精彩，从而推动课堂教学的优化。有了化学课堂中教师智慧的"倾听"，才会有专注和警觉、鉴赏和学习、参与和体验的化学特质课堂。

倾听是化学课堂生态的核心之一。它是超越了外部技巧的一种心灵活动，不再仅是一种技术性的行为，更是教学追求的一种境界。杜威认为：视觉是一位旁观者，听觉才是一位参与者。化学课堂教学中的各因子之间通过语言载体相互倾听、相互接纳、相互启发、相互评价、相互欣赏，走进彼此的精神世界，实现思想的相通、智慧的相生和生命的相融。倾听，正在成为化学课堂的现实追求。

（四）师生互相倾听，及时反应，转变方法

学生的参与意识强，有充分的动手、动口、动脑的时间。中学阶段的化学，首先是在大量的化学实验基础上归纳、总结出来的；其次是在已有的概念、规律的基础上通过演绎推理得到的。只有学生积极参与教学活动，给他们以充分的动手、动口、动脑的时间，充分经历观察、分析、推理、综合等过程，才能完整地理解概念的内涵及其外延，全面地掌握规律的实质，与此同时，学生的思维才能得到真正的锻炼，体现其学习的主体角色。

案例7-7　学习"硫酸"一课时，传统教学设计大多为以物理性质—结构—化学性质为主线，以观察实验得出结论为学习方法。这样设计，重难点突出，层次明确，有助于学生应试。但过于程序化，学生学习的积极性不能被充分调动。教师在本节课的教学设计中，采用传统教学的主线，贯穿新教学理念，在层次突出的前提下，着重对学生进行多种能力培养。本节课以鉴别浓硫酸、浓盐酸引入，让学生自由发言，提出设想。再根据学生的方法，让学生自己总结浓硫酸的物理性质，最终投影出物理性质的板书，强调其中关键词。根据物理性质，再引出硫酸的稀释问题，告诉学生稀释方法不当会造成的危害。此时，做模拟烧伤实验，引出脱水性、吸水性，引导学生自己总结判断吸水、脱水的方法。教师再做几个小实验，让学生联系判断，巩固知识。此时已经体现出浓硫酸不同于稀硫酸，让学生分析为什么会有差异。讲述化学性质时，强调强氧化性，通过实验让学生自己写出方程式，进行氧化还原分析，自由讨论浓硫酸的氧化性为什么比稀硫酸的强。最后，教师进行本课总结，对学生进行习题检测，再次强调本课重点。

（五）认真倾听，及时反应，师生互动，策略探索

1. 营造宽松、民主、和谐的互动氛围

心灵的撞击，来源于师生的情感交流。师生之间的情感交流及由此产生的心理氛围是促进师生积极互动的必要条件。在"实验探究"、"议论研讨"、"引导点拨"过程中，教师应以平等的心态创设轻松愉悦的课堂氛围，尽可能以一个朋友的身份参与学生群体中去，让学生敢说、敢问、敢辩，在无拘无束的环境中自主学习。教师要多鼓励学生，虚心听取学生的意见或建议，不要草率、轻易地进行否定，多给学生一些成功的体验，让学生树立自信心。

2. 培养学生共同收集信息、分析问题、发现问题的互动能力

共同收集信息，做到资源共享，首先要学会分配任务，收集汇总，整合提取，这之间的互动就十分重要；其次，有些问题或实验，可由学生独立完成，但大部分问题如果由一

个学生独立进行，他发现的问题、探究方案的设计、对有关资料的分析，都很难达到集体学习所达到的水平。因此，要培养学生共同收集信息、分析问题、发现问题的互动能力，还要在探究过程中鼓励学生发表不同见解，讨论交流疑难问题，各抒己见，互帮互助，培养学生的表达能力、合作精神和团队精神。

在分析问题方面，尤其要鼓励学生大胆猜想与假设，引导学生想方设法验证对方的假设。或由教师提出问题后，让学生对问题可能的答案和结果做出猜想或假设，来培养学生的想象能力和创新能力。

在解决问题方面，要引导学生几个人一起制订方案。可让学生自主设计实验或有关的活动方案。实验或其他方案必须在探究的前提下确定下来，探究内容、时间安排、资料收集、调查研究、实验操作、活动地点都要经讨论后，设计出最简便的最佳方案，然后逐步实施。这期间必离不开生生、师生的互动。

3. 养成学生倾听、表达、反省的互动习惯

要产生良好的互动，必须养成耐心倾听别人的习惯。倾听别人发言的时候，就是理解别人的时候，也是学生把别人与自己比较、对照的时候。要彻底改变过去学生不善于、没有耐心听别人发言的情况。教师要创设情境使学生想听，教给学生"倾听"的方法，把"倾听"与"说话"结合起来。

善于表达的能力，也是互动有效的一个前提。表达是否清晰、生动，对互动效果也有很大影响。要让学生明白发言的过程是跟全班同学交流的过程，所以要说得清楚、明白、生动。另外，可要求学生从有条理到简洁再到有感情这样一步步提高表达能力。

互动的健康发展就在于学生有善于反省的良好习惯，要培养学生经常反省自己的真实思想过程，有利于学生找出自己与别人的差异，有利于学生在互动中扬长避短，做到"知己知彼"，是建立积极、健康互动的基础。

三、案例观摩

案例描述

例 7-8　人教版高中化学选修 4 第二章第三节"化学平衡"

本节是高中化学学习比较抽象的一部分内容，属于化学反应原理部分。学生主要从以下几个方面进行学习：

①通过观察实验现象和比较正逆反应速率的大小理解平衡移动的含义；

②通过参与实验探究、分析时间与速率变化关系，归纳浓度对化学平衡的影响规律，从中体验科学探究的艰辛和喜悦；

③通过图像分析，归纳压强对化学平衡的影响，提高图像分析能力；

④通过理论分析，总结温度对化学平衡的影响，体会理论指导实践的科学意义；

⑤通过"浓度对化学平衡影响"的实验探究，掌握解决问题的一般程序与方法。

本节的突破策略：

①以问题为导向。在实验探究活动过程中，能够适时提出引发学生思考的问题，用问题引导学生深入分析、思考现象产生背后的原因，并促使学生应用所学理论解决、解释学习过程中出现的问题。

②提供充分的实践机会，让学生在做中学。

案例分析

(一)教学分析

1. 教学内容分析

(1)知识类型、知识内容及其结构

知识类型：化学原理内容(化学平衡移动原理)

知识内容及其结构：化学平衡移动概念的建立(正向移动、逆向移动)；外界条件(浓度、气体压强、温度等)改变对平衡移动方向的影响及原因分析；了解控制反应条件在生产和科学研究中的意义。

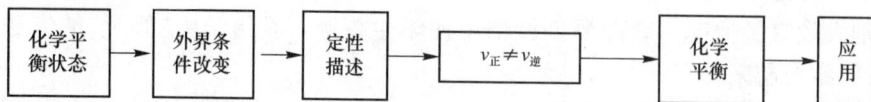

$$\boxed{\text{化学平衡状态}} \rightarrow \boxed{\text{外界条件改变}} \rightarrow \boxed{\text{定性描述}} \rightarrow \boxed{v_{正} \neq v_{逆}} \rightarrow \boxed{\text{化学平衡}} \rightarrow \boxed{\text{应用}}$$

(2)知识价值

通过学习，让学生认识反应条件的改变对化学平衡状态会产生影响，使化学平衡状态发生改变。因此，在生产、生活中，我们就可以应用化学平衡移动原理，通过选择条件、改变条件，服务于生产、服务于生活，获取最大效益。

在方法上，使学生在学习知识的过程中，学习研究问题的方法(在实践中发现问题——提出问题——分析研究问题——用所学理论解释问题——获得结论——应用结论(设计实验和解释实际问题))。

2. 课标相关内容分析

(1)通过实验，探究温度、浓度对化学平衡的影响，并能用相关理论加以解释。

(2)理解化学平衡移动原理，能运用该原理对化学平衡的移动情况进行分析。

3. 学情分析

(1)学生已有的认知基础

知识基础：学生已经基本掌握化学反应速率和化学反应限度的概念，以及化学反应速率计算方法，对影响化学反应速率的因素有了初步的了解；认识了可逆反应、化学平衡的特征；对平衡移动有了初步认识，知道当一定外界条件改变时，有可能会引起平衡移动。

能力起点：学生已经初步具备一定的化学实验能力(实验操作能力、实验观察能力、实验分析能力)，初步具备合作解决问题的能力，具备了一定的语言表达能力，并初步具备应用所学知识解释、解决问题的能力。

(2)学生学习本课的困难或可能出现的问题

实验能力的欠缺：实验基本操作能力(动手操作能力、实验有序性)差，实验操作阶段耗时较多；实验分析能力较差，缺乏从实验现象中发现、抽取、归纳总结规律的能力，难以获得实验结论；实验设计能力较差，缺乏设计有效实验检验理论预测的能力。

(二)教学设计分析

知识脉络	认知脉络	问题线索	解决问题的证据
化学平衡移动的含义	构建化学平衡移动的概念	哪些反应条件的改变会引起化学平衡的移动	石蕊指示剂中的平衡移动；反应条件的变化引起正逆反应速率的变化
浓度对化学平衡移动的影响规律	设计实验，认识浓度对化学平衡状态的影响的规律	浓度改变对平衡移动影响的规律是什么？为什么？	设置驱动性问题，使学生在探究实验的活动中逐渐认识浓度条件的改变对平衡状态的影响规律。使学生在获取知识的同时，实践科学探究方法。
实验探究是化学学科思维的一种方法	应用实验获得的经验规律，从定性角度解释平衡移动的原因	为何重铬酸钾溶液中加入酸或碱会有颜色改变？为何硫氰酸铁溶液中改变反应物浓度会有颜色改变？	
图像解题同样是化学学科思想	通过观察图像，建立另一种思维模式	能否通过给定图像判断压强是如何影响平衡的？	压强对平衡的影响是通过浓度改变来实现的。
应用理论观点解决温度对平衡的影响	在温度影响速率的基础上，学习吸、放热对平衡的影响	对于吸热、放热反应来说，温度均可以加快化学反应速率，哪一个更需要加热呢？哪个方向反应速率会更快？	依据实验证实温度影响速率，进而影响平衡，从而使反应达到新的平衡状态。
外界条件对平衡影响规律的应用	能够应用外界条件对平衡影响的规律进行分析、认识并解决实际问题	我们学习书本知识是为了解决实际问题，请问以下工业该如何选择合适的方法？(略)	将知识上升为应用层面，进而转化为能力。

(三)教学过程

1. 教学目标

(1)通过参与实验探究、分析时间与速率变化关系，归纳浓度对化学平衡的影响规律。

(2)通过图像分析，归纳压强对化学平衡的影响规律。

(3)通过理论分析，总结温度对化学平衡的影响规律。

2. 教学重、难点

教学重点：

(1)通过"浓度对化学平衡的影响"的实验探究，培养设计实验的能力，以及分析实验现象并获取有价值信息的能力。

(2)通过图像分析，归纳压强对化学平衡的影响规律。

(3)通过理论分析，总结温度对化学平衡的影响规律。

教学难点：

(1)通过"浓度对化学平衡的影响"的实验探究，培养设计实验的能力，以及分析实验现象并获取有价值信息的能力。

(2)分析图像及理论应用的能力。

3. 教学流程

教学环节	教师活动	学生活动	设计意图
引入	【故事】大家知道，波义耳是著名的物理学家，但他同时也是个化学家，这里有故事……	认真倾听，思考问题，引起探究知识的兴趣	通过故事引出本节课内容，增加学生兴趣，使教学内容顺畅，加强实验探究能力。
实验探究：教师引导实验，指出实验探究是学习化学的一种方法	【讲】颜色改变可以作为化学平衡状态改变的一种判断依据，我们来观察下面的实验。【演示实验】重铬酸钾分别滴加酸、碱后的现象。	观察实验，思考原因，互相讨论，得出结论	通过教师引导实验，引出学生对实验探究的兴趣，同时解决本节课知识。
实验探究：学生讨论实验方案，动手操作验证	【问题】如何改变反应物的量？改变哪一种物质更加方便实验探究？【归纳】学生设计实验方案。	生生讨论探究实验观察现象发表观点得出结论	通过实验探究，解决本节课重点：浓度对平衡的影响。
图像分析	【说明】前面我们用实验探究的方法学习了浓度对平衡的影响，图像能更直观地解决这个问题，请观察几个图像，找出压强对化学平衡有何影响。	完成浓度影响平衡的图像观察压强的时间—速率图像，学生讨论得出结论	使学生掌握图像解题的方法，进一步学习本节课知识。
理论指导	【问题】对于吸热、放热反应来说，哪一个更需要热量？平衡会向哪个方向移动呢？	认真观察思考讨论回答：吸热方向	利用理论指导来教学生学习知识。
小结	【结论】平衡移动：化学反应体系的平衡状态可以通过改变条件(温度、浓度、气体反应的压强)而发生变化。	思考、倾听互相讨论总结归纳笔记	综合本节课内容，概括、归纳；引出勒夏特列原理。
学以致用	【讨论】见PPT	观看、讨论思考、答案	学以致用。
知识巩固	见随堂小练习	思考、做题	巩固本节课所学知识。

(四)案例分析

本节课的教学重点是通过"浓度对化学平衡的影响"的实验探究，培养设计实验的能力，以及分析实验现象并获取有价值信息的能力；通过图像分析，归纳压强对化学平衡的影响；

通过理论分析，总结温度对化学平衡的影响。教学难点是通过"浓度对化学平衡的影响"的实验探究，培养设计实验的能力，以及分析实验现象并获取有价值信息的能力；分析图像，理论应用的能力。为突出重点，分散难点，本节课的教学过程在能力检核标准的"认真倾听，及时反应"中，主要表现了以下两个方面：

1. 用倾听推动课堂的优化

本节课开头讲述了一个小故事，意在激发学生学习兴趣的同时，从学生熟悉的石蕊指示剂开始，引出本节课的重点内容：外界条件改变，平衡会发生移动，进而引出粒子浓度的改变是引起平衡发生改变的一个外界条件，学生通过讨论、分析图像，探究压强变化对平衡移动的影响。教师认真倾听学生的分析，同时做出恰当的评价，意在培养学生图像分析能力，折射出一个优秀化学教师的教学智慧。通过良好的课堂交流，师生相互应答、有效交往，师生的心智融为一体，从而推动了课堂教学的优化。

2. 师生互动、生生互动，营造宽松、民主、和谐的互动氛围

本节课采用实验探究的方法学习浓度变化对化学平衡移动的影响，意在培养学生实验观察能力、实验操作能力、对实验现象及结果的分析能力；用理论指导的方法，通过猜想，实验验证，学习温度对平衡移动的影响；最后总结平衡移动原理，用勒夏特列原理得出结论，提升本节课内容，从而用实践检验理论，再用理论指导实践的方法使本节课更加优化，并应用于工农业生产实际，做到学以致用。在"实验探究"、"议论研讨"、"引导点拨"过程中，教师采用了平等的心态创设轻松愉悦的课堂氛围，以一个朋友的身份参与到学生群体中去，让学生敢说、敢问、敢辩，在无拘无束的环境中自主学习，培养了学生自己的真实思想过程，有利于学生找出自己与别人的差异，有利于学生在互动中扬长避短，做到了"知己知彼"。教师在课堂上认真倾听，及时反应，突出了师生互动、生生互动，营造了宽松、和谐、民主的互动氛围，实现了课堂教学的最优化。

案例7-9 人教版初中化学第十单元课题2"酸和碱的中和反应"

（一）教材分析

酸和碱之间发生的中和反应在实际生活中有广泛的应用，所以教材没有简单地把它作为酸或碱的性质来介绍，而是专门设计成一个课题来说明。本课题从实验入手来介绍中和反应。为了说明中和反应的产物，简单介绍了盐的概念。关于中和反应的应用，教材从酸碱性的角度说明了它在实际中的应用价值。本课题内容与实际生活和生产有密切的联系，通过教材的活动与探究，可增强学生对这部分知识的认识。

（二）学情分析

通过本单元课题1的学习，学生对酸和碱的性质和用途有了初步的认识，本课题的学习，顺应了学生深入学习的需要，会继续激发他们的探究欲望。

在此之前，已经能用指示剂对酸和碱进行区分，探究过二氧化碳和水反应生成碳酸的问题，这些为本课题实验探究无明显现象的中和反应打下基础。此外，前面的学习中从微观粒子的角度分别对酸和碱的水溶液进行了初步分析，因此，为学生从离子角度认识酸碱之间的反应准备了条件。但对抽象能力欠佳的同学来说，仍是一个难点。

（三）教学目标

1. 知识与技能

(1)能通过阅读资料，观察、归纳，得出酸和碱中和的原理及概念，书写中和反应的化学方程式。

(2)能通过小组合作初步学会设计实验方案，证明酸碱中和反应的发生。

(3)通过小组对资料的分析，尝试从微观离子的角度，初步了解中和反应发生的原因。

(4)能通过生活经验、查阅资料，了解中和反应在实际生活中的应用。

2. 过程与方法

通过小组合作，根据酸碱的化学性质，设计实验证明中和反应的发生，并确定最佳实验方案。

3. 情感态度与价值观

(1)通过实验设计，培养严谨的科学态度。

(2)了解酸碱中和反应对人类生活和生产的重要意义。

4. 教学重点和难点

教学重点：中和反应及应用。

教学难点：

(1)设计实验方案证明中和反应发生。

(2)从离子的角度初步了解中和反应的发生。

教学流程	教师活动	学生活动	设计意图
环节一：创设情境 从生活走进化学 发现规律 得出概念	【展示三个生活情境】浓硫酸泄漏，熟石灰抢险 胃乐说明书 管道通和洁厕灵混合失效 【提问】你能用方程式解释吗？观察物质的类别，发现什么规律？	写方程式 判断物质类别 发现反应规律	培养学生观察生活，从生活获取知识，发现规律的能力。
环节二 小组合作 探究无明显现象的酸和碱的反应	【演示实验】氢氧化钠溶液和盐酸的反应 【提问】是否发生反应？ 【提问】大多数酸溶液和碱溶液的反应都没有明显实验现象，我们如何用有明显现象的实验证明酸和碱确实发生了反应？ 设计原理：证明反应物被消耗或新物质生成 思路一：证明反应物被消耗 证明盐酸被消耗；证明氢氧化钠被消耗。思路二：证新物质生成 将反应后的溶液滴在玻璃上，放在石棉网上微热，观察。	观察实验现象 质疑 思考 分组讨论 设计实验方案 【预设方案】①向反应后的溶液中加入铁粉/碳酸钙/碳酸钠/氧化铁/酚酞/石蕊。②测定反应后溶液的pH。【交流评价】如何确定反应终点？【改进方案】注意实验操作是滴加试剂，而不是倾倒。	运用演示实验，引起学生注意，激发学生思维；培养学生设计实验的能力及学生思维能力；培养小组合作精神。

续表

教学流程	教师活动	学生活动	设计意图
环节二： 小组合作 探究无明显现象的酸和碱的反应	【演示实验】氢氧化钠溶液和盐酸的反应 【提问】是否发生反应？ 【提问】大多数酸溶液和碱溶液的反应都没有明显实验现象，我们如何用有明显现象的实验证明酸和碱确实发生了反应？ 设计原理：证明反应物被消耗或新物质生成 思路一：证明反应物被消耗 证明盐酸被消耗； 证明氢氧化钠被消耗。 思路二：证新物质生成 将反应后的溶液滴在玻璃上，放在石棉网上微热，观察。	确定方案： ①向滴加酚酞的 NaOH 溶液（红色）中加入盐酸，振荡，溶液红色恰好褪为无色。 ②在滴加酚酞的盐酸溶液（无色）中加入 NaOH 溶液，振荡，溶液变为无色。 ③在滴加石蕊的 NaOH 溶液（蓝色）中滴加盐酸，振荡，溶液变为紫色。 ④在滴加石蕊的盐酸溶液（红色）滴加 NaOH 溶液，振荡，溶液变为紫色。 【交流展示确定最佳方案】 指示剂多中选优。 观察，感悟。 观察现象，得出结论。	运用演示实验，引起学生注意，激发学生思维； 培养学生设计实验的能力及学生思维能力； 培养小组合作精神。
环节三： 理论上解释中和反应的本质	【过渡】中和反应微观上是如何进行的？ 【资料提示】水很稳定。 宏观：水在 2 000 ℃ 以上才开始分解。 微观：室温下，1 亿个水分子中只有 1 个水分子发生解离。 故中和反应容易发生。	动手划去反应前后不变的粒子。 写出反应的微观实质： 	培养学生从微观的角度认识酸和碱能够发生反应的原因。
环节四： 中和反应的应用 从化学走进社会	【提问】在实际生活中，中和反应有什么应用呢？ 【引导】学生阅读教材中和反应的用途相关内容。 【深入思考】如何实现绿色排放？	①改变土壤的酸碱性； ②处理工厂的废水； ③胃药； ④止痒。	让学生了解中和反应在实际生活中的应用。

（四）案例分析

本节课的重点是中和反应及其应用，难点是利用物质的化学性质设计实验方案证明中和反应发生，以及从离子的角度初步了解中和反应的发生。学生已经比较系统地认识了两酸两碱的组成和性质，并能用指示剂对酸和碱进行区分，还从微观粒子的角度分别对酸和碱的水溶液进行了初步分析。可能会遇到的问题主要有两个：一是很多中和反应看不到明显的现象，怎么用有明显现象的实验证明中和反应发生了呢？二是中和反应为什么很容易发生？为了突出重点，突破难点，本案例在设计和实施过程中注重认真倾听、及时反应，具体表现在以下几个方面。

1. 把课堂发言的评价权交给学生

在环节二"如何证明无明显现象的酸和碱的发生反应"的教学过程中，教师给出证明无明显现象反应的发生的一般思路，学生利用酸碱的性质通过小组合作初步学会设计实验方案证明酸碱中和反应的发生，预设了以下的方案：①向反应后的溶液中加入铁粉/碳酸钙/碳酸钠/氧化铁/酚酞/石蕊；②测定溶液的 pH。教师不急于肯定或否定，引导学生分组实验，并对预设方案进行评价。在交流讨论环节，有学生提出了以下问题：加入多少试剂反应才结束？选择通过测定反应后溶液 pH 的学生立即回答：可以通过测定溶液 pH 的方法确定反应终点。需要注意的是，加入试剂的实验操作不是直接倾倒，而是滴加。学生根据实验中遇到的问题主动交流、评价方案，在思维碰撞中产生智慧的火花。通过生生的有效互动，更加深入地从量的角度认识化学反应。

2. 对学生的评价进行适当指导，用倾听推动课堂的优化

当学生提出"量"的问题后，大家跃跃欲试，想要尝试实验。为了引导学生找到操作简单、现象明显的更优方案，教师需及时启发："大家认识到可以通过酸碱性的变化控制试剂的滴加量，可以用指示剂代替 pH 试纸吗？我们怎样对前面的方案进行改进，使操作简单、现象明显？"在教师的指导下，学生很快找到方案改进的突破点——反应前向溶液中加入指示剂，可以显示整个化学反应过程的酸碱性。于是学生设计了四个方案：

①在滴加酚酞的 NaOH 溶液（红色）中加入盐酸，振荡，溶液红色恰好褪为无色。

②在滴加酚酞的盐酸溶液（无色）中加入 NaOH 溶液，振荡，溶液变为无色。

③在滴加石蕊的 NaOH 溶液（蓝色）滴加盐酸，振荡，溶液变为紫色。

④在滴加石蕊的盐酸溶液（红色）滴加 NaOH 溶液，振荡，溶液变为紫色。

紧接着教师提出"对比四个方案，选择哪种指示剂是最优的"。学生很快做出选择，找到最佳方案。

三次方案改进的过程，是生生互动、师生互动积极探索的结果。学生在这样的探索过程中学到的不仅是知识、是一个方案，更重要的是，获得了化学实验设计的方法和进行理性思考的能力。

3. 利用小组合作培养学生共同搜集信息、分析问题、发现问题的互动能力

整个实验探究过程都采用小组合作的方式，不同小组尝试不同的实验，然后分组汇报实验结果，节省了课堂时间，强化学生认真倾听其他小组的发言的习惯。通过小组间的交流互动，共同发现问题，分析问题，拓展认识的角度。

（本案例提供北京市朝阳区金盏中学魏欢欢）

从《北京市朝阳区教师教学基本能力检核标准》可以看到，对教学实施能力中的多向互动能力的认真倾听，及时反应是这样要求的：①能够倾听学生的想法，与学生互动；鼓励学生大胆发言，并引导学生认真倾听同学发言；②能够在倾听过程中随时与发言者交流自

己的理解，促进师生互动，并系统地指导同学倾听；③能够把课堂发言的评价权交给全班学生并进行适当指导，有效地促进了生生的真正互动。本节涉及的内容分析属于优秀层次的多向互动能力。

问题聚焦

1. 讨论以上两个案例在认真倾听、及时反应方面值得我们学习的地方。

(1) _____

(2) _____

(3) _____

(4) _____

2. 上述两个案例在认真倾听、及时反应方面给我们什么启示？

(1) _____

(2) _____

(3) _____

四、能力训练

（一）案例分析训练

案例描述

案例 7-10 两位教师关于人教版高中化学选修 4 第四章第一节"原电池"的引入的设计案例

教师 A：我们知道，氧化还原反应的实质是电子转移，那么，电子转移过程中的能量是如何变化的呢？我们如何利用呢？

教师 B：要想使氧化还原反应释放的能量转化成我们目前急需的电能，就要设计一种装置，使氧化反应和还原反应分别在两个不同的区域进行，并使其间的电子转移在一定条件下形成电流，这就是我们今天要说的装置——化学电池，这种装置可以将氧化还原反应体系的能量储存起来，类似于水库的蓄存水量，大家想一想，该如何设计此装置呢？

本节内容以必修化学 2 第二章第二节"化学能与电能"为基础，进一步介绍原电池的组成和工作原理，通过对原电池中闭合电路形成过程的分析，引出半电池、盐桥、内电路、外电路等概念，要求学生能够写出相关的电极反应式和电极反应方程式。同时，帮助学生对电化学的研究和应用范围形成一个概貌性的认识。

案例研讨

回答下列问题：

1. 通过比较，您认为应如何引入"原电池"一节？

_____

_____

_____

2. 请设计"原电池"一节关于认真倾听、及时反应的问题。

_____

_____

_____

3. 您认为上述两位教师的引入对于认真倾听、及时反应属于《北京市朝阳区教师教学基本能力检核标准》中的哪一个层次？

_____

_____

_____

4. 请您尝试设计"原电池"的引入语。

_____

_____

_____

_____

（二）自主设计训练

请初中老师以"我们周围的空气"为内容，进行《北京市朝阳区教师教学基本能力检核标准》中的多向互动能力中认真倾听、及时反应的设计。

请高中老师以电解池为内容，进行《北京市朝阳区教师教学基本能力检核标准》中的多向互动能力中认真倾听、及时反应进行设计。

小组讨论：

1. 组内教师讨论评价关于多向互动能力中认真倾听、及时反应属于《北京市朝阳区教师教学基本能力检核标准》中的哪一个层级？

2. 反思多向互动能力中认真倾听、及时反应中值得大家借鉴的做法有哪些。

五、考核反思

（一）自我检测

审读自己已有的一份教学设计，按照《北京市朝阳区教师教学基本能力检核标准》关于多向互动能力中认真倾听、及时反应进行分析和评价，重新进行编写。

（二）创新设计

选取自己最成功的一节课（公开课或示范课），与组内教师分享，通过本次培训，您觉得是否找到了可以提升的方面？请说出这节优秀课的精彩之处及自己得到的启示。

六、参考文献

[1] 王东敏．关注课堂生态[J]．江苏教育研究，2004(9)．

[2] 冯卫东．用"倾听"来实现课堂的"无痕"[J]．江苏教育研究，2011(10)：52-53．

[3] 吴长才．新课程下化学教学应加强对学生表达能力的培养[J]．福建基础教育研究，2010(5)：79-80．

[4] 黄正华．浅谈化学合作学习中的师生合作[J]．希望月报(上半月)，2007(03)．

[5] 施广琰．合作学习在化学实验教学中的尝试[J]．新课程(教师版)，2007(05)．

[6] 贺瑛．合作学习策略在中学化学教学中的尝试[J]．化学教学，2006(07)．

[7] 郭思乐．教育激扬生命——再论教育走向生本[M]．北京：人民教育出版社，2007．

[8] 李峰．走进生本教育深处[J]．人民教育，2012(3-4)：31．

[9] 关鸿丽．高中化学教学反思[J]．中学教学参考(中旬)，2011，07．

[10] 闻红初．新课程标准下的高中化学教学反思[J]．中学生数理化(学研版)，2012，01．

[11] 刘艳华．高中化学课堂教学的反思[J]．新课程(下旬文)，2012，01．

专题八　关注个体分层指导

培训目标

1. 明确不同层次教师关注个体分层指导能力达标的检核标准。
2. 掌握一些关注个体分层指导的策略和技巧，领悟个体关注分层指导对学生个性发展的重要意义。
3. 通过案例设计、交流与反思，切实提高关注个体的意识和分层指导的能力。

一、问题的提出

案例描述

案例 8-1　某教师在讲人教版初中化学中化合价时的片段描述

在讲化合价时，当教师介绍完如何根据已知元素化合价判断未知元素化合价的方法后，给学生布置了一些练习，并走下讲台到学生身边观察、指导。当老师走到最后一排时，发现一名平时大大咧咧的女生正拿着笔左顾右盼，还冲着老师傻笑，并且发现女生竟一字未写，就怒斥道："你怎么不写啊？"女生立即收回笑容，一字不说。教师想到她可能不会，便问："你哪儿没听懂？"女生却默不作声。教师立即拿起笔在女生本上边讲边写边问，女生依然一语不发。教师已经意识到自己不经意的一句话却伤害到她的自尊心，用这种方式表达对教师的不满。想到此，教师并没有震怒，反而静下心来不厌其烦地一道一道地给女生讲，并依然边讲边问，女生不答，教师就自问自答，直到女生开口说话。课后，教师对女生善变的性格开始关注，主动找寻与她沟通交流的机会，并适时给予指导，师生关系越来越融洽，女生成绩也在不断攀升。

案例研讨

1. 在上述案例中，您认为该教师对哪类学生进行了特别的关注？

2. 通过对本案例的分析, 您认为该教师对学生的智力和情感进行了哪些支持?

3. 您认为该教师应在教学方式上进行哪些改变, 来杜绝或减少类似事情的发生?

问题聚焦

1. 您认为关注个体分层指导的含义是什么?

2. 您认为怎样才能做到关注个体分层指导?

3. 您能判断出教师运用该项能力的基本水平吗? 请说出您的判断依据。

二、能力解读

内涵揭示

在实际教学过程中, 由于学生的成长环境、家庭教育、主观努力程度和个人先天素质等诸多方面因素的影响, 学生之间在学习态度、学习习惯、学习兴趣等方面都有很大的不同, 在思维方式、理解能力等方面也会有明显的差异, 这就要求教师在教学过程中一切从实际出发, 因材施教, 使各层次的学生能在现有的"最近发展区"上不断创造出更高水平的"最近发展区", 促进学生的发展。

关注个体分层指导就是根据不同学生的基础能力、爱好、品质等智力和非智力因素, 将学生进行合理的分类, 针对各层次, 分别设计不同的教学目标, 采用不同的教学方法, 提出不同的作业要求和评价标准, 从而实施不同的指导。

标准解读

《北京市朝阳区教师教学基本能力检核标准》中"关注个体分层指导"能力的检核标准如下:

维度	关键表现领域	能力要点	合格	良好	优秀
教学实施能力	学习指导能力	关注个体分层指导	能够观察各类典型学生的反应，对边缘学生予以特别关注，并能适时对学生进行个别指导。	能够了解不同学生的个性特点、学习风格和学习态度，对沉默和边缘的学生进行情感和智力支持。	能够通过不同的教学方式照顾不同学生的学习基础、个性特点和学习风格，并能布置有一定层级的学习任务。

能力要点	合格	良好	优秀
关注个体分层指导	能够观察各类典型学生的反应，对边缘学生予以特别关注，并能适时对学生进行个别指导。	能够了解不同学生的个性特点、学习风格和学习态度，对沉默和边缘的学生进行情感和智力支持。	能够通过不同的教学方式照顾不同学生的学习基础、个性特点和学习风格，并能布置有一定层级的学习任务。

（一）合格水平

对合格层级教师的要求是：能够观察各类典型学生的反应，对边缘学生予以特别关注，并能适时对学生进行个别指导。边缘学生是指在教学活动中，教师关注不到的、容易被忽视的学生。也就是说，教师要了解所教班级学生的学习状况，把握学生所在的层次；在教学活动中，关注教室内各个空间位置的学生；关注班内学习困难的学生，能够给予个别指导。

（二）良好水平

对良好层级教师的要求是：能够了解不同学生的个性特点、学习风格和学习态度，对沉默和边缘的学生进行情感和智力支持。

能够根据不同学生的个性特点、学习风格和学习态度，分层进行指导；能够关注沉默学生，激发其参与学习活动的积极性，使他们努力参与到课堂活动中来；能够针对边缘学生的具体情况，适时给予学习动力、学习方法等的指导，为他们提供情感和智力支持。

例如，在案例 8-1 中，教师对女生的个别指导，遭遇到了前所未有的尴尬，明显体现出不同学生的个性特点不同，同样的话，同样的语气，不同学生的接受程度和态度也会有明显的差异。在该案例中，教师遇到这种尴尬时不急不躁，以诚心和耐心触动女生的内心，打破了这个尴尬的局面，提升了女生参与学习的积极性，加深了师生感情，对该生的情感和智力都给予了大力的支持。但是，教师在课堂教学环节设计中，教学活动单一、枯燥，教学方式没有与不同学生的个性特点相结合，也没有充分考虑学生的个体差异和学习风格，更没有分层布置学习任务。因此，该教师的"关注个体分层指导"能力基本达到良好水平。

（三）优秀水平

对优秀层级教师的要求是：能够通过不同的教学方式照顾不同学生的学习基础、个性特点和学习风格，并能布置有一定层级的学习任务。

要求教师对教学方式的设计和实施与学生特点相结合，能够针对不同层级的学生，适当布置有一定层级的学习任务。

案例8-2 某教师在讲人教版初中化学中的化合价的片段描述

理解掌握化合价的应用，故意创设错误情境，让学生在敢于否定中成长。

题目：请标出下列化学式中各元素的化合价：

NaO　　　HCl　　　MgCl　　　AlO_2　　　MgO　　　$AlCl_2$

规则：每位同学都将答案写在纸上，男女生比赛，最后由对方挑选一名代表，其答案将决定集体的胜负。（设计目的：充分调动每位同学的积极性，尤其是成绩较差的学生）

学生摩拳擦掌，将注意力集中在化学式上，快速完成了题目。男女生都挑选了对方的参赛选手展示答案，双方答案都正确。教师故意激疑："答案真的没错吗？好像有点不对啊！"

生：（都疑惑地看着答案，积极地思考着，突然有人发现了问题）怎么有的化学式中所有元素化合价的代数和不是零呢？

师：（故意激将）你们标错了吧？

生：（经过仔细研究，肯定自己）绝对没错。

师：（故意思考）你们没错，那是谁错了呢？

生：是老师错了！化学式写的不对。（言语中无比自豪）

师：同学们真是棒极了！你们敢于向老师挑战，我为你们感到骄傲，每队奖励1分。

（学生很快挑出了错误的化学式，同时明白了学习化合价的一个应用——判断化学式正误）

本案例采用连环提问、步步深入的方式引导学生，使学生在强烈求知欲的驱使下主动探究，认识了化合价，并轻松掌握了化合价的应用。课堂上注重培养学生的探究意识，启发学生思考，每个问题都精心设置，使学生在巩固旧知识的同时自然地进入新课程的学习。在竞赛中充分锻炼了学生的观察能力、思维能力、创新能力，培养了竞争意识和团队精神。"在合作中学习，在竞争中成长。"充分调动了学生学习的积极性，课堂气氛宽松、民主，在师生、生生之间的交流互动中体验到与人合作的乐趣，构建了一种新型的学习模式。本案例中教师对教学方式的设计和实施与学生特点有机结合，能够针对不同层级的学生布置有一定层级的学习任务，因此该教师的"关注个体分层指导"能力基本达到优秀水平。

方法导引

《基础教育课程改革纲要》指出：教师应尊重学生的人格，关注个体差异，满足不同学生的学习需要，创设能引导学生主动接受教育的环境，激发学生的学习积极性，培养学生掌握和运用知识的态度和能力，使每个学生都能得到充分的发展。

在实施素质教育的今天，如何结合学科特点，关注学生个体发展，分层指导学生，充分发挥学习积极性，使学生的学习潜能得到最大限度的开发，是教育工作者必须面对的重大课题。要做到各层学生兼顾，实行分层教学无疑是最有效的教学方法。

所谓分层教学，就是在现代教育理念指导下，根据学生的不同学习水平和学习能力，实施不同的教育方法和学法指导，促使每个学生都得到提升。《北京市朝阳区教师教学基本能力检核标准》中"关注个体分层指导"的优秀等级强调"能够通过不同的教学方式照顾不同学生的学习基础、个性特点和学习风格，并能布置有一定层级的学习任务"。下面列出一些有关"关注个体，分层指导"的方法供参考。

（一）关注学生个体差异

1. 及时发现学生差异

边缘学生一般表现为不主动回答、沉默寡言等特点。因此，教师要有爱心、诚心、恒心、信心、耐心地去面对他们。首先是承认学生发展存在着差异性。不平均发展，不搞"填平补齐"，让每个学生在原有基础上、不同起点上获得最优发展。其次是承认学生发展的独特性，尽可能发现每个学生的聪明才智，尽力捕捉学生表现出的或潜在的创造力，不追求每个学生各方面的平均发展，而是让每个学生形成自己的特色和鲜明的个性。

2. 调整教学策略

教师针对学生的差异，设计出多样化的、有针对性的活动方案，最大限度地调动学生学习的积极性。

第一步：降低目标，体验成功。首先分析现状，提出目标。在教学前，教师要把握学情，认真思考这样一些问题：学生学习的基础怎样？学生已学过哪些相关内容？这部分内容跟后面的哪些内容有联系？本节课要达到什么目标？其次，在教学中，教师更要具体指导，创造各种机会，让学生展现出自己真实的想法，实现目标。最后，教师要及时评价，让学生体验成功。

第二步：正确归因，增强信心。在让学生初尝成功的喜悦之后，教师要把精力集中到解开他们的心结上来。因为，尽管他们学习有所进步，但毕竟仍较落后。通过与家长的沟通、与各科老师的沟通、与全班同学的沟通，来营造正面引导的良好氛围。经过反复的良性暗示，使学生改变已经定型的思维方式，认识自己的进步层次，再进行更长远的目标追求。让学生了解自己学习成绩转化的原因，找出适合自己的学习方法，进一步进行良性暗示，增强他们的学习信心。

第三步：训练有素，尝试成功。课堂教学离不开训练，如果一个课堂教学的环节缺少了训练，就是一个不完整的课堂教学，也就是效率不高的课堂教学。因为我们从心理学的原理知道知识与技能的掌握必须有训练的参与，特别是基本技能，因此，训练是转化后进生的必要手段，更是让他们巩固成绩、提升信心的保证。

第四步：培养习惯，延续成功。有了一点成果后，要运用评价的杠杆及时肯定学生的成果，让他们的信心建立起来，使一些良性的暗示成为习惯，渐渐地戒除过去身上一些不良的暗示作用（包括自弃的思想与信念），向好的方向转变，这样才能够巩固转化成果，不断地强化转化成果。只要过了一个临界点，就可以进一步强化他们的信心，将这一类学生提升至上一个层次，将转化后进生变为现实。

3. 促进有差异的发展

一是经常家访，加强与家长联系。在家访中，要当着孩子的面，以表扬为主，主要是表扬最近的表现、进步，提出下一步努力的方向与目标，以激励孩子用更好的表现与成绩回报教师与家长。对于孩子的缺点，尽量使用你在哪一方面还要努力，或是如果你怎样，同学们会更愿意与你交往等语言，既保留了学生的脸面，又使学生知道需要改进的细节。

二是教师要成为学生差异资源的组织者、开发者和促进者。课堂教学设计要从学生的思维层面设计问题，而不是从教师的思维层面设计问题。打破学生运用知识的规范与非规范之间的界限，打破学生面临的学习问题的预设性与随机性的界限，打破学生对所使用的解决问题的手段的"知其然"与"知其所以然"的界限，打破学习任务的课内限制性和灵活性的界限。

（二）学情诊断，隐性分层

学情诊断就是教师对学生的学习起点、学习进程和学习问题进行查探，并判定其在学习情感、知识基础、认知能力、动手能力、表达能力等方面的分层状态和发展趋势。学情诊断的功能就是帮助教师了解学生的学习和发展状况，以便针对不同层次的学生制订出适当可行的干预措施，来减少和消除学生不应有的分层现象。

隐性分层是指教学过程中教师采用内在尺度，在课堂教学时综合考虑学生的原有基础、智力特点等具体情况，在教师心中把学生划分层次，而这种层次是流动式的，随着学生的成绩变动而略有变动。分层的结果在教师心中，而不进行对外公布，以此作为课堂教学、小组协作学习的依据。这种隐性分层教学使每个层次学生的需求清晰明了，使各个层次学生都能学得了，学得好，进而为学生从一个层次向另一个层次跨越提供桥梁，缩短学生之间的差异，加深教师对学生的了解、关心和帮助。

那么，如何对学生进行真实可靠的学情诊断呢？教师可以在教学之前通过设计预习案、作业分析、测试、实验操作、学生访谈等方式获取诊断信息，课堂教学之前获取的诊断信息是教师对学生进行分层建组的前提；可以在课堂教学中通过对学生的提问、对学生的行为观察获得诊断信息，课堂当中获得的诊断信息能够让教师在教学中对学生实施针对性的启发和指导；在课堂教学之后，教师可以通过反馈性的练习、学生访谈、问卷调查等方式对学生进行诊断，同时，教师在平时的教学中要让学生对每节课内容的掌握情况进行自我评价，对学习中存在的困惑、学习方法、学习情感等进行自我总结，这些自我评价和自我总结都存放到学生的档案袋中，一节课或一个单元之后，教师可以利用学生的档案袋对学生进行诊断。总之，学情诊断的方法和途径是多种多样的，是贯穿于分层教学的始终的。

案例 8-3　人教版"物质的量"第 1 课时的课前学情诊断

例如，通过对某学生的反馈练习分析发现，其在解决与物质的量有关的化学计算问题时总是出错，则可将该生判定为在物质的量的计算运用方面存在分层。案例是针对物质的量设计的课前预习案，是按照课程标准中对学生的基本要求编制的。通过该预习案，可以大体诊断出学生自主获取信息、分析归纳信息、化学计算等能力的情况，可大体判定在以上几个方面是否存在分层。

〔问题导读〕（预习教材，提取教材关键信息）

1. 为什么要引入物质的量？

2. 微粒数、物质的量和阿伏伽德罗常数之间的关系如何？

3. 什么是摩尔质量？摩尔质量与物质的量、物质的质量三者之间的关系如何？

4. 物质的量在化学反应中的意义是什么？

需要说明的是，判断学生间是否发生分层，并不是通过一次测试、几次观察等就形成结论，而要通过多种方法、一段时间的综合考察，发现学生确实存在自身难以克服的学习障碍时，才能加以判定。

（三）关注个体，制订分层教学目标

制订出立足于消除分层的教学目标时，需要特别遵循以下几方面的原则：

1. 适度性

指的是教学目标既依据课程标准，又要依据对学生实际情况的分析，使目标的难易符合学生的实际，处于他们的"最近发展区"，让那些在某些方面有学习障碍的学生，通过努力可以达到其分层学习的目标。

2. 层次性

指根据分层的原因，依据学生的认知或情感等的发展规律，设计学习水平逐步提高的目标，以分别调动不同层次学生学习的积极性，促使他们在原有基础上得到发展。具有层次的教学目标通常包括基础目标和正常发展目标。基础目标适用于具有分层现象的学生，针对他们存在的问题加以制订；常规发展目标应达到课程标准的学习要求，适用于所有的学生。在分层合作教学中，各学习小组的集体目标都是课程标准规定的正常发展目标。在某些方面具有分层现象的学生通过自身的努力、同学的帮助及教师的指导，在达到基础教学目标后，感受学习的快乐，增加自信心，从而会积极追求正常发展目标的达成。

3. 阶段性

学生分层现象绝非一日形成的，同样，其消除也非一日之功。因此，教师要立足于长期的努力，需要对整个课程学习的目标做统筹兼顾，既有具体课程的学习目标，也有各个阶段的教学规划，以便通过具体目标的依次达成，不断调整目标的适度性，动态管理各类目标，促进目标的提升，最终减小或消除学生间的分层。

制订分层合作教学目标时，一定要通过与学生进行个别的谈话、调查、访谈等手段，充分了解每一位学生的动态变化情况，然后在与学生交流的基础上，共同制订，这样才能使教学目标更具有针对性，具备可行性，真正发挥每一位学生在学习中的主体意识。

案例 8-4　"金属钠的性质及应用"一节的教学目标

"金属钠的性质及应用"属于元素化合物知识的内容，该内容涉及金属钠与氧化钠、过氧化钠几者之间知识的构建，实验探究，有关钠的应用的资料查阅等，在确定教学目标时，从知识、技能、情感三个方面制订如下的教学目标：

目标	基础目标	发展目标
认知性目标	了解钠的性质、保存及用途。	理解钠的性质、保存及用途。
技能性目标	学会钠的取用，熟练加热反应的基本操作，会使用酚酞指示剂进行钠与氧气、水反应的实验操作。	独立而灵活地进行钠与氧气反应的实验操作。
体验性目标	感受、观察钠与氧气、水反应的实验现象，认同实验探究的重要性。	体验、交流钠与氧气、水反应的实验现象，提高实验探究的乐趣，增强探究的精神。

该教学目标中呈现了基础目标和正常发展目标，并不是说所有的学生都需要经历基础

目标的过程才可以去实现正常的发展目标。例如，经过教师多次观察发现，某学生在课堂中每次都能很好地实现认知目标和体验性目标，但是实验动手能力明显低于其他同学，实验操作的准确性、协调性达不到实验学习的基本要求，与其他同学之间产生较大的差距。那么，对于该生而言，在学习"金属钠的性质及应用"这节内容时，他在认知性目标和体验性目标领域可以直接实现正常发展目标，而其技能性目标的实现却必须分层进行。教师应先鼓励该生实现基础性的技能目标，首先要学会钠的取用，熟悉加热反应的基本操作，会使用指示剂，然后进行钠与氧气、水反应的实验操作。在此基础上，通过多次实验练习，以及来自老师和组内其他同学的帮助，最终能够独立而灵活地进行钠与氧气、水反应的实验操作。像这样，对于薄弱目标领域分层实现教学目标，最终可以减小、消除学生的分层，实现学生的全面发展。

（四）课堂分层

1. 设计分层的课堂提问

课堂提问是对教学效果的及时反馈。由于学生的基础及学习能力参差不齐，这就要求教师设计的问题具有"层次性"。根据问题的难易程度，有的放矢地让不同层次的学生作答，切忌提问的随意性和盲目性。

启发式问题来源有三种方式：一种是问题来源于学生，通过提问等形式了解学生产生的困惑，然后由没有困惑的同学进行讲解，这样既在一定程度上启发了部分学生，消除了他们的一些困惑，又培养了优秀学生的口头表达能力；二是将学生在合作学习过程中存在的困惑，在全班学生面前以问题的形式进行质疑，达到启发学生的目的；最后一种方式是通过教师精心设计问题，引导学生的思维深入，也促进所有学生的发展，这一种方式也是分层合作教学模式中要重点分析的一方面。教师如何设计问题，提出什么样的问题，意味着学生有选择地注意某一方面的信息。由于学生的认知、技能、情感均存在个性差异，因此，在分层合作的教学模式中，教师在问题设计方面应着重做到以下几点：

第一，在分层合作教学中，教师设计的问题应该具有一定的开放性，开放性的化学问题通常在解决问题策略上具有多样性，为不同思维层次的学生提供自由发挥的空间。

案例 8-5 具有多种解题策略的开放性问题设计

例如，学习"铝的制法"时，可设计以下问题组：

(1)以铝为原料制取氢氧化铝，你能想出几种方法？写出化学方程式。

(2)从反应物种类、操作要求及节约原料角度考虑，哪种方法最佳？

问题(1)一般有 5 条具体的途径：①用铝屑和浓氢氧化钠溶液反应后，再滴稀硫酸或通入 CO_2；②将铝屑和稀硫酸反应后，再加氨水；③用铝屑分别与稀硫酸和浓氢氧化钠溶液反应，然后将得到的盐溶液混合；④先将铝屑燃烧，再与稀硫酸反应，后与氨水反应；⑤先将铝屑燃烧，再与氢氧化钠溶液反应，而后向溶液中通入 CO_2。

通过这样一个开放性的问题，学生提出了不同的解决问题的途径，相互交流，相互讨论，活跃了课堂氛围，在对问题(1)的思考上互为补充，同时也为问题(2)打下了基础。问题(2)对问题(1)所得的开放性结论从三个方面做了限制，经过充分交流讨论，学生很容易在比较中得知方案③为符合条件的最佳方案。

案例 8-6　海淀教师进修学校的任宝华老师在讲"酸和碱之间会发生什么反应"时，针对证明酸和碱发生了反应的教学设计

教师活动	学生活动	意图	资源
酸和碱之间发生反应了吗？请用有明显现象的实验证明。 药品：稀 NaOH 溶液、稀盐酸、酚酞溶液、石蕊溶液 仪器：试管 2 支，滴管 1 支	通过排列组合，共 4 种方案，原理均为借助指示剂在酸性溶液和碱性溶液中的颜色不同进行判断。经过交流，制订最佳方案。 猜测：NaOH＋HCl＝H₂O＋NaCl	实验证明反应发生	实验

第二，问题设计应该具有一定的综合性，应该是多个问题的组合，或者是一个问题可以拆分为多个问题加以解决。综合性问题通过拆分成多个子问题，克服了课堂学习时间的有限性，让不同合作小组进行不同的课题，使时间使用效率最大化，大大提高了课堂效率。

案例 8-7　具有综合性的问题设计

例如，新制氯水成分的检验，可以由各小组分别分析新制的氯水的成分，新制的氯水中可能有氢离子、氯离子、次氯酸根离子、少量的氢氧根离子、氯气分子和次氯酸分子，然后由不同的学习小组分别设计出检验氢离子、氯离子和次氯酸分子的实验方案。

第三，问题设计应该具有一定的梯度性，对于分层次教学，考虑到学生各种能力的差异性，在问题的设计上也要具有层次性，对知识的重点、难点，应像攀登阶梯一样，由浅入深，由易到难，由简到繁，使问题设计具有梯度，适应分层次教学，同时符合学生的思维习惯。也可以在一个大的合作探究的问题产生以后，教师通过引导，将大问题破解成一个个小问题，根据学生的差异性，学生可以自主选择能够解决的小问题，这些小问题之间并不是割裂的，而是相关联的，并且是逐渐深化的。

案例 8-8　具有梯度性的问题设计

在"钠的性质与应用"的教学中，以新闻"金属钠水雷惊现珠江"作为总的问题情境，整节课始终围绕这个素材，由此展开的每个子问题在设计上环环相扣，把本节课的教学知识点"钠的物理性质，钠的化学性质，钠的制取、存放和主要用途"都融入问题情境中。首先，教师让每一小组派一名代表根据新闻发表自己的见解，接着引导提出第一个问题："钠是怎么样的物质？它能与水反应吗？若反应，又生成什么呢？"各小组实验钠与水的反应，请每一小组分别说出观察到的实验现象并得出的实验结论。而后，教师提出第二个问题："模拟实验证明了钠与水能发生剧烈反应，但为什么模拟实验中钠与水没有发生爆炸，而新闻中却发生了爆炸？"小组交流与讨论，得出结论，教师将各个小组的讨论结果汇总，得出：金属钠遇到水的时候，会释放氢气，氢气的着火点相当低，大量的金属钠在水里迅速反应，就会产生剧烈的爆炸。随后教师又问："那么，如何防止爆炸呢？""这些水中的水雷是从哪里来的？""金属钠应该如何存放运输？"整节课都是围绕"钠水雷"问题展开的，在一个个小问题中探究解决问题，知识在不知不觉中得以掌握。总之，在分层合作教学模式中，问题设计是非常重要的一方面。在进行教学设计的时候，要具体分析一节课的核心内容，这里的

核心内容并不一定是知识，可能是方法层面的，也可能是观念层面的，使问题设计能够体现课堂学习的核心内容。

2.设计分层的课堂练习

为了落实和实现教学目标，教师应该分层次提供课堂练习，供不同层次的学生练习，让学生通过自己的努力掌握教材要求的知识点，提高学习成绩。

3.设计分层的实验内容

化学是一门以实验为基础的学科。实验教学可以激发学习兴趣，帮助学生形成化学概念，获得化学知识和实验技能。因此，实验的层次教学同样不能忽视。

4.设计分层的教学评价

科学的教学评价可以准确了解教学效果，并根据教学实施效果做出相应调整，也让学生正确了解自身学习的不足，促进其有效学习。对于不同层次的学生，教师应该采用不同的教学评价方式。

（五）课后分层

1.作业分层

为巩固课堂所学知识，针对不同学生，在作业数量、内容上应有所差别。对于优等生，要求完成基础训练题和能力提升题，以培养其逻辑推理能力和探究能力；对于差生，作业应以基础知识题为主，以增强其学习自信心；对于中等生，布置的作业应以巩固基础、训练能力为主。

2.辅导分层

分层辅导是分层教学的重要环节，可以查漏补缺，巩固学生所学知识。对不同层面学生采取不同辅导方法，对差生，主要是增强信心，巩固知识，教会学习方法；对优等生，主要是启发思维活动，培养自学能力；对中等生，主要是点拨归纳，使知识系统化和结构化。

3.测试分层

分层教学的最终目的是使每位学生在原有基础上获得最大发展，而不是教学目标的一致化。因此，也应根据学生原有水平进行分层测试，建议出一份复合试卷，注意题目的交叉性和层次性，以达到较好的检验效果。

综上所述，分层教学切实贯彻因材施教的教学原则，改变了传统的一刀切、齐步走的教学方式，把教师的主导作用和学生的主体作用有机结合起来，充分发掘学生的智力和非智力因素，调动其学习积极性，全面提高教学质量，为全面实施素质教育提供了有力保障。

三、案例观摩

案例描述

案例8-9　人教版初三化学第四单元课题3"水的组成"教学中体现关注个体分层指导的案例

1. 学情分析

处于基础层(C)的学生具备有关水的基本生活经验，在教师的引导下能说出几个有关水的性质，不够全面、准确，过于零散；不能用已有的知识解决生活中见到的问题；缺乏良好的学习习惯，较少主动发言，注意力很难长时间集中于课堂；具备较少的实验操作技能，在老师的指导下能完成基本的操作。提高层(B)的学生具备一些生活经验，能独立说出一些关于水的基本性质，并且较为全面，但不会为性质进行进一步划分，只是简单地综合起来，有运用所学知识解决生活中常见问题的意识，但是准确度不高，学习习惯较好，但缺乏自制力；会主动发言，但积极性不是很高；具备一定的实验技能，但仍需教师指导。发展层(A)的学生能从多个角度讲述水在生活、生产中的作用，能有条理地叙述出水性质，但具体原理还不明了，能用已有的知识解释生活中常见的问题。

2. 教学目标

三维	第一层 基础层次	第二层 提高层次	第三层 发展层次
知识与技能	1. 了解氢气燃烧实验，知道生成产物及点燃前先验纯。 2. 知道电解水正负极产生的气体是氧气和氢气，并记忆体积比。	1. 掌握氢气和氧气的检测方法。 2. 能区分混合物、纯净物、单质及化合物。	1. 掌握电解水的本质。 2. 能运用所学的分子、原子知识更深一步理解水的组成。 3. 能清晰地为物质分类。
过程与方法	1. 通过水组成的实验探究，初步了解实验探究的过程。 2. 通过实验观察能够简单归纳、分析、总结实验过程及实验现象。	1. 通过对水组成的实验探究，了解科学探究的一般过程。 2. 通过实验观察，在分析、归纳、总结实验现象的过程中，体会科学探究和思维方法。	1. 通过对水组成的实验探究过程研究，掌握基本实验探究过程，并能设计简单的探究实验。 2. 掌握分析、总结、归纳的方法，并能迁移到其他实验研究当中。
情感态度与价值观	通过科学探究的基本过程，培养学生认真的实验态度，尊重科学事实的态度。	通过科学探究的过程，形成严谨认真的科学态度，增强科学探索的积极性。	逐步建立认识物质世界的过程和方法，增强科学探索的精神，形成良好的科学探索意识。

3. 本节课教学重点和难点

教学重点：(1)水电解实验；(2)水的组成。

教学难点：水电解实验。

4. 教学过程

教学环节	情境设计	教师活动	学生活动
引课	通过前一课的学习，同学们知道了水在生活中是必不可少的。小到生活用水，大到工业用水，有没有同学考虑过这么重要的水到底是由什么组成的？	引导C层学生进行回答，A、B层同学完善。筛除不合理答案。	大胆猜想，积极讨论，主动回答。

续表

教学环节	情境设计	教师活动	学生活动
情景一	英国的化学家普利斯特里常常给朋友们表演魔术,有一次他表演了一个非常有意思的魔术。 现在老师就把他表演过的魔术给大家表演一下。大家注意观察,做完我会提出一些问题,分小组比赛,看哪组答出来的最多(拿一个事先装好的空气和氢气以一定比例混合的矿泉水瓶子在学生面前展示,打开盖子,迅速移近酒精灯)。	提问学生:为什么会产生这种实验现象呢? 既然发生了化学反应,就会有新物质生成,那么生成了什么呢?	由C层、B层、A层学生顺序作答。
情景二	其实老师是模仿普利斯特里在瓶子里事先装满无色的"可燃空气"(氢气)和空气。它们混合后点燃,会发出巨大的声响。但是,普利斯特里只是给朋友们变魔术而已。他当时并没有像同学们一样善于观察,没有发现变完魔术后瓶子里出现了一位神秘的"客人"。直到很久以后的一天,普利斯特里才发现瓶壁上有不少水珠!	物理性质提问C层学生,化学性质提问B层学生。 那平时要点燃氢气之前我们应该做点什么呢?提问A层学生。	由C层、B层、A层学生顺序作答。
教师总结	现在同学们知道氢气和氧气在点燃的条件下能生成水,那么能不能通过一些方法把水变成氢气和氧气呢?在很久以前,科学家就已经研究了这个问题,接下来我们看一下科学家的实验。仍然继续我们的竞赛,看哪个组发现的实验现象最多。	演示电解水实验。	学生回答实验器材、实验现象。首先提问C层学生,漏下的让B层学生补充,最后让A层学生进行总结归纳。
实验现象总结	有气泡从电极上冒出,两支玻璃管内液面出现了变化,正、负电极产生的气体体积比为2:1。	指导观察、总结。	学生回答、总结。
猜想与检验	可以看到两个管内都有气泡产生,初步设想是氢气和氧气。 根据学生建议进行实验验证。	教师引导:有没有哪个同学能帮助老师证明一下它们确实是氢气和氧气,而不是其他气体。	C层、B层、A层依次发表自己的观点。
结论	水是由氢元素和氧元素组成的。水分子是由氢原子和氧原子构成的。电解水产生的氢气与氧气的体积比为2:1(负氢正氧,氢2氧1)		
分层练习和作业	针对每一个知识点设置相应的三个层次上的习题,并以A、B、C标注。C为基础层,必做;B为提高层,必做;A为发展层,必做,其余为选做。 课后分层练习习题的布置(以一个知识点为例): ①(C)在水通电分解的实验中,负极与正极相连部分得到的气体体积比大致为( )。 A.1:2 B.2:1 C.8:1 D.1:8 ②(B)电解水实验中,负极相连部分产生氢气4 cm³,则与正极相连部分产生的氧气体积应为( )。 A.8 cm³ B.2 cm³ C.4 cm³ D.1 cm³		

续表

教学环节	情境设计	教师活动	学生活动
分层练习和作业	③(A)下列关于水在通电情况下的实验描述，正确的是（　　）。 A. 通电后，电极上出现气泡，与正极相连的试管中可收集到一种可燃性气体 B. 通电后，电极上出现气泡，与正极相连的试管中的气体能使带火星的木条复燃 C. 正极上产生的气体与负极上产生的气体的体积为1∶2 D. 正极上产生的气体与负极上产生的气体的体积为1∶8		

❋ 案例分析

　　该案例中通过一个有意思的故事引出氢气和氧气以一定比例混合发生爆炸，从而教授了氢气的物理性质及化学性质、氢气点燃前需要验纯，以及氢气验纯的方法；以一个神秘的"客人"出现在瓶子里，引入了氢气在氧气中燃烧的产物——水，得到氢气和氧气反应有水生成。引导学生从另一个角度思考：水在一定条件下能否变成氢气和氧气。让学生带着兴趣和疑问看水电解的实验，让学生自己设计实验，想方法来验证产生的气体是氢气和氧气。这样增强了学生学习的积极性，也带动了学生思考。在轻松愉快的气氛中把重点、难点——攻破，同时也在每个层次之间搭建好"桥梁"，为低层次学生向更高层次发展提供了机会。无论在学情分析上，还是在对本节课的目标制订方面或是教学设计上，都很好地进行了分层思考。

1. 诊断学情，隐性分层

　　在该案例中，教师对学生的学习基础、学习能力、学习方法、学习障碍点逐一做了细致的诊断，找到学生的"最近发展区"，并将学生的学情分成三层进行新知识学习情况的预测，为教学目标的确定和教学活动的设计做了前期准备。

2. 教学目标分层制订

　　不同学生对知识的掌握及运用方面都存在着很大的差异，在教学时，对学情进行分析是必要的。在该案例中，教师在充分了解学生学情的基础上，针对异同，确定了分层的教学目标，充分考虑到学生的个体差异，为后续的分层教学做好了铺垫。

3. 创设情景，激发学习兴趣，分层设问

　　(1)在生活中创设情境。引导学生以已有知识或者是生活中常见的现象为基础，为新知识的获取搭建"桥梁"。由于不同生活环境和不同层次的学生对生活的观察有所不同，答案自然是五花八门的，不要急于否定学生的答案，把学生的答案总结起来，并尽可能使每个层次的学生都参与到回答问题中来，充分调动学生的积极性。总结答案后，让学生用已有的知识想办法设计实验来证明自己的猜想，学生之间进行讨论，对不合理的猜想予以排除。适当地给学生一些提示，主要引导C层学生进行回答，A、B层同学完善C层同学的答案。待每个学生都有所思、有所想之后进入第一个情境。

（2）趣味实验，激趣设疑。以一个有趣又有意义的小实验引导学生思考，激发学生尽可能多地观察实验现象，并分小组竞赛看哪个组答的实验现象多，能更大程度上引起各个层次学生的学习兴趣。学生观察并听到"啪"的一声，瓶口吐出了长长的淡蓝色火舌，但一会儿就熄灭了。提问学生：为什么会产生这种实验现象呢？由 C 层、B 层、A 层学生顺序作答。通过教师的引导，一步一步递进，问题由浅入深得到了解决，得出瓶内有某些可以和空气反应的，并能产生蓝色火焰，发出爆鸣声的无色无味的气体。教师提问：既然发生了化学反应，就会有新物质生成，那么生成了什么呢？A 层学生说生成了气体但跑掉了，B、C 层学生向老师要来反应用过的瓶子进行观察，发现瓶内有小水滴。

4. 分层总结，掌握技巧

教师引出了氢气，通过前面的实验引导学生总结氢气的物理性质和化学性质。物理性质提问 C 层学生，化学性质提问 B 层学生。以一个神秘客人的出现引出化学反应中产生的新物质——水，进而为后续水的组成做铺垫。教师继续提出问题：氢气、空气以一定比例混合会发生爆炸，那么平时点燃氢气之前，应该做点什么呢？提问 A 层学生。引导学生考虑点燃氢气前要检验氢气纯度，防止点燃时发生爆炸，并指导学生验纯的方法。

5. 分层练习，自主选择

在习题选择上，针对每一个知识点设置相应的三个层次上的习题，并以 A、B、C 标注，C 为基础层，必做，B 为提高层，必做，A 为发展层，必做，其余为选做，而不是强行发放给不同层次学生不同层次的习题。让学生自主选择习题进行挑战的同时，教师适时引导学生往更高层次发展，既不会让学困生感觉受到差异性的对待，又为他们提供了向上发展的空间，从而增加层次间的流动性，缩小了学生之间的差距。

案例描述

案 8-10　某教师在高中化学选修 4 化学平衡一节中关于化学平衡常数的学习的教学设计

反应 $H_2(g) + I_2(g) \rightleftharpoons 2HI(g)$，$\Delta H < 0$ 的实验数据如下：

温度/℃	序号	初始浓度/(mol·L^{-1})			平衡浓度/(mol·L^{-1})			$\dfrac{c^2_{平衡}(HI)}{c_{平衡}(H_2) \cdot c_{平衡}(I_2)}$
		$c_{初始}(H_2)$	$c_{初始}(I_2)$	$c_{初始}(HI)$	$c_{平衡}(H_2)$	$c_{平衡}(I_2)$	$c_{平衡}(HI)$	
455	①	11.50	7.50	0	4.78	0.78	13.44	48.4
	②	4.78	0.78+1.50	13.44	3.79	1.29	15.42	48.6
	③	11.50	9.00	0	3.79	1.29	15.42	48.6
	④	0	0	4.50	0.50	0.50	3.50	49.0
	⑤	0.50+1.00	0.05	3.50+2.00	0.44	1.44	5.61	48.9
525	⑥	11.50	9.00	0	5.55	3.05	11.90	8.4
	⑦	0	0	12.50	2.55	2.55	7.40	8.4
	⑧	0	0	16.50	3.35	3.35	9.80	8.5
425	⑨	9.00	11.50	0	1.20	3.70	15.60	54.8
	⑩	11.50	9.00	0	3.70	1.20	15.60	54.8

对于 A 层次的学生，教师给出的问题是：同学们能从表中的数据得出哪些规律呢？依据是什么？你对化学平衡的学习有了哪些新认识？

对于 B 层次的学生，教师给出的问题是：通过数据观察，你认为化学平衡常数受哪些因素影响？依据是什么？谈谈你在数据分析上的收获。

对于 C 层次的学生，教师给出的问题是：通过对比数据①③、⑨⑩，你能得出什么结论？通过对比数据③⑥⑩，你能得出什么结论？谈谈你对化学平衡常数的认识。

（案例提供：北京市三里屯一中李军）

❈ 案例分析

上述案例中，教师能够基于学生的不同水平，针对同一教学内容，精心设计了相同的教学素材，但是，在使用这一教学素材时，针对不同层次的学生提出了切合他们实际学习水平的问题。A 层次的学生基础知识扎实牢固，学习和接受新知识的能力较强，因此，教师的问题没有任何指向性，充分相信他们的能力，放手让他们自主学，重在培养他们对知识的深入理解、积极思维、认真观察、综合分析的能力。B 层次的学生基础知识一般，接受新知识的能力也一般，但是有学习的自觉性，因此教师的问题有一定的指向性，通过问题引导他们牢固地掌握双基知识，并且引导他们学会一些数据分析时常采用的方法，培养观察、处理、分析数据的能力，养成类比和对比的思维方式。C 层次的学生基础知识弱，因此教师问题的指向性更加明确，旨在使其掌握基本知识，而最后的"谈谈你对化学平衡常数的认识"则更重在关注他们的心理，多给他们展示的机会，提高他们的学习兴趣。

分层教学的目的是让每一位学生都学有所得，因此，在教学设计上，教师必须深入了解学生，吃透教材，确定教学的起点，精心设计好教学方案，让每一位学生都能积极地参与到学习活动中来。

问题聚焦

（一）请任选一则案例，讨论、分析该案例中对个体分层指导能力的关注值得我们学习的方面。

1.

2.

3.

4.

（二）请任选一则案例，说明该案例对关注个体分层指导能力的运用给我们带来的启示。

1.

2.

3.

4.

四、能力训练

（一）案例分析训练

案例描述

案例8-11 人教版九年级化学第十单元课题1"常见的酸和碱"(第4课时)——认识常见的碱

一、教学内容与教学目标

（一）本课题的连续问题情境与学生的认识发展关系

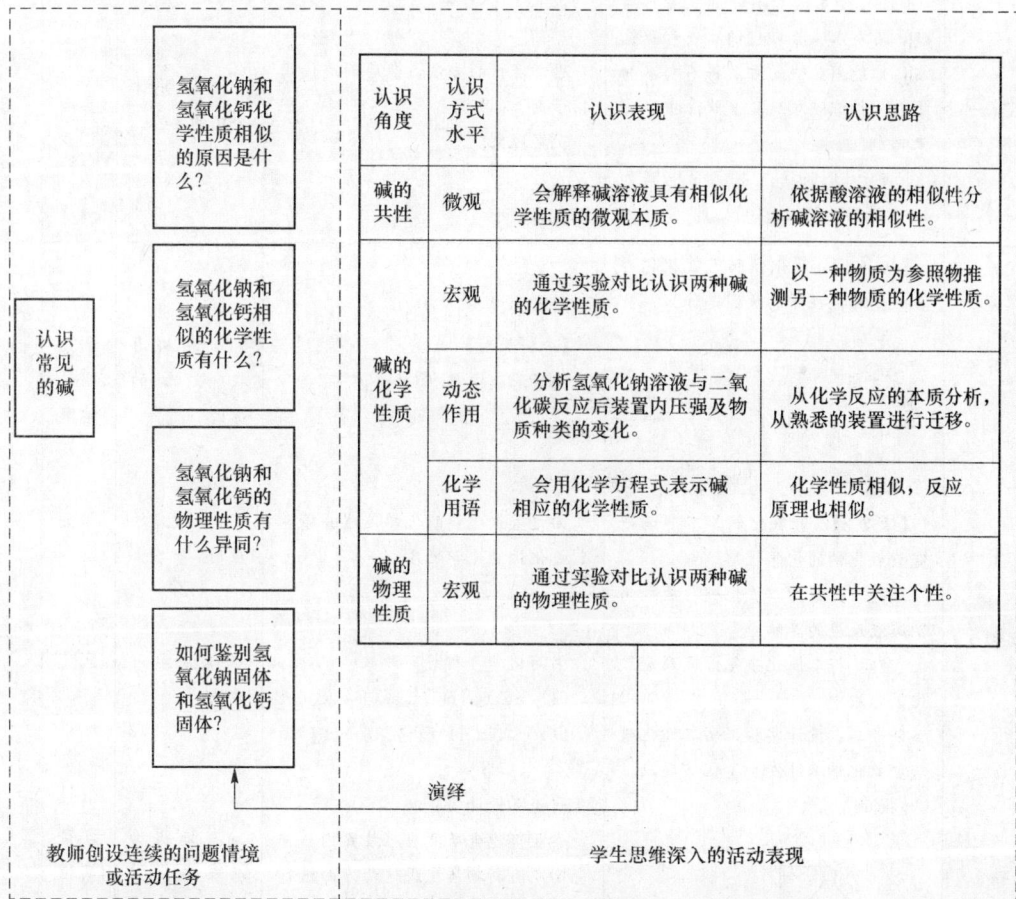

		认识角度	认识方式水平	认识表现	认识思路
认识常见的碱	氢氧化钠和氢氧化钙化学性质相似的原因是什么？	碱的共性	微观	会解释碱溶液具有相似化学性质的微观本质。	依据酸溶液的相似性分析碱溶液的相似性。
	氢氧化钠和氢氧化钙相似的化学性质有什么？	碱的化学性质	宏观	通过实验对比认识两种碱的化学性质。	以一种物质为参照物推测另一种物质的化学性质。
			动态作用	分析氢氧化钠溶液与二氧化碳反应后装置内压强及物质种类的变化。	从化学反应的本质分析，从熟悉的装置进行迁移。
			化学用语	会用化学方程式表示碱相应的化学性质。	化学性质相似，反应原理也相似。
	氢氧化钠和氢氧化钙的物理性质有什么异同？	碱的物理性质	宏观	通过实验对比认识两种碱的物理性质。	在共性中关注个性。
	如何鉴别氢氧化钠固体和氢氧化钙固体？				

演绎

教师创设连续的问题情境
或活动任务

学生思维深入的活动表现

（二）教学目标

1. 知识与技能

（1）知道氢氧化钠和氢氧化钙的主要性质和用途。

（2）认识常见碱的腐蚀性。

（3）了解氢氧化钠和氢氧化钙的俗称。

2. 过程与方法

学会以一种相对熟悉的物质为参照物，学习陌生物质的化学性质。

3. 情感态度与价值观

学生在运用已有知识和方法的过程中，体会学习的乐趣，培养探究的精神，同时培养他们尊重科学的学习态度。

二、教学过程和教学资源设计

教学过程设计					
环节	教师活动	学生活动	意图	资源	时间/min
环节一	[引入]4 支试管中分别装着稀盐酸、石灰水、氢氧化钠溶液和蒸馏水，你能用最快的方法将石灰水和氢氧化钠溶液从这 4 支试管中取出来吗？ [演示]分别往 4 支试管中滴加 1～2 滴酚酞试液。	思考可行的办法，最后确定使用指示剂。 观察现象。	回顾并体会碱的共性。	实验	3
环节二	【活动1】氢氧化钠和氢氧化钙存在一些相似性质的原因是什么？ 【活动2】以氢氧化钙为参照物研究氢氧化钠的化学性质。 任务一：推测二氧化碳与氢氧化钠溶液反应的产物。 [演示]将二氧化碳气体通入氢氧化钠溶液中。 任务二：设计实验证明二氧化碳与氢氧化钠溶液发生了化学反应。 [提示] 澄清石灰水 CO₂	【分析原因】 两种溶液中都有 OH^-。 回忆氢氧化钙的化学性质并猜测氢氧化钠的化学性质。 书写化学方程式： $CO_2+Ca(OH)_2=CaCO_3\downarrow+H_2O$ $CO_2+2NaOH=Na_2CO_3+H_2O$ 讨论并设计实验。 学生可能会从反应后装置内压强变小或有新物质生成这两方面进行验证。	分析碱存在共性的原因 方法的应用 体会学习方法 对证明物质发生化学反应形成简单思路	PPT图片学案 学案 PPT 学案实验	24

续表

环节	教师活动	学生活动	意图	资源	时间/min
环节二	[演示] 任务三：书写碱与其他非金属氧化物反应的化学方程式	观察实验现象：加入氢氧化钠溶液的塑料瓶变瘪的程度更大。 观察实验现象：气球变鼓了。 书写化学方程式： $SO_2+2NaOH=Na_2SO_3+H_2O$ $SO_3+Ca(OH)_2=CaSO_4+H_2O$	知识延伸	学案	24
环节三	【活动3】氢氧化钠和氢氧化钙的物理性质有什么异同？ 药品：等质量的氢氧化钠和氢氧化钙、蒸馏水 仪器：烧杯2个、玻璃棒2根 友情提示：氢氧化钠有强烈的腐蚀性，所以它的俗名叫作苛性钠、火碱、烧碱。 [演示]比较放置一段时间后的氢氧化钠固体与刚取出的氢氧化钠固体。 介绍氢氧化钙的俗称及其来源。	【实验】实验并完成学案 | 物质	颜色	状态	溶解性
---	---	---	---
氢氧化钠	白色	固体	易溶（放热）
氢氧化钙	白色	固体	微溶 | 补充氢氧化钠的物理性质：易潮解。 了解氢氧化钙的俗称。 阅读课本第55页，了解碱的用途。	了解两种碱的物理性质 了解碱的腐蚀性 了解两种碱的俗称 了解碱的用途	实验 学案 PPT	10
环节四	【活动4】如何鉴别氢氧化钠固体和氢氧化钙固体？	【完成学案】 方案1：溶解性差异 方案2：是否潮解 方案3：溶解是否放热 方案4：往溶液中通入二氧化碳	知识应用	学案	3

第4课时 认识常见的碱 课堂观察量表

观察的小组编号： 观察人：

观察方式：一名老师随机观察一组学生(共4人)，分别记录每个学生的状况。

观察对象：学生。将学生固定为甲、乙、丙、丁。

记录方式："学生个人情况"在完成的对应项目后打"√"；"其他"则是文字简单记录；"小组交流情况"和"全班交流情况"则通过画"正"字记录发言次数。

	关注要点		观察记录					
			学生个人情况				小组交流情况	全班交流情况
			甲	乙	丙	丁		
问题情境或任务	以氢氧化钠为参照物，研究氢氧化钠的化学性质 — 判断反应产物	二氧化碳与石灰水反应的化学方程式书写正确					甲 次 乙 次 丙 次 丁 次	甲 次 乙 次 丙 次 丁 次
		二氧化碳与氢氧化钠溶液反应的化学方程式书写正确						
	设计实验证明反应的发生	提到"压强差"的方法					甲 次 乙 次 丙 次 丁 次	甲 次 乙 次 丙 次 丁 次
		利用证明二氧化碳溶于水的装置——软塑料瓶						
		使用其他装置证明装置内压强变小						
		证明有新物质(碳酸钠)生成						
		积极参与小组讨论						
		及时并准确记录设计方案						
		其他(请注明)						
	化学方程式的书写	能够正确书写所有化学方程式					甲 次 乙 次 丙 次 丁 次	甲 次 乙 次 丙 次 丁 次
		化学式书写错误						
		配平错误						
		多标箭头						
		其他(请注明)						
	氢氧化钠和氢氧化钙的物理性质有什么异同？	实验观察结果记录准确					甲 次 乙 次 丙 次 丁 次	甲 次 乙 次 丙 次 丁 次
		在溶解性实验中，意识到需要加入等量的水						
		关注到了氢氧化钠溶解放热						
		及时记录获得的新信息						
		其他(请注明)						
	如何鉴别氢氧化钠和氢氧化钙？	鉴别方法全面					甲 次 乙 次 丙 次 丁 次	甲 次 乙 次 丙 次 丁 次
		书写准确						
		其他(请注明)						

（案例引用：海淀北部新区实验中学丁灵巧）

案例研讨

回答下列问题：

1. 该案例在哪些方面体现了教师关注个体分层指导？

2. 您能从该案例所展示的该教师的这项能力中，提取出该项能力的要点吗？

3. 您认为教师运用该项能力的水平如何？请说明理由。

4. 若是您教授本节课，您将通过何种方法体现该项能力？

（二）自主设计训练

请任选一节教学内容，撰写出关注个体分层指导的各项能力要点在课堂教学活动中体现的方法。

小组讨论：

1. 组内教师的教学活动设计是否符合学生的个体特征？

2. 讨论评价关注个体分层指导属于《标准》中的哪一层级。

3. 反思在本案例中值得大家借鉴的做法有哪些。

五、考核反思

（一）自我检测

观看已有的（或重新录制的）教学课堂实录，按照《标准》及关注个体分层指导的方法导引进行对照分析、评价和反思，重新设计更突出该能力要点的教学环节。

（二）创新设计

1. 通过本次培训，您觉得是否找到了可以提升的方面？与大家分享。请结合教学实例谈一谈自己的学习体会。

2. 关于"关注个体分层指导"这一基本能力训练的内容与方式，您还有哪些建议？

六、参考文献

[1] 郑明华，刘丽萍．初中化学隐性分层教学案例研究[J]．现代教育科学，2015，1：125-127.

[2] 陶墀．高一化学分层合作教学模式的研究[J]．网络出版，2013，4.

[3] 黄昕．初中化学分层教学实施策略[J]．中学化学参考，2012，8：84.

[4] 刘军，王桂莲．关注学生个体差异，促进学生整体发展[J]．教育艺术，2011，07：12.

专题九 掌握学业评价标准

培训目标

1. 理解不同层次教师掌握学业评价标准能力达标的检核标准。

2. 掌握学业评价标准的目标动词的使用方法，领悟掌握学业评价标准的重要意义。

3. 通过案例观摩、交流与反思，提高掌握学业评价标准的能力。

一、问题的提出

案例描述

案例 9-1 人教版初中《化学》下册第八单元课题 2"金属的化学性质"(第 1 课时)

【知识与技能】

1. 知道铁、铝、铜等常见金属与氧气的反应。

2. 认识常见金属的置换反应，初步学习金属活动性顺序。

3. 能用金属活动性顺序对有关的置换反应进行简单的判断，解释一些与日常生活有关的化学问题。

【过程与方法】

1. 通过对已有知识的挖掘帮助学生提升思维能力，在不断探索获取新知识的过程中将"对比、归纳、分类"的化学思想内化。

2. 通过对实验方案的评价，对实验结论的反思，帮助学生逐步提升实验设计与结论分析的严谨性，形成"控制变量"的意识。

【情感态度价值观】

1. 利用纪念邮票引入课题，提升学生的爱国情感。

2. 将学生生活中自制视频作为课程的一个环节贯穿始终，提升学生学习化学的热情和好奇心，帮助学生建立"终身学习"的意识，以及善于发现问题并努力探究的科学素养。

【重点】金属单质的化学性质；金属活动性顺序表。

【难点】1. 利用已有的个别物质性质进行一类物质性质的推理和一种物质到一类物质的认识角度的变化;

2. 对控制变量的理解与应用。

【课堂检测题】

1. 默写金属活动性顺序表。

2. 铁丝在空气中灼烧发红,但不能燃烧,这一事实与下列因素中关系最密切的是(　　)。

A. 铁丝的形状　　　B. 铁丝的硬度　　　C. 铁的着火点　　　D. 氧气的浓度

3. 某同学将带锈铁钉放入稀盐酸中,观察到铁锈逐渐消失,溶液由无色逐渐变成黄色,并有气泡产生,有关反应的化学方程式为_____。

(案例提供:北京市和平街第一中学刘堃)

案例研讨

1. 您认为本案例的学习目标中运用了哪些目标动词?

2. 您认为本案例选择的课堂检测题能准确体现学习目标吗?您认为案例的学习目标和课堂检测题的设计中具体有哪些不足?

3. 如果是您,您会如何修改该案例?

问题聚焦

1. 您认为在学习目标的制订中可以使用哪些目标动词?

2. 您认为哪些目标动词的使用便于在后面的课堂检测题中体现?

3. 在平时教学中,您经常将哪些目标动词运用到学习目标的制订上?请自行确定一节课的教学内容并写出其中一个学习目标。

二、能力解读

内涵揭示

在初、高中化学课程标准中，都提到中学化学课程的主旨是提高学生的科学素养。

初中化学课程学业的评价既要考核学生知识与技能掌握的程度，又要评价学生的科学探究能力和实践能力，还要关注学生在情感态度与价值观方面的发展。实施学业评价所涉及的学习任务不同，评价的方式也有差异，常见的有纸笔测验、学习活动表现和建立学习档案等。教师可以依据认知性学习目标、技能性学习目标和体验性学习目标的学习内容与学习水平，设计合适的学习任务和相应的评价方式，以确保评价具有较高的信度（各次评价结果的一致性）和教度（评价结果反映了实际的内容和水平）。

高中化学课程学业评价既要促进全体高中学生在科学素养各个方面的共同发展，又要有利于高中学生的个性发展。积极倡导评价目标多元化和评价方式的多样化，坚持终结性评价与过程性评价相结合、定性评价与定量评价相结合、学生自评与他人评价相结合，努力将评价贯穿于化学学习的全过程。

各学科课程标准是评价学生的学业成就的根本依据，各级教育行政部门和教研部门颁发的具有直接作用的考试说明是评价学生学业成就的直接依据。评价标准以课程标准中的课程目标为指南，以规定的教学内容为依据，具体阐述学生在不同关键阶段应达到怎样的目标，以及如何检测或观测到学生是否达到了目标，是基于学生学习结果的描述，是对各学科三维目标（知识与技能、过程与方法、情感态度与价值观）的细化。

"掌握学业评价标准"是指能够根据这些学业评价标准设计具体的评价学生学业状况的工具，进而得到关于学生的学习状况的质与量的数据，它能够使教师正确把握教学方向、难度，并对学生进行有效指导，题目设计水平是教师水平高低的标志之一。

标准解读

《北京市朝阳区教师教学基本能力检核标准》中"掌握学业评价标准"能力的检核标准如下：

维度	关键表现领域	能力要点	合格	良好	优秀
教学评价能力	学生学业评价能力	掌握学业评价标准	能够结合具体的教学内容解释学业评价标准中各目标动词的含义，并能选择符合评价标准的课堂检测题。	能够根据相关的学业评价标准和学生的学习情况编制用于教科书的测试卷。	能够根据相应的学业评价标准独立编制学期综合测试卷，有对学生思维和情感变化的观测点和具体的观测方法。

（一）合格水平

对合格教师的能力要求是：能够结合具体的教学内容解释学业评价标准中各目标动词的含义，并能选择符合评价标准的课堂检测题。课程标准对不同的教学内容有不同层级的要求，而不同层级的要求需要用不同的目标动词来描述。该层次的教师必须能够理解并解释学业评价标准中各目标动词的含义，注意到目标的可操作性和可检验性，并选择符合评价标准的课堂检测题，以此来提高教学的针对性，并促进课堂教学效果。

在《义务教育化学课程标准》中要求，课程实施评价的重点是学业评价，其中义务教育阶段的化学学业评价，包括形成性评价和终结性评价。良好的评价活动应具备下列特征：关注学生三维学习目标的达成，强化评价的诊断与发展功能，过程评价与结果评价并重；评价标准应清晰、完备，保证评价的信度与公平性；评价的设计与实施应科学、简捷易行；定性评价与定量评价相结合才能有效评价学生的学习结果；任务真实和公平，能提供给学生充分展示的机会，并符合学生不同阶段心理发展的特征；评价的方式多样化，评价的主体多元化；评价结果能为学生的学习提供大量的反馈信息，增强学生的自信心和主动性，能让教师据此做出正确决策以改进教学。

对学习目标中涉及的有关行为动词进行了分类，见表9-1。

表9-1　有关行为动词的分类(义务教育)

1. 认知性学习目标的水平	
从低到高 →	知道、记住、说出、列举、找到 认识、了解、看懂、识别、能表示、懂得 理解、解释、说明、区分、判断、简单计算
2. 技能性学习目标的水平	
从低到高 →	模仿操作、初步学习 独立操作、初步学会
3. 体验性学习目标的水平	
从低到高 →	经历、体验、感受 认同、意识、体会、认识、关注、遵守 内化、初步形成、树立、保持、发展、增强

在普通高中化学课程标准(实验)中，对学习目标要求的描述所用的目标动词与义务教育类型相同，也是按照学习目标的要求分为不同的水平。对同一水平的学习目标，依据不同的教学内容和任务，可以采用不同的行为动词描述。具体内容见表9-2。

表 9-2　普通高中化学课程标准(实验)中常用学习目标行为动词

1. 认知性学习目标水平的行为动词	
从低到高	知道、说出、识别、描述、举例、列举
	了解、认识、能表示、辨认、区分、比较
	理解、解释、说明、判断、预期、分类、归纳、概述
	应用、设计、评价、优选、使用、解决、检验、证明
2. 技能性学习目标水平的行为动词	
从低到高	初步学习、模仿
	初步学会、独立操作、完成、测量
	学会、掌握、迁移、灵活运用
3. 体验性学习目标水平的行为动词	
从低到高	感受、经历、尝试、体验、参与、交流、讨论、合作、参观
	认同、体会、认识、关注、遵守、赞赏、重视、珍惜
	形成、养成、具有、树立、建立、保持、发展、增强

案例 9-2　人教版高中《化学 1 (必修)》第三章第一节和第二节重组课"铝及其重要化合物"学习目标

【知识与技能】

1. 通过对铝及其重要化合物的列举，巩固二维图的建立。

2. 通过对铝、氧化铝、氢氧化铝、铝盐相关性质的复习，巩固利用二维图学习类别通性。

3. 通过氢氧化铝的制备实验及性质实验，体会氢氧化铝既可与酸反应又可与强碱反应的特性，得出两性氢氧化物的概念；完善二维图及物质的分类。

4. 通过铝箔与盐酸及氢氧化钠溶液的分组实验，体会铝的特性(金属铝既可与酸反应，也可与碱反应)。

【过程与方法】

1. 通过铝与氢氧化钠溶液反应、氢氧化铝的制备，以及氢氧化铝与酸及强碱反应的实验，让学生知道铝和氢氧化铝的重要化学性质，进一步完善二维图。

2. 通过铝与氢氧化钠溶液反应、氢氧化铝的制备，以及氢氧化铝与酸及强碱反应的实验，进一步体验科学探究的一般方法，进一步培养学生思维的严密性。

3. 通过分组实验，让学生进一步熟悉和规范液体、固体药品的取用、加热等实验技能，增强设计实验方案的能力。

4. 通过 $Al(OH)_3$ 可溶于 $NaOH$ 溶液的实验事实，强化金属化合物的性质与金属活动性顺序的联系，丰富学生对金属活动性顺序表的认识。

【情感态度与价值观】

1. 通过铝及其氢氧化铝相关实验的体验，学生认识到实验在化学科学研究学习中的重要作用。

2. 通过对氧化铝和氢氧化铝两性化合物的认识，学生树立起化学分类知识体系的发展观。

【教学过程】

形成铝的完整二维图，依据二维图，整体理解和落实铝及其重要化合物的化学性质。

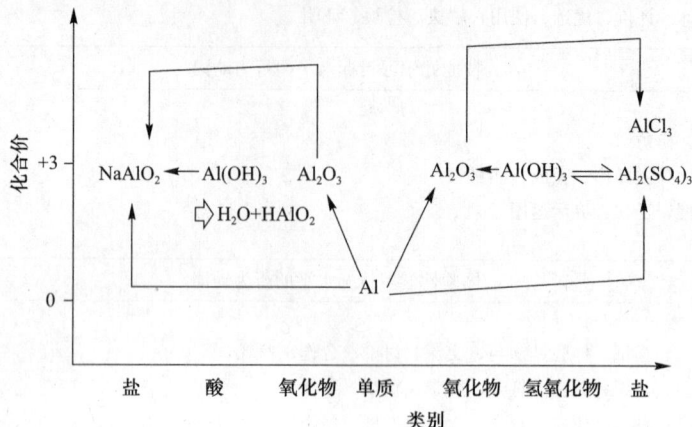

【课堂检测题】

铝土矿主要含氧化铝、氧化铁、氧化镁，写出此流程图中①发生的离子反应方程式，②③发生的化学反应方程式。

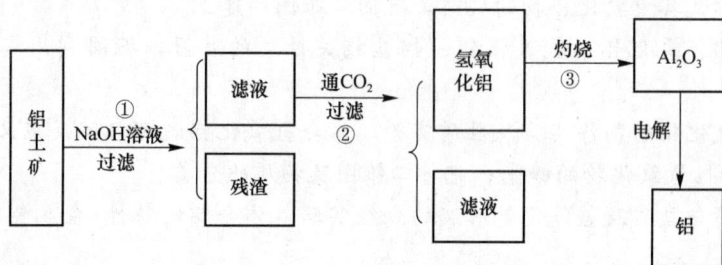

（案例提供：对外经济贸易大学附属中学田巧云）

此案例在学习目标的描述中，能按照普通高中化学课程标准（实验）中的要求使用常用行为动词，各目标动词的含义的表述比较清晰。在学习目标的设计上，能够结合具体的教学内容体现可检验性。在教学过程中，通过师生的共同努力，构建了铝元素的二维图，完善并拓展了二维图体系，体现了学习目标的可视化。课堂检测题这一环节的设计是将铝元素中重要的化学（离子）方程式进行复习和反馈，教师的选择能反映所设计的学习目标，但似乎没有将其"两性"问题考查清楚。综合以上分析，该案例属于合格水平。

（二）良好水平

对良好教师的能力要求是：能够根据相关的学业评价标准和学生的学习情况编制用于教科书的测试卷。教师在编制测试卷时，必须依据相关的学业评价标准，针对具体学段的教学内容，并结合所教学生的实际情况，以期达到了解学生学习状况，并促进学生深入学习的目的。同时，为教师进一步制订教学计划提供一定的参考。

案例9-3 人教版高中《化学2(必修)》第二章第三节"化学反应的速率和限度"(第2课时)——化学反应的限度学习目标

【知识与技能】

1. 认识化学反应限度，能说出可逆反应的特点。

2. 了解化学平衡的含义，认识化学平衡的特征。

3. 知道当一定的外界条件改变时，有可能发生化学平衡移动。

【过程与方法】

1. 通过实验，认识可逆反应，提高学生应用实验解决问题的意识和能力。

2. 通过对数据的分析，认识到在基于各组分浓度不再改变的事实中，反应达到限度，帮助学生体会从现象、本质、微观逐步深入的认识过程。

【情感态度与价值观】

在初步应用化学反应限度知识解释工业生产实际问题的过程中，体会化学理论的学科价值和社会价值。

【重点】化学反应限度的概念；了解影响化学反应限度的因素。

【难点】化学反应限度的本质原因及外部特征。

【课堂检测题】

1. 对化学反应的限度的叙述，错误的是(　　)。

   A. 任何可逆反应都有一定的限度

   B. 化学反应达到限度时，正、逆反应速率相等

   C. 化学反应的限度与时间的长短无关

   D. 化学反应的限度是不可改变的

2. 可逆反应 $M+N \rightleftharpoons Q$ 达到化学平衡时，下列说法正确的是(　　)。

   A. M、N、Q 三种物质的浓度一定相等

   B. M、N 全部变成了 Q

   C. 反应物和生成物的浓度都保持不变

   D. 反应已经停止

3. 在密闭容器中充入 PCl_5，发生化学反应：$PCl_5(g) \rightleftharpoons PCl_3(g) + Cl_2(g)$，反应一段时间后又向其中加入 $^{37}Cl_2$，重新达到化学平衡状态后，^{37}Cl 原子存在于(　　)。

   A. PCl_5 B. PCl_3 C. Cl_2 D. 三种物质中都有

4. 一定条件下，在密闭容器中，能表示反应 $X(g)+2Y(g) \rightleftharpoons 2Z(g)$ 一定达到化学平衡状态的是(　　)。

   ①X、Y、Z 的物质的量之比为 1∶2∶2　②X、Y、Z 的浓度不再发生变化　③容器中的压强不再发生变化　④单位时间内生成 n mol Z，同时生成 $2n$ mol Y

   A. ①②   B. ①④   C. ②③   D. ③④

5. 可逆反应 $N_2+3H_2 \rightleftharpoons 2NH_3$ 的正、逆反应速率可用各反应物或生成物浓度的变化来表示，下列各关系中能说明反应已达到化学平衡状态的是(　　)。

A. $v_{正}(N_2)=v_{正}(H_2)$ B. $v_{正}(N_2)=v_{逆}(NH_3)$

C. $2v_{正}(H_2)=3v_{逆}(NH_3)$ D. $v_{正}(N_2)=3v_{逆}(H_2)$

6. 可逆反应 $2HI(g)\rightleftharpoons H_2(g)+I_2(g)$ 在某恒温恒容的密闭容器中进行，下列各项中能表明反应已达到该条件下反应限度的是（   ）。

①密度不变   ②压强不变   ③分子总数不变   ④断裂 2 mol H—I 键，同时断裂 1 mol H—H 键   ⑤氢气的含量不变   ⑥反应混合气体的平均相对分子质量不变

A. ①②④⑤   B. ②③⑤   C. ④⑤   D. ①②③④⑤⑥

（案例提供：东北师范大学附属中学朝阳学校石娟）

案例 9-3 中的学习目标的设计符合北京市高中化学课程标准要求，行为动词的运用比较合理，检测性较强。课堂检测题中的第 1 题完全符合前面所设计的认识化学反应限度，能说出可逆反应的特点；第 2～5 题以不同的描述方式设置情境，让学生了解化学平衡的含义，进一步理解、认识化学平衡的特征，与学习目标的设计完全匹配；第 6 题在前面 5 道题的铺垫下，又提升了一个等级，与原有知识进行了链接，并与前面学习的化学键等内容知识进行联系。此套课堂测试前后设置梯度合理，在考虑了学生新旧知识掌握程度的基础上，与学习目标紧紧相扣。此案例属于良好水平。

（三）优秀水平

对优秀教师的能力要求是：能够根据相应的学业评价标准独立编制学期（学段）综合测试卷，有对学生思维和情感变化的观测点和具体的观测方法。学期（学段）是学生学习的标志性单位，学期（学段）综合测试的成绩在每位学生心中和学校对学生的评价中都占有重要地位。因此，一份好的学期（学段）综合测试卷代表着学校对学生的期望和要求，也代表着学校对学生的发展价值的判断。优秀教师通过编制学期（学段）综合测试卷表达着自己的教育价值观。学期（学段）综合测试卷的命制应依据相应的学业评价标准，以有应用背景的情境为依托，突出对学生综合能力的考查，知识点覆盖面适度，注重考查学生接收信息和处理信息的能力，应注意把思想性、知识性和能力考点融为一体，对学生积极健康的人生观有潜移默化的作用。试卷的考点、难度、效度等把握恰当。学生答题时，能够通过阅读获取题中提供的信息，并进行多角度、多层次分析，理解事物和现象的本质，最终找出解决问题的线索和方法。

案例 9-4   人教版高三化学第一轮复习——基本理论（元素周期律和周期表）学习目标

【知识与技能】

1. 理解元素周期律，能准确表述元素周期律；

2. 认识元素周期表的结构；正确写出前 20 种元素的符号和名称；

3. 能根据提供的原子序数判断其在周期表中的位置（一般为主族元素），并能够依据周期表中的位置判断其主要性质；

4. 理解前 20 种元素的单质、氢化物、最高价氧化物所对应水化物的性质；

5. 正确表述元素位、构、性之间的联系。

【过程与方法】

1. 通过元素周期表是元素周期律的具体表现形式的教学，进行"抽象和具体"这一科学

方法的指导。

2. 通过练习和高考真题再现使学生学会运用所学知识在一定情境中分析、解决相关的问题，从而正确认识高考题。

【情感态度与价值观】通过对元素周期律和元素周期表的关系的认识，运用辩证唯物主义观点分析现象和本质的关系。

【教学重点】掌握元素周期表的结构及位构性的关系；在复习过程中，逐步形成思维的有序性。

【教学难点】能运用有序性思维，将已存储知识迁移、转换、重组，使问题得到解决。

【课堂检测题】

1. A、B、C、D、E 是元素周期表中短周期元素，原子序数依次增大。

元素	结构或性质
B	原子最外层电子数是电子层数的两倍
C	C 和 A 形成化合物甲，甲的空间构型为三角锥形
D	地壳中含量最多的元素
E	原子的质子数为 D 的两倍

(1) 甲的电子式是_____。

(2) D 的非金属性比 E 的非金属性_____（填"强"或"弱"），用化学方程式说明此结论_____。

2. 四种短周期元素的性质或结构信息如下表。根据信息回答下列问题。

A	B	C	D
单质制成的高压灯，发出的黄光透雾力强、射程远。	工业上通过分离液态空气获得其单质。原子的最外层未达到稳定结构。	单质常温、常压下是气体，原子的 L 层有 7 个电子。	+2 价阳离子的核外电子排布与氖原子的相同。

(1) 上表中与 A 属于同一周期的元素是_____，画出 D 离子的结构示意图_____。

(2) 用电子式表达 D 和 C 形成化合物的过程_____。

(3) 对元素 B 的单质或化合物描述正确的是(　　)。

　　A. B 元素的最高正价为 +6　　　　　B. 常温、常压下单质难溶于水

　　C. 单质分子中含有 18 个电子　　　　D. 在一定条件下镁条能与单质 B 反应

3. X、Y、Z 为短周期元素，这些元素原子的最外层电子数分别为 1、4、6，则由这 3 种元素组成的化合物的化学式不可能是(　　)。

　　A. XYZ　　　　　B. X_2YZ　　　　　C. X_2YZ_2　　　　　D. X_2YZ_3

4. X 和 Y 属于短周期元素，X 原子的最外层电子数是次外层电子数的一半，Y 位于 X 的前一周期，且最外层只有一个电子，则 X 和 Y 形成的化合物的化学式可表示为(　　)。

　　A. XY　　　　　B. XY_2　　　　　C. XY_3　　　　　D. X_2Y_3

5. 元素 X、Y、Z 原子序数之和为 36，X、Y 在同一周期，X^+ 与 Z^{2-} 具有相同的核外电子层结构。下列推测不正确的是(　　)。

　A. 同周期元素中，X 的金属性最强

　B. 原子半径 X＞Y，离子半径 $X^+＞Z^{2-}$

　C. 同族元素中，Z 的氢化物稳定性最高

　D. 同周期元素中，Y 的最高价含氧酸的酸性最强

6. 根据下表信息(均为短周期元素)，以下叙述正确的是(　　)。

元素代号	L	M	Q	R	T
原子半径/nm	0.160	0.143	0.112	0.104	0.066
主要化合价	+2	+3	+2	+6，−2	−2

　A. 氢化物的沸点为 $H_2T＜H_2R$　　　　B. 单质与稀盐酸反应的速率为 L＜Q

　C. M 与 T 形成的化合物具有两性　　　D. L^{2+} 与 R^{2-} 的核外电子数相等

7. W、X、Y、Z 均为短周期元素，W 的最外层电子数与核外电子总数之比为 7∶17；X 与 W 同主族；Y 的原子序数是 W 和 X 的原子序数之和的一半；含 Z 元素的物质的焰色反应为黄色。下列判断正确的是(　　)。

　A. 金属性：Y＞Z　　　　　　　　　B. 氢化物的沸点：X＞W

　C. 离子的还原性：X＞W　　　　　　D. 原子及离子半径：Z＞Y＞X

8. X、Y 均为元素周期表中前 20 号元素，其简单离子的电子层结构相同，下列说法正确的是(　　)。

　A. 由 mX^{a+} 与 nY^{b-}，得 $m+a=n-b$

　B. X^{2-} 的还原性一定大于 Y^-

　C. X、Y 一定不是同周期元素

　D. 若 X 的原子半径大于 Y，则气态氢化物的稳定性 H_mX 一定大于 H_nY

9. X、Y 为短周期元素，X 位于第 I A 族，X 与 Y 可形成化合物 X_2Y，下列说法正确的是(　　)。

　A. X 的原子半径一定大于 Y 的原子半径

　B. X 与 Y 的简单离子不可能具有相同的电子层结构

　C. 两元素形成的化合物中，原子个数比不可能为 1∶1

　D. X_2Y 可能是离子化合物，也可能是共价化合物

10. R、W、X、Y、Z 为原子序数依次递增的同一短周期元素，下列说法一定正确的是(　　)。(m、n 均为正整数)

　A. 若 $R(OH)_n$ 为强碱，则 $W(OH)_m$ 也为强碱

　B. 若 H_nXO_m 为强酸，则 Y 是活泼非金属元素

　C. 若 Y 的最低化合价为 −2，则 Z 的最高正化合价为 +6

　D. 若 X 的最高正化合价为 +5，则五种元素都是非金属元素

11. 甲、乙、丙、丁 4 种物质分别含 2 种或 3 种元素，它们的分子中各含 18 个电子。甲是气态氢化物，在水中分步电离出两种阴离子。下列推断合理的是(　　)。

A. 某钠盐溶液含甲电离出的阴离子，则该溶液显碱性，只能与酸反应

B. 乙与氧气的摩尔质量相同，则乙一定含有极性键和非极性键

C. 丙中含有第二周期ⅣA族的元素，则丙一定是甲烷的同系物

D. 丁和甲中各元素质量比相同，则丁中一定含有－1价的元素

12. 已知 1～18 号元素的离子 $_aW^{3+}$、$_bX^+$、$_cY^{2-}$、$_dZ^-$ 都具有相同的电子层结构，下列关系正确的是（　　　）。

A. 质子数 $c>b$

B. 离子的还原性 $Y^{2-}>Z^-$

C. 氢化物的稳定性 $H_2Y>HZ$

D. 原子半径 $X<W$

　　物质结构和元素周期律是化学重要的理论知识，也是中学化学教学的重要内容，而元素周期表作为桥梁，恰好将两者有机结合起来。通过复习这部分知识，可以使学生对所学元素化合物等知识进行综合、归纳，从理论上进一步理解。同时，也为学生继续复习其他相关化学知识打下基础。案例 9-4 正是基于以上分析进行复习，重在体现"化学理论服务于元素的学习，元素知识加深了对理论的理解和巩固"的教学理念。其学习目标的具体要求在北京市普通高中化学课程标准（实验）和高考考试说明中均有详尽的叙述，在此就不一一赘述。

　　课堂检测及课后综合测试题的编制与学习目标前后对应，第 1 题考查的内容准确地反映了学习目标中有关"理解元素周期律，能准确表述元素周期律"的描述。第 2、3、4、6 题则从"认识元素周期表的结构，能正确写出前 20 种元素符号和名称，能根据提供的原子序数判断其在周期表中的位置（一般为主族元素），并能够依据周期表中的位置判断其主要性质"的角度对学生的学习情况进行了测试，这与学习目标中的第 2、3 点一一对应。第 5 题则是对学习目标中的"前 20 种元素的单质、氢化物、最高价氧化物所对应水化物的性质"是否真正地理解，以及能否正确表述元素位、构、性之间的联系进行了最直接的考量。与此同时，其实也是对基于教学重点是否在教学过程中实现真正意义上的突破进行验证，特别是思维的有序性的培养方面。第 7、8、10 题看似一道普通的选择题，实际上是一道非常规矩的综合题，它是在检验学习目标所有内容的基础上，对"元素周期表的结构及位构性的关系"，包括"逐步形成思维的有序性"这两个教学过程中需要突破的重点进行了考查，最突出的亮点是，它对"能运用有序性思维，将已存储知识迁移、转换、重组，使问题得到解决的应用能力"这一教学难点进行了系统的测试。第 9 题则是在正确表述元素位、构、性之间的联系的考查前提下，对相关的化学键等相关知识进行了考查。第 11、12 题还测试了"18 电子""原子结构"等与元素周期表（律）的相关知识点，其目的在于让学生在理解了元素周期律的同时，还应注意知识之间的关联性，从其他角度帮助学生深入体会"位构性"的意义。总体来说，此案例学习目标设计清晰，目标动词精准，编制的测试题由简到难，综合性较强，属于优秀水平。

方法导引

（一）化学学习目标中行为动词的使用

化学学习目标是指教师在教育教学过程中，在完成某一阶段（一节课、一个单元或一个

学期)的工作时，希望受教育者在化学学科学习方面达到的要求或产生变化的结果，因此，课堂学习目标的陈述要求明确、具体、可测评。在制订目标时，要求注重目标的精确化、标准化和具体化。

在义务教育和普通高中化学的课程标准中，均对学习目标所用的词语有具体要求，分别是认知性学习目标、技能性学习目标、体验性学习目标，这就要求不同方面的行为目标选用不同层面的行为动词，这样陈述更加精准，因此，教师在设计学习目标时，可以选择化学课标列举的一系列动词，这样可以精准地陈述教学行为结果，准确地说明学习者通过学习能达到的水平，接着便可以通过习题进行检测，从而完成评价。

1. 学习目标的制订要选用合适的行为动词

案例 9-5　人教版高中化学 1(必修)第四章第四节"氨　硝酸　硫酸"(第 2 课时)——硝酸的学习目标

【知识与技能】

1. 观察市售硝酸，能准确、完整地说出硝酸的物理性质。

2. 知道硝酸有酸性，能根据要求准确书写方程式。

3. 观察市售硝酸和浓硝酸泄漏事故现场的新闻视频，知道硝酸是不稳定性酸，能准确写出硝酸分解的方程式。

4. 观察浓硝酸、稀硝酸和铜反应的对照演示实验，能完整、规范地描述实验现象，准确判断产物，并能用方程式准确地表示。

【过程与方法】

学会运用观察实验、观看资料、阅读课本等多种手段获取信息。

【情感态度与价值观】

通过讨论浓硝酸泄漏事故现场的视频，体验用化学知识去解决生产生活中的实际问题。

（案例提供：东北师范大学附属中学朝阳学校石娟）

本案例中使用了观察、说出、知道、书写、描述、表示、讨论、体验等不同层次的行为动词，可以精准地描述学生认知性、技能性、体验性的学习目标，通过这些行为动词的使用，准确地说明了学习者通过这一节的学习最终学业能达到什么水平，还可以帮助教师准确地评价学生的学习行为，从而促进学生学习活动目标的达成，使得教学更有方向性，目标更加精准、可实施，便于后期教学评价，所以说，学习目标的设计很重要，学习目标中选用合适的行为动词更重要。

2. 学习目标的制订要与课堂配套习题对接，便于评价检测

案例 9-6　人教版高中化学 2(必修)第一章复习课"元素周期表和元素周期律的应用"学习目标

【知识与技能】

1. 通过镭元素相关信息能说出元素的"位置—结构—性质"的关系。

2. 通过镭盐溶解性的判断，能说出同主族元素的递变性和相似性。

3. 通过对几种元素的发现的交流汇报，能说出元素周期律可以预言的新元素。

4. 通过查阅资料，能找出元素周期律对于发现新材料的指导意义。

【过程与方法】

1. 通过对未知元素性质的推断及相关元素位置的确定，培养学生分析问题、解决问题的能力。

2. 通过问题探究体验科学研究的一般过程，初步学习演绎、归纳、推理的科学方法。

3. 通过查阅资料，培养学生信息收集能力、信息整合能力、逻辑思维能力及语言表述能力。

【情感态度与价值观】

1. 通过科学史话，激发学生的学习兴趣，培养学生的爱国情怀。

2. 通过门捷列夫对周期律的发现过程，体会"结构决定性质、量变引起质变"等辩证唯物主义观点，激励学生奋发向上。

【课堂检测题】

1. 2007 年，美国地质勘测局在内华达州奶牛场附近的井水中发现了放射性致癌元素 84 号 Po(钋)。Po 是目前已知最稀有的元素之一。早在居里夫人发现之前，门捷列夫就对它的存在进行了预言。下列有关它的说法，正确的是(   )。

   A. 门捷列夫能预测钋在地球上的分布　　B. Po 在第六周期第 VIA 族

   C. Po 具有很强的非金属性　　　　　　　D. Po 最外层有 7 个电子

2. 早期冰箱使用一些有毒且危险的气体(包括氨、二氧化硫等)作制冷剂，但时常发生气体泄漏事故。1929 年，克利夫兰某家医院的冰箱泄漏事故使超过 100 人丧生。1930 年，米奇利借助元素周期律研制出一种稳定、不易燃、不腐蚀且无毒的新型制冷剂。一些元素化合物的易燃性、毒性有如下变化趋势。请把合适物质填在空格处。

   ①同周期氢化物的易燃性：第二周期 $CH_4 > NH_3 > H_2O > \underline{\hspace{1.5cm}}$；第三周期 $SiH_4 > PH_3 > \underline{\hspace{1.5cm}} > HCl$。

   ②同主族化合物的毒性：$PH_3 > NH_3$，$H_2S \underline{\hspace{1.5cm}} H_2O$；$CS_2 > CO_2$，$CCl_4 \underline{\hspace{1.5cm}} CF_4$(选填">""<"或"=")。

   根据上述变化趋势，科学家把注意力集中在含 $\underline{\hspace{1.5cm}}$ 的化合物上。

   A. N、P　　　　　　B. S、P　　　　　　C. F、Cl

   （案例提供：东北师范大学附属中学朝阳学校石娟）

案例 9-6 中的学习目标的设计符合北京市高中化学课程标准要求，物质结构和元素周期律是化学重要的理论知识，也是中学化学教学的重要内容，而元素周期表作为桥梁，恰好将两者有机结合起来。通过应用，可以使学生对所学元素化合物等知识进行综合、归纳，从理论上进一步理解。同时，作为理论指导，也为学生继续学习其他相关化学知识打下基础。案例 9-6 正是基于以上分析，重在体现"化学理论服务于应用，元素知识加深了对理论的理解和巩固"的教学理念。其学习目标的具体要求在北京市普通高中化学课程标准(实验)和高考考试说明中均有详尽的叙述，在此就不一一赘述了。课堂检测及课后综合测试题的编制与学习目标前后对应，体现了教师的精心及把握教材的能力，特别是在梯度设置上，不仅考虑了相关知识的关联性，还在化学的有序性思维训练，将已存储知识迁移、转换、重组的训练，解决(解答)化学问题能力的训练方面做了细心的编排。另外，教师还顾及了学生思维和情感的变化，如：第 1 题与第 2 题相比较，看似前易后难，但细细琢磨，第 2

题虽然杂乱，但信息充足、直接，而第 1 题明显略难，其目的是让学生受挫后重新建立信心，特别是基础中等的学生；第 2 题几乎全是文字，是学生最怕的类型之一，除考查本节所学内容以外，还关联了很多知识。总的来说，此案例学习目标设计清晰，目标动词精准，编制的测试题综合性较强，符合学生的认知规律和新课程理念，既注意面向全体学生，又关注个别学生。学习目标的制订与课堂配套习题对接很紧密，便于评价检测。

（二）课堂检测题、综合测试题（卷）的编制

1. 编制的形式

首先，化学课堂检测题、综合测试题（卷）要从整体设计。从整体设计课堂检测题、综合测试题（卷）要分层次，不同层次的课堂检测题、综合测试题（卷）对于学生学习起到的作用不同，一方面要把握不同层次课堂检测题、综合测试题（卷）的功能；另一方面，要关注学生的个体差异。比如，每一小节巩固基础的课堂检测题、综合测试题（卷），应结合学生实际，编制从简到繁、从单一知识技能练习到知识的综合运用等不同梯度的习题，便于不同水平的学生进行自主学习，并结合已学知识，把知识点串成线，再通过知识的内在逻辑连成知识网络，使学生的知识技能逐步增进。

其次，化学习题类型要统筹安排。一般来说，不同类型的习题有特定的教学功能、解题思路及方法。按照教学功能大体可以分为两类：一类是以巩固知识、加深理解为目标的习题；一类是以促进学生思维发展、培养其分析问题和解决问题的能力为目标的习题。学生常做多题型的习题，可以促使他们从多角度、多层次去理解和应用知识，提高他们的应变能力。但每一章节习题数量是有限的，为减轻学生负担，要根据具体知识特点对题型进行统筹安排。

最后，化学习题要把握试题难度和数量。习题对于学生，具有促进复习、加强记忆、加深理解、练习应用和培养能力的功能；对于教师，具有对教学情况检查反馈的功能，是检测教学完成情况的一种手段。因此，做习题并不是最终目的，要以新课程标准为依据，以培养学生的科学素养为宗旨，把握不同章节内容的深广度，控制习题难度和数量，提高教学效率。把握习题的难度并非是追求难题、怪题，而是要具备一定的思维能力。在做题的过程中，不仅能够巩固知识，还能够发展学生的思维，培养学生解决问题的能力，让其体会到思考的乐趣。

2. 编制的内容

首先，习题内容要紧密联系社会和生活实际。新一轮基础教育化学课程改革的理念是"学生发展为本"：一方面，日益强调科学探究活动，重视学生在收集材料、调查参观等过程中获得体验，另一方面，强调学习要贴近生活、贴近社会、促进学生的全面发展。因此，习题在选材上应加强与社会生活的联系；开发多种题型，加强习题的探索性、讨论性、开放性；灵活运用语言，讲究习题中问题情境的设计，增强习题的趣味性。

其次，习题内容要关注学科前沿的素材。在化学习题中把来自科学研究的最新技术、社会的热点事例作为知识的背景，与学科知识一起呈现出来。能使学生关心发生在国内外的新事物、新科技，有利于激发学生的学习兴趣，同时，也可以激活所学的知识，使学生觉得所学的知识是鲜活的、生动的。

最后，习题内容要注重学科间知识的融合。传统的课程理念注重学科内部的逻辑联系，

割裂了不同学科间的联系，这样不利于学生全面系统地去看待某一事物、分析问题。注重学科间的融合与渗透，是由生活和实践的综合性及科学的整体化趋势所决定的。培养学生的综合能力，不仅指学生对学科内各知识点之间的综合运用，还包括对学科间知识进行综合运用来解决实际问题，《普通高中化学课程标准》中明确提出："重视化学与其他学科之间的联系，能综合运用有关的知识、技能与方法分析和解决化学问题。"这是对学生实施全面的素质教育，培养综合应用型人才的需要。

3. 习题的功能

首先，注重加强对学生能力的培养。以往的化学习题更多关注对知识的检验，忽视对学生能力的培养，新课程的三维目标提出了对学生技能、过程与方法的培养。邢其毅教授曾提出："习题的基本价值在于解决问题过程的基本训练。一个有水平的习题，应该既能将学生学过的各种知识巧妙地结合起来，引导学生将所学的知识融会贯通；也能告诉学生理论知识是如何应用于实际的，以提高学生解决实际问题的能力。解题的过程是思考、推理和分析的过程，所以，做习题实际上是训练学生各种能力的有效途径。"通过习题解决的过程，培养学生解决问题的方法和技能，既符合认知规律，又可以满足现代社会对人才的基本要求。

其次，注重对学生情感态度与价值观的培养。新课程改革坚持"以人为本"，注重培养人格健全、全面发展的人，因此，情感态度与价值观的教育也是中学教学的基本目标之一。通过习题渗透情感态度与价值观的教育，一方面要深入挖掘习题的教育功能，另一方面，在习题编制过程中，要打破原有单纯的从知识到问题的刻板的模式，而要将知识灵活地与化学史实、社会热点、学科前沿知识、其他学科知识结合，创设真实的情境，让学生感受到知识是立体的、鲜活的、丰富的，在解题过程中认识科学发展的历程，体会科学对于社会发展的重要作用，能够全面、辩证地认识事物，树立辩证唯物主义的世界观。

综上所述，新编化学习题应遵从以下原则：从习题形式的角度讲，要从整体设计，考虑不同层次习题的功能及学生的个体差异，把握试题难度和数量，分清层次，统筹安排习题类型；从习题内容的角度讲，紧密联系社会和生活实际，关注学科前沿的素材，并注重学科间知识的融合；从习题的功能角度讲，要注重加强对学生能力、情感态度与价值观的培养。

案例 9-7　人教版初中《化学》下册第十单元酸和碱课题 1"常见的酸和碱"（复习课）

1. 正钛酸（H_4TiO_4）在一定条件下分解失水，可制得纳米 TiO_2。纳米二氧化钛（TiO_2）作为纳米材料具有特殊的性质和功能，如，可参与光催化反应，可使吸附在其表面的甲醛等物质被氧化，降低空气中有害物质的浓度。下列说法不正确的是（　　　）。

　　A. 甲醛对人体健康有害

　　B. 纳米 TiO_2 添加到墙面涂料中，可消除甲醛

　　C. 纳米 TiO_2 与普通 TiO_2 的性质、功能完全相同

　　D. 制备纳米 TiO_2 的反应：$H_4TiO_4 = TiO_2 + 2H_2O$

2. 物质的用途和使用方法等与其性质密切相关。

(1)洁厕灵（有效成分为盐酸）不宜存放在铁制金属容器内，用化学方程式表示其原因：＿＿＿＿＿＿。

(2)洁厕灵(有效成分为盐酸)也不能用于清洁大理石制品,用化学方程式表示其原因:_____。

(3)盐酸能除去铁制品表面的锈迹,化学方程式为_____。

(4)生石灰常用作食品干燥剂,用化学方程式表示其原因:_____。

3. 实验室的试剂长期放置可能出现下列情况,请利用化学知识填空。

(1)敞口放置一瓶澄清石灰水一段时间后,瓶壁上出现一层白膜,产生白膜的化学方程式为_____;若取此白膜加入稀盐酸后,现象是_____,方程式为_____。

(2)敞口放置一瓶氢氧化钠溶液一段时间后,质量_____(不变、增加、减小);若取上述溶液少量,滴入稀硫酸后,现象是_____,上述过程中发生反应的化学方程式为_____。

(案例提供:北京市和平街第一中学刘堃)

本案例属于合格水平的课堂检测题,其中第1题以陌生的酸为开篇,但实则为一道以科学前研新技术为背景的信息题,旨在帮助学生提升信息加工与运用能力的同时,体会化学的应用价值所在。第2、3题比较全面地考查了常见的酸与活泼金属、金属氧化物、碳酸盐的相关反应,以及常见的碱与酸性氧化物的相关反应,并且注重考查化学物质的变化与物理中溶液质量变化之间的关系,帮助学生体会化学变化过程中伴随物理变化的思想,且第2、3题在题目的呈现方式上紧密联系生活实际,注重了问题情境生活化,增强习题的趣味性,让学生体会到化学的实用性。由此可见,该案例很好地体现了试题编制内容紧密联系社会和生活实际、关注学科前沿的素材且注重学科间知识的融合。

再来回顾案例9-4,其综合测试题(卷)的编制也对上述三个方面做了很好的示范引领作用。本套课后综合测试题的编制,除去前面提到的与学习目标前后对应一致之外,还体现了教师的精心及把握教材的能力,特别是在梯度设置上,不仅考虑了相关知识的关联性,还注重化学有序性思维的训练,将已存储知识进行迁移、转换、重组的训练,解决(解答)化学问题能力的训练。另外,教师还顾及了学生思维和情感的变化,如,第5题与第6题相比较,看似前易后难,但细细琢磨,第6题虽然杂乱,但信息充足、直接,而第5题明显略难,其目的是让学生受挫后重新建立信心,特别是基础中等的学生;第9题几乎全是文字,是学生最怕的类型之一,考查内容除本节所学内容以外,还关联了离子化合物、共价化合物、化学键、电子式等知识,相较第10题考查内容的简洁而言明显难一些。因此,该测试题的编制符合学生的认知规律和新课程理念,既注意面向全体学生,又关注个别学生,充分挖掘了试题所承载的各项功能,并精心设计了试题的内容和形式,是很好的试题编制范例。

三、案例观摩

案例描述

案例9-8　人教版高中化学选修5《有机化学基础》第一、二、三章

高二化学第一学期期中试卷(理)双向细目表(满分100分，考试时间90分钟)

知识点	能力层级	题型	预测难度	分值	命题意图	试题来源 原创	改编	成题	题号
甲烷	理解	选择	0.9	2	加深对甲烷的认识			★	1
石油	了解	选择	0.9	2	对石油资源的应用及认识			★	2
有机物命名	理解	选择	0.9	2	对元素周期律的应用			★	3
有机物燃烧反应	理解	选择	0.75	2	检测等质量有机物的计算	★			4
物质分离与提纯	掌握	选择	0.8	2	检测重结晶分离方法的认识			★	5
有机化学方程式	理解	选择	0.8	2	有机化学方程式的书写			★	6
分子式的确定	了解	选择	0.9	2	加强对李比希法的认识			★	7
有机物的用途	了解	选择	0.9	2	检测对杀菌消毒剂的了解			★	8
物质结构	应用	选择	0.9	2	检测对原子共面问题的掌握			★	9
常见有机物的物性	理解	选择	0.7	2	加深对有机物沸点的比较			★	10
同分异构体	掌握	选择	0.75	2	检测一元醛类同分异构体和顺反异构			★	11 12
有机物的鉴别	应用	选择	0.7	2	检测对乙醇、乙醛、乙酸的性质的认识				13
有机化学类型	认识	选择	0.75	2	检测有机化学类型的辨别	★			14
烯烃，醛	掌握	选择	0.85	2	加深对烯烃和醛化学性质的认识			★	15
乙醇	理解	选择	0.8	2	加深对乙醇的化学反应断键位置的认识			★	16
甲苯的性质	理解	选择	0.8	2	检测不同原子或原子团的相互影响的认识			★	17
化学实验操作	综合	选择	0.65	2	加深实验操作与目的的关系的认识	★			18

续表

| 知识点 | 能力层级 | 题型 | 预测难度 | 分值 | 命题意图 | 试题来源 | | | 题号 |
						原创	改编	成题	
物质除杂	应用	选择	0.7	2	检测对常见化学物质的除杂方法的掌握			★	19
卤代烃的性质	理解	选择	0.6	2	检测卤代烷中卤原子检验方法的判断		★		20
有机物质的结构	应用	选择	0.75	2	检测有机基础知识的掌握（分子式、顺反异构、核磁共振氢谱等）			★	21
原子守恒	综合	选择	0.7	2	新信息的辨析和应用			★	22
苯	理解	选择	0.6	2	苯的结构与性质的综合检测		★		23
苯的同系物	应用	选择	0.6	2	检测苯的同系物的同分异构体的判断		★		24
酚、醇、羧酸	综合	选择	0.75	2	检测多官能团的物质的性质的认识（原子利用率、核磁共振氢谱、有机反应类型、与氢氧化钠反应的官能团等）		★		25
有机化学代表物（乙烯、乙酸、溴乙烷、乙醇、苯酚、乙醛、甲苯等）性质	综合	填空	0.75	5	对有机化学代表物（乙烯、乙酸、溴乙烷、乙醇、苯酚、乙醛、甲苯等）性质的综合检测		★		26
重点有机化学反应方程式的书写	综合	填空	0.8	10	检测重点有机化学反应方程式的书写		★		27
乙烯的制备及除杂、检验	应用	填空	0.75	5	考查对乙烯的制备及除杂、检验的掌握程度			★	28

续表

知识点	能力层级	题型	预测难度	分值	命题意图	试题来源			题号
						原创	改编	成题	
有机化合物之间的转换	综合	填空	0.6	12	考查学生烷—卤代烃—烯—醇—醛—酸之间的转换及综合分析能力		★		29
盐酸、苯酚、碳酸酸性的比较	综合	填空	0.7	7	考查对盐酸、苯酚、碳酸酸性强弱的比较及简单实验的综合设计分析能力			★	30
有机化合物之间的转换	综合	填空	0.6	11	考查学生苯的同系物—羧酸—卤代烃、醇—烯—烷等之间的转换及综合分析能力		★		31

高二第一学期期中试卷化学(理)(满分100分，考试时间90分钟)

本试卷共6页。考生务必将答写在答题卷上，在试卷上作答无效。

可能用到的相对原子质量：H—1　C—12　O—16

一、单选题(本题共25小题，每小题2分，共50分。)

1. 下列物质在一定条件下可与甲烷发生反应的是(　　)。

　　A. 氯气　　　　　　B. 溴水　　　　　　C. 氢氧化钠溶液　　D. 酸性高锰酸钾溶液

2. 下列关于石油的说法中，正确的是(　　)。

　　A. 液化石油气、天然气都是可再生能源　B. 石油主要含有碳、氢两种元素

　　C. 石油的裂化和裂解都属于物理变化　　D. 石油分馏出的各馏分均是纯净物

3. 某烷烃的结构简式为：$CH_3—CH_2—CH—CH_3$，其系统命名正确的是(　　)。
　　　　　　　　　　　　　　　　　　　　|
　　　　　　　　　　　　　　　　　$CH_2—CH_3$

　　A. 2-乙基丁烷　　　　B. 3-乙基丁烷　　　　C. 3-甲基丁烷　　　　D. 3-甲基戊烷

4. 等质量的下列物质完全燃烧时，生成水的质量最小的是(　　)。

　　A. $CH_3C≡CH$　　　B. CH_3CH_3　　　　C. C_5H_{12}　　　　D. C_2H_5OH

5. 下列物质中，可用重结晶法提纯的是(　　)。

　　A. 含杂质的粗苯甲酸　　　　　　B. 含杂质的工业酒精

　　C. 从溴水中提纯溴　　　　　　　D. 苯中混有少量苯酚

6. 下列化学方程式中，书写不正确的是(　　)。

　　A. $\bigcirc$—OH+NaOH—→$\bigcirc$—ONa+H_2O

　　B. $2CH_3CH_2OH+2Na→2CH_3CH_2ONa+H_2↑$

　　C. $CH_2=CH_2+H_2O \xrightarrow[光照]{催化剂} CH_3CH_2OH$

　　D. $CH_4+Cl_2 \longrightarrow CH_2Cl_2+H_2$

7. 已知 A 是一种只含碳、氢、氧三种元素的有机化合物，且 A 中碳的质量分数为 44.1%，氢的质量分数为 8.82%，A 的相对分子质量是 136，则 A 的化学式是（　　）。

　　A. $C_5H_{12}O_4$　　　　　B. $C_5H_{12}O_3$　　　　　C. $C_4H_{10}O_4$　　　　　D. $C_5H_{10}O_4$

8. 下列有机物在适量的浓度时，不能用于杀菌、消毒的是（　　）。

　　A. 苯酚溶液　　　　B. 乙醇溶液　　　　C. 乙酸溶液　　　　D. 苯

9. 分子中所有原子不可能都在同一平面的物质是（　　）。

　　A. 乙炔　　　　　　B. 乙烯　　　　　　C. 乙烷　　　　　　D. 苯

10. 比较下列各组物质的沸点，正确的是（　　）。

　　A. 乙醇＞丙烷　　B. 异戊烷＞正戊烷　C. 1-丁烯＞1-庚烯　D. 乙二醇＞丙三醇

11. 分子式为 $C_5H_{10}O$ 的醛应有（　　）。

　　A. 3 种　　　　　　B. 4 种　　　　　　C. 5 种　　　　　　D. 6 种

12. 下列物质中存在顺反异构体的是（　　）。

　　A. 2-氯丙烯　　　　B. 丙烯　　　　　　C. 2-丁烯　　　　　D. 1-丁烯

13. 鉴别乙醇、乙醛、乙酸，应选用的试剂最好是（　　）。

　　A. Na_2CO_3 溶液　　　　　　　　　　B. 汽油

　　C. 水　　　　　　　　　　　　　　　　D. 新制 $Cu(OH)_2$ 悬浊液

14. 某有机物的结构简式为 ，它可以发生反应的类型有（　　）。

　　①加成②消去③水解④酯化⑤氧化⑥加聚

　　A. ①②③④　　　　B. ①②④⑤　　　　C. ①②⑤⑥　　　　D. ②④⑤⑥

15. 关于丙烯醛（$CH_2\!=\!CH\!-\!CHO$）的叙述中，不正确的是（　　）。

　　A. 能发生银镜反应　　　　　　　　B. 与氢气加成只能生成丙醛

　　C. 在一定条件下可氧化成酸　　　　D. 可使溴水褪色

16. 在乙醇发生的各种反应中，断键方式不正确的是（　　）。

　　A. 与金属钠反应时，键①断裂

　　B. 与 HCl 反应生成氯乙烷时，键②断裂

　　C. 与浓硫酸共热至 170 ℃时，键②和④断裂

　　D. 与醋酸、浓硫酸共热时，键②断裂

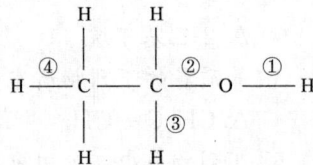

17. 有机物分子中，原子间(或原子与原子团之间)的相互影响会导致同类物质化学性质的不同。下列各项的事实能说明上述观点的是（　　）。

　　A. 甲苯能使酸性高锰酸钾溶液褪色，而苯和甲烷都不能使之褪色

　　B. 乙烯能发生加成反应，而乙烷不能发生加成反应

　　C. 苯和甲苯都能与氢气在催化剂的作用下发生加成反应，产物不同

　　D. 乙烷在光照条件下能发生取代反应，而乙炔不能发生取代反应

18. 下列实验操作与实验目的相对应的是( )。

序号	实验操作	实验目的
A	制乙炔时，用饱和食盐水代替水	加快化学反应速率
B	C_2H_4 与 SO_2 的混合气体通过盛有溴水的洗气瓶	除去 C_2H_4 中的 SO_2
C	C_2H_4 与 N_2 的混合气体通过盛有 $KMnO_4(H^+)$ 溶液的洗气瓶	净化 N_2
D	滴加稀 HNO_3 到做过银镜反应的试管中	清洗试管

19. 下列是除去括号内杂质的有关操作，其中正确的是( )。

  A. 乙醇(乙醛)——加水，振荡，静置后分液

  B. 乙酸乙酯(乙酸)——加乙醇、浓硫酸加热

  C. 乙烯(乙炔)——将气体通过盛 $KMnO_4$ 溶液的洗气瓶

  D. 苯(苯酚)——加足量 $NaOH$ 溶液，振荡，静置后分液

20. A、B、C、D 四名学生用实验方法证明卤代烷中存在卤素，涉及的实验操作有：

  (1)加入 $NaOH$ 醇溶液，振荡　　　 (2)加热

  (3)加入 $NaOH$ 水溶液，振荡　　　 (4)加入 HNO_3 酸化后加 $AgNO_3$ 溶液，振荡

  已知每个学生只采用了 2～3 项操作。下列实验操作顺序中，一定能得到正确结果的是( )。

  A. (1)→(4)　　　 B. (2)→(4)　　　 C. (1)→(2)→(4)　　　 D. (3)→(2)→(4)

21. 芥子醇是合成工程纤维的单体，结构简式如图所示。下列有关芥子醇的说法，不正确的是( )。

  A. 分子式为 $C_{11}H_{14}O_4$

  B. 存在顺反异构现象

  C. 核磁共振氢谱有 5 种峰

  D. 能与溴的四氯化碳溶液反应

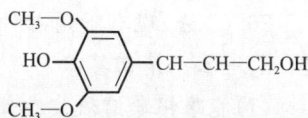

22. 科学家致力于二氧化碳的"组合转化"技术研究，把过多的二氧化碳转化为有益于人类的物质。如将 CO_2 和 H_2 以 1：3 的比例混合，通入反应器，在适当的条件下发生反应，生成某种重要的化工原料和水。该化工原料可能是( )。

  A. 烷烃　　　 B. 烯烃　　　 C. 炔烃　　　 D. 芳香烃

23. 1866 年，凯库勒提出了苯的单双键交替的正六边形平面结构，解释了苯的部分性质，但还有一些问题尚未解决，说明不存在单双键交替结构的事实是( )。

  ①苯不能使 $KMnO_4(H^+)$ 溶液褪色

  ②苯中碳碳键的键长均相等

  ③苯能在加热和催化剂存在的条件下跟 H_2 加成生成环己烷

  ④经实验测得邻二甲苯仅一种结构

  ⑤溴苯没有同分异构体

  ⑥苯在 $FeBr_3$ 存在的条件下同液溴可发生取代反应，但不因化学变化而使溴水褪色

  A. ②③④⑥　　　 B. ①②③④　　　 C. ①②④⑤　　　 D. ①②④⑥

24. 已知苯的同系物中，有的侧链能被酸性高锰酸钾溶液氧化，生成芳香酸，反应如下：

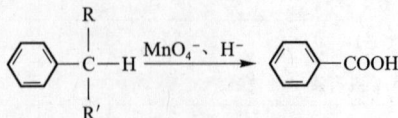

(R、R'表示烷基或氢原子)

现有某苯的同系物的分子式为 $C_{10}H_{14}$，它不能使溴水褪色，但可使酸性高锰酸钾溶液褪色，分子结构中只含有一个烷基，则此烷基的结构共有（　　）。

A. 2 种 　　　　B. 3 种 　　　　C. 4 种 　　　　D. 5 种

25. 对羟基扁桃酸是合成香料的重要中间体，它可由如下反应制得：

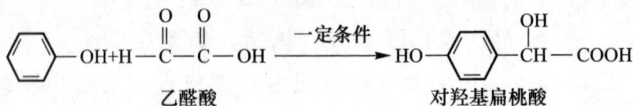

下列说法中，不正确的是（　　）。

A. 上述反应的原子利用率是 100%

B. 对羟基扁桃酸的核磁共振氢谱有 6 个吸收峰

C. 1 mol 对羟基扁桃酸与足量 NaOH 溶液反应，消耗 3 mol NaOH

D. 对羟基扁桃酸可以发生加成反应、取代反应和氧化反应

二、填空题(本题共6道题，共50分。)

26. (5分)现有下列七种有机物：①乙烯、②乙酸、③溴乙烷、④乙醇、⑤苯酚、⑥乙醛、⑦甲苯。请回答：

(1)能跟银氨溶液发生银镜反应的是(填序号，下同)＿＿＿＿＿＿＿＿。

(2)能够与金属钠反应生成氢气的是＿＿＿＿＿＿＿＿＿。

(3)能使氯化铁溶液变紫色的是＿＿＿＿＿＿＿＿＿。

(4)能使 $KMnO_4(H^+)$ 溶液褪色的是＿＿＿＿＿＿＿＿＿。

(5) 中含氧官能团的名称为＿＿＿＿＿＿＿＿。

27. (10分)写出下列反应方程式(有些反应需要注明必要的反应条件)。

(1)实验室用电石(CaC_2)与水制取乙炔：＿＿＿＿＿＿＿＿＿。

(2)已知 C_7H_8O 属于芳香族化合物且能被氧化为醛，写出氧化生成的醛与新制的氢氧化铜和氢氧化钠混合液反应的方程式：＿＿＿＿＿＿＿＿＿。

(3)1-溴丙烷的消去反应：＿＿＿＿＿＿＿＿＿。

(4)苯酚稀溶液滴加饱和溴水的反应：＿＿＿＿＿＿＿＿＿。

(5)甲苯的硝化反应：＿＿＿＿＿＿＿＿＿。

28.(5分)下面是实验室制乙烯并检验其性质的装置图，请回答：

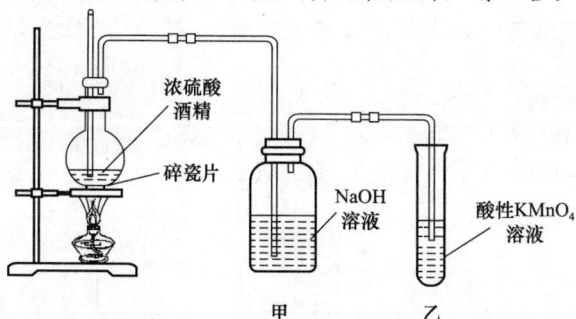

(1)写出圆底烧瓶中反应的方程式：_____。

(2)烧瓶中混合液逐渐变黑，并产生某些无机杂质气体，其中有刺激性气味的杂质气体为_____。

(3)广口瓶甲中NaOH溶液的作用是_____。

(4)为了证明有乙烯生成，试管乙中相应的实验现象为_____。

29.(12分)烷烃A只可能有三种一氯取代产物B、C和D。C的结构简式是$(CH_3)_2CCH_2Cl$。B和D分别_____。

与强碱的醇溶液共热，都只能得到有机化合物E。以上反应及B的进一步反应如下图所示。

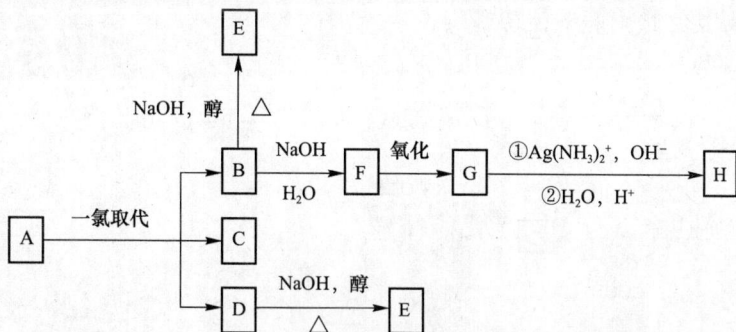

请回答：

(1)A的结构简式是_____。

(2)B转变为F的反应的方程式为_____。

(3)G与银氨溶液反应的方程式为_____。

(4)F转变为G的反应的方程式为_____。

(5)E有多种同分异构体，其中X的核磁共振氢谱如图所示。

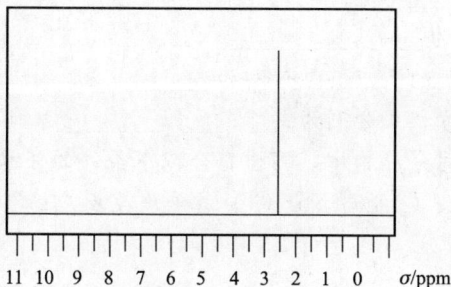

X 发生加聚反应的方程式为＿＿＿＿＿＿＿＿，加聚产物的链节是＿＿＿＿＿＿＿＿。

30.(7分)某学习小组同学为了确定盐酸、苯酚、碳酸的酸性强弱，设计了如图所示的装置进行实验。

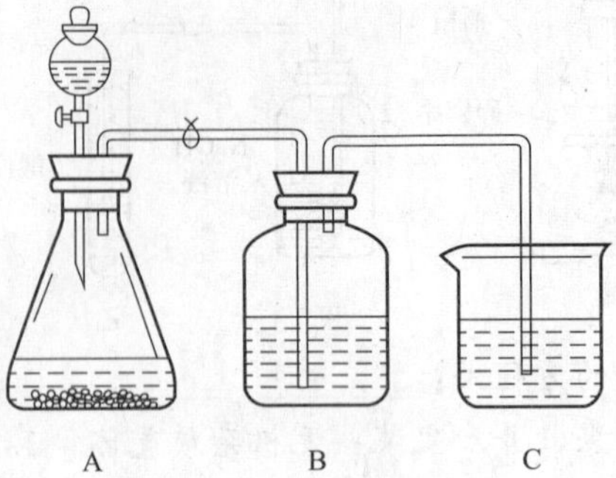

A　　B　　C

(1)锥形瓶内装碳酸钙，写出 A 中反应的离子方程式：＿＿＿＿＿＿＿＿。

(2)C 中的现象为＿＿＿＿＿＿＿＿，写出 C 中反应的化学方程式：＿＿＿＿＿＿＿＿。

(3)B 中的试剂为＿＿＿＿＿＿＿＿，作用是＿＿＿＿＿＿＿＿。

31.(11分)蓓萨罗丁是一种治疗顽固性皮肤 T—细胞淋巴瘤的药物，有研究者设计其合成路线如下(部分反应试剂和条件已略)。

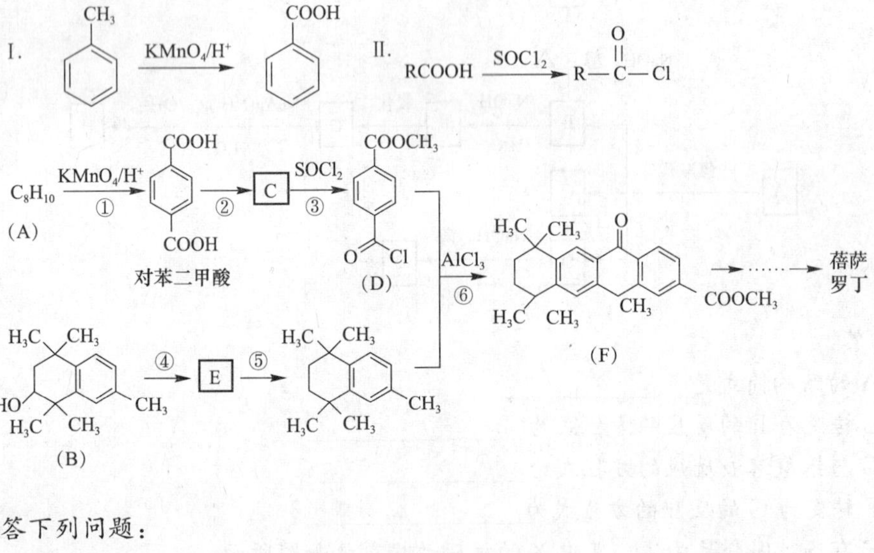

试回答下列问题：

(1)D 的分子式为＿＿＿＿＿＿＿＿。

(2)原料 A 的结构简式为＿＿＿＿＿＿＿＿。

(3)反应①、④、⑥所属的反应类型分别为＿＿＿＿、＿＿＿＿、＿＿＿＿。

(4)反应②、⑤的化学方程式分别为＿＿＿＿、＿＿＿＿。

(5)对苯二甲酸有多种同分异构体，写出符合以下条件的任意一种的结构简式。

①苯环上有三个取代基；②能与 $NaHCO_3$ 溶液发生反应；③能发生银镜反应。

✳ 案例分析

上述编写的试卷是人教版高中化学《选修5 有机化学基础》前三章的测试卷。以《普通高中化学课程标准(实验)》和《普通高等学校招生全国统一考试北京卷考试说明——理科(化学部分)》为标准，考查学生相关的每一个知识点，既有基础知识(基本概念和原理)的测试，也有综合应用的测试。在双向细目表中对每道题划定了能力层级，阐述了命题意图并预测了难度系数，在选定的31道成题中结合学生的实际情况，将11道题进行了有针对性的改编，考前预测平均分为65～68分，测试结束的实际平均分65.8分，完全符合既定标准，应该是一份设计比较理想的试卷。此试卷具有以下特点：

第一，立足基础知识。综观全卷，几乎每一处都是以基础知识为中心，如：有机物命名、物质分离与提纯、基本化学方程式的正误判断、有机物分子式的确定、基本物理性质、同分异构体、常见有机物的鉴别、有机化学反应类型、有机物的除杂、各类有机物的代表物的特性等。赋予习题丰富、鲜活的情境是这份试卷的一个亮点，这样一方面可以引起学生学习的兴趣；另一方面，可以使抽象的知识立体化，减轻做题过程中的产生的枯燥、厌烦的情绪，有利于学生在阅读材料时准确提取相关信息，并对知识进行梳理总结，达到巩固消化所学知识的目的。

第二，思维容量适当。此份试卷的设计难度适中，同时也很注重深度和广度，特别重视培养学生获取与加工信息的能力，如，第21～25、31题均是在一个设定的情境中给学生信息，所考查的内容则完全是基础知识点，这就要求学生必须会接收、吸收并整合有关的化学信息，提炼出重点并准确作答，这也正是考试说明中对化学学习能力的要求之一。考查形式多样是这份试卷的又一个亮点，包括表格类、实验装置类、物质转化类、图形类、文字叙述类等，这有利于从化学视角利用科学的分析方法、解决问题的思维能力等方面的培养和测试。第29题涉及的物质较多，不同物质的性质及物质间的反应也较多，需要学生按照一定的逻辑细致地思考才能正确完成。

第三，能力考查多样。平时的课堂检测题和作业主要是复习巩固类习题，有一定的局限性，学段或者模块测试则综合性相对较强，所设计的测试题可以从多角度进行考查，特别是一些重点知识，甚至可以重复考查。本套试卷的编制层次适当、梯度合理，每道题目的设置均在确定的情境下，既给学生一定的自由思考空间，也要求学生严谨地分析，运用所学知识解决(解答)对应的化学问题，这样有利于培养和考查学生的发散思维和科学探究的能力。

问题聚焦

（一）讨论本案例中对综合测试卷的分析值得我们学习的方面。

1.

2.

3.

4.

（二）本案例对综合测试卷的分析给我们什么启示？

1.

2.

3.

4.

四、能力训练

（一）案例分析训练

案例描述

案例9-9　人教版高中《化学1（必修）》第三章第二节"几种重要的金属化合物"（第3课时）——铁的重要化合物的学习目标

【知识与技能】

1.通过对铁元素的价态分析，学生能够说出 Fe^{2+} 既具有氧化性，又具有还原性；Fe^{3+} 具有氧化性。

2.通过实验，学生能够设计实验完成 Fe^{3+} 到 Fe^{2+} 的转化，以及 Fe^{3+} 的检验。

3.通过运用分类的方法，学生能够说出氢氧化亚铁和氢氧化铁的制备方法。

【过程与方法】通过二维图的运用，学生能够学会研究物质性质的一般方法。

【情感态度与价值观】通过铁的几种化合物的学习，培养学习综合分析的能力，掌握元素化合物的基本学习方法。

【重点】Fe^{2+} 和 Fe^{3+} 氧化还原性质的分析；氢氧化亚铁的制备；研究元素化合物的一般方法。

【难点】常见氧化剂、还原剂的判断；氧化产物和还原产物的判断。

【课堂检测题】思考：实验室能否用一些生锈的铁钉和适量稀盐酸制取 $FeCl_2$ 溶液？

（案例提供：对外经济贸易大学附属中学李满）

案例研讨

回答下列问题：

1. 您认为本节课的学习目标与所编制的课堂检测题是否对应？

2. 您认为上面的课堂检测题应如何加以改进？

3. 请依据您对本节学习目标及教学内容的理解，尝试重新设计课堂检测题。

（二）自主设计训练

请初中教师以人教版义务教育初三化学上册第五单元化学方程式课题1质量守恒定律为内容，根据相关的化学课程标准和学生的学习情况，设计学习目标并编制课堂检测题。

请高中教师以人教版高中《化学 2（必修）》中的第一章第三节化学键第 1 课时或第 2 课时为内容，根据相关的学业评价标准和学生的学习情况，设计学习目标并编制课堂检测题。

小组讨论：

1. 组内老师所设计的学习目标是否合理地运用了目标动词？是否符合相关的化学课程标准？

2. 组内老师所编制的课堂检测题是否合理？

3. 讨论过程中有哪些值得大家借鉴的建议？

五、考核反思

（一）自我检测

审读自己已有的一份综合测试题（卷），按照案例 9-8 的标准，根据相关的化学课程标准和学生的实际情况重新进行编写。

（二）创新设计

1. 选取自己最成功的一节课（公开课或示范课等），将学习目标及课堂检测题中的精彩部分与组内教师分享。

2. 通过本次培训，您觉得是否找到了可以提升的方面，与大家分享。

六、参考文献

[1] 沈南山. 学业评价标准研究：内涵、范式与策略[J]. 课程·教材·教法，2011 (11).

[2] 崔允漷，等. 试论基于课程标准的学生学业成就评价[J]. 课程·教材·教法，2007(1).

[3] 刘晶晶. 澳大利亚基础教育国家学业质量标准述评[J]. 教育科学，2014(6).

[4] 胡久华. 促进学生认识发展的化学[J]. 化学教育，2010.

[5] 刘冰. 新课程背景下人教版高中化学同步习题编制研究[D]. 首都师范大学，2011.

[6] 仇国苏. 新课程标准下化学试题编写的思考[J]. 化学教学，2004(7-8).

[7] 周改英. 新课程化学高考试题的命制要求与测量功能[J]. 实验教学与仪器，2012 (3).

[8] 朱吉杰，等.《中学化学学业评价标准》的制定与应用方法研究[J]. 化学教学，2012 (8).

专题十　有效利用评价结果

培训目标

1. 理解不同层次教师有效利用评价结果能力达标的检核标准。

2. 掌握有效利用评价结果的内容和常用方法，领悟有效利用评价结果提升学生学习效果的重要意义。

3. 通过案例设计、研讨与反思，把握有效利用评价结果的一般思路和方法，提高有效利用评价结果的能力。

一、问题的提出

案例描述

案例10-1　人教版高中化学新教材化学2(必修)第二章第二节"化学能与电能"教学反馈环节实录

老师：刚才我们学习了原电池的工作原理，接下来通过几道题来检测学习的效果。

（学生完成学案中的习题，教师走下讲台观察学生做题情况，几分钟后问几位同学答案。）

老师：从同学们回答问题的情况来看，对于原电池的原理，绝大多数同学已经基本掌握了，个别同学还需要在正确理解概念的基础上区分正负极，掌握电极反应书写方法，理解电子移动方向和电流方向等知识。

案例研讨

1. 您认为本案例中该教师是否做到了有效利用评价结果？

_____

_____

2. 您认为该教师对评价结果的利用会获得怎样的教学效果？

_____

_____

3. 您认为该如何利用本案例中的评价结果？

_____

_____

问题聚焦

1. 您认为"有效利用评价结果"的含义是什么？

_____

_____

2. 您认为怎样才能做到有效利用评价结果？

_____

_____

3. 请评价该教师利用评价结果的能力水平，并提供判断依据。

_____

_____

二、能力解读

内涵揭示

课程评价的结果，不仅用于甄别和选拔，更重要的，是用于改善、促进学生的学习和教师的教学。"评价不仅要关注学生的学业成绩，而且要发现和发展学生多方面的潜能，了解学生发展中的需求，帮助学生认识自我，建立自信。发挥评价的教育功能，促进学生在原有水平上的发展。"（《基础教育课程改革纲要（试行）》）

对学生学业情况的评价结果是在正确理解学科评价标准、科学选择评价方法的基础上对学生学业情况得出的结果判断。有效利用评价结果可以理解为通过对评价结果的掌握，能够客观、全面地了解学生的学业发展情况，把握其优势和不足，从而积极肯定学生的学业成绩，并进一步指导其有待完善、提高的发展方向。《标准》中关于利用评价结果的要点阐述，兼顾了教师面对学生整体（普遍）问题和学生个体（特殊）问题所采取的具有针对性、差异性的教学策略。

标准解读

《北京市朝阳区教师教学基本能力检核标准》中"有效利用评价结果"能力的检核标准如下：

维度	关键表现领域	能力要点	合格	良好	优秀
教学评价能力	学生学业评价能力	有效利用评价结果	1. 能够选择恰当的方法及时解决课堂练习和作业中出现的问题； 2. 能够针对学生的知识漏洞及时对学生进行个别辅导。	1. 能够根据课堂练习和作业中出现的问题调整教学进度和教学方法； 2. 能够根据学生需求为不同学生提供不同的学业指导。	1. 能够根据学生的情绪、情感、思维状态及时调整教学进度与策略； 2. 能够根据评价结果为学生提供具有挑战性的学习任务。

（一）合格水平

本标准对合格教师的能力要求是：能够选择恰当的方法及时解决课堂练习和作业中出现的问题；能够针对学生的知识漏洞及时对学生进行个别辅导。

"选择恰当的方法"，要求教师掌握更多的可供选择的方法，如教师批改、讲评、个别辅导，学生自评、互评、成长记录、家长参评等。

要求教师对学生的日常练习和作业中出现的问题进行有效分析，实事求是地描述学生学习的进步和不足，提出恰当的建议。

要求教师以鼓励、表扬为主，多采用激励性的评语，尽量从正面加以引导。防止唯一用分数评价学生的负面效应，防止为了刺激学生进步而刺伤学生自尊的消极结果。

以往的一些做法，如单纯给学生按分数高低张榜名次、安排座次以警示学生、留大量的重复性作业惩罚学生等，都不是"恰当的方法"。

案例 10-2 人教版初中化学新教材九年级上册第五单元质量守恒定律第 3 课时利用化学方程式的简单计算教学反馈环节实录

老师：刚才我们学习了简单计算的几个步骤，接下来通过几道题来检测学习的效果。

（学生完成学案中练习 1 的内容，教师走下讲台观察学生做题情况，并让其中一位学生在黑板上书写他的步骤。）

解：(1)设未知量； (2)写出反应的化学方程式并配平； (3)写出相关物质的相对分子质量和已知量、未知量 x (4)列出比例式，求解； (5)简明地写出答案：32 g 的硫粉完全燃烧可以生成 64 g 的二氧化硫。	设：32 g 的硫粉完全燃烧可以生成 x 克的二氧化硫。 $$S + O_2 \xrightarrow{\text{点燃}} SO_2$$ $$32 \quad 32 \quad 64$$ $$32 \quad\quad\quad x$$ $$\frac{32}{32\,g} = \frac{64}{x}$$ $$x = \frac{64 \times 32\,g}{32} = 64$$

老师：这位同学计算数据是正确的，且格式是按照"设写列比答"的步骤书写的，但依然问题重重，不是个例，比如设未知量环节，怎么叙述？（设 32 g 硫粉完全燃烧生成二氧化硫的质量为 x），对，这里边 x 代表的就是数字和单位。比如列相关量，这里出现什么问题？（硫粉对应的 32 应该有单位 g）对，化学计算题，一定要有单位，同理，求解时，$x =$

64 g 也是问题点。

老师：从同学们回答问题情况来看，对计算的相应步骤"设写列比答"已经基本掌握了，个别同学还需要记忆格式对应的语言叙述，加强运算能力。

老师：这是一个简单的不需要配平的方程式，下边我们来看练习二。

（案例提供：北京工业大学附属中学陈宇）

从这个教学案例中可以看出，教师通过审阅练习 1 中学生出现的格式问题，找到了学生的问题点，先对其根据化学式进行计算给予了肯定，再点拨其后续步骤，并且面向全班指出藏在步骤里的问题点。课堂教学中注重引导学生综合利用信息，完成了从知识到题目的迁移，鼓励做错的同学自己找出问题点，得出正确的答案。由此可以看出，老师运用恰当的方法及时解决了课堂练习中出现的问题。整个教学过程中，老师注重发挥学生的主体作用，找错环节是学生来完成的，充分考虑到学生可能的回答和反应，做出了相应的回答和调整，体现了能够针对学生的知识漏洞及时对学生进行个别辅导。但是教师并没有针对个别学生提供不同的学业指导，同时，在表扬不到位的情况下，就直接点明学生的错误，没有很好地注意到学生的情绪、情感。因此本案例是一个合格的案例。

（二）良好水平

本标准对良好教师的能力要求是：能够根据课堂练习和作业中出现的问题调整教学进度和教学方法；能够根据学生需求为不同学生提供不同的学业指导。

"调整教学进度和教学方法"，是对教师利用评价结果，改进教学提出的要求。要求教师将课程评价纳入教学过程，据此检验教师的教学成果，改善课程设计，调整教学进度，完善教学过程，从而有效地改进学生的学习、促进学生的发展。

"能够根据学生需求为不同学生提供不同的学业指导"，是对教师利用评价结果，有效指导学生提出的要求。这种指导，是建立在对学生的全面关怀基础之上的：既要关注学生的学习结果，更要关注学生的学习过程；既要关注学生的知识掌握程度，更要关注学生在学习过程中所表现出来的能力、情感态度与价值观。教师还应该承认学生的发展差异，充分考虑学生的不同起点和需求，具体分析每一个学生的问题和进步，促进其在原有水平上的提高和个性特长的发展。

案例 10-3　人教版初中化学教材初三化学复习课"混合体系中物质的检验"作业讲评教学案例

教师活动	学生活动	设计意图
环节一：作业反馈 【引入】上一节课我们学习了混合体系中物质检验的相关内容，同学们课后完成的作业中反映了一些问题，今天我们通过对作业的讲评，进一步去理解相关知识。 　PPT展示四道题的学生完成情况，包括四道题的正确率及每道题比较有代表性的错误。 【提问】同学们看了班级整体作业情况，思考一下每道题的错误原因，如何改进？	倾听，观看PPT，了解作业中的问题。	明确本节课学习目标。

续表

教师活动	学生活动	设计意图
【提问】根据学案，讨论交流在设计混合体系中物质检验的实验方案时要注意哪些问题。 【讨论交流】 1. Na_2CO_3 和 $Ca(OH)_2$ 反应后所得溶质的组成是什么？为什么不需要检验氢氧化钠？ 2. 经过实验发现溶质组成为 $NaOH$ 和 Na_2CO_3，为什么不能向溶液中滴加酚酞，利用溶液颜色变化来证明 $NaOH$ 的存在？ 3. 在证明 $NaOH$ 的存在时，若要除去 Na_2CO_3，应该选择的试剂是 $CaCl_2$ 溶液，为什么不选择稀盐酸、氢氧化钙溶液？ 4. 选择 $CaCl_2$ 溶液为何是足量的？	【讨论，交流】小组合作，讨论并完成学案，归纳注意的问题。	及时解决作业中的问题。
【提问】在设计方案时，问题1~4对学生的启发有哪些？ 【板书】明确目的——选择试剂(用量、独特现象、避免干扰)——实验设计	【回答】小组代表回答： 1. 明确目的 2. 注意用量 3. 避免干扰 4. 不引入新干扰	通过总结归纳，得出实验设计中要考虑的问题，为实验方案设计做指导。
环节二：实验探究 【演示】往充满 CO_2 的软塑料瓶中加入足量 $NaOH$ 溶液，制造一个混合体系。 【提问】在这个混合体系中，如何探究反应后所得溶液中的溶质成分。 【布置任务】小组讨论，设计合理的实验方案。 【强调】小组内每个成员要分工明确，讨论结束后要进行组间交流，之后进行小组实验方案设计结果展示。 【小结】实验方案设计的基本步骤：目的、试剂、实验设计内容。 【巡视】及时观察实验的进展情况，并提出必要的建议和问题。 【提问】对实验中出现的问题进行分析，共同思考。	【观看，回忆】 【思考，回答】 【小组讨论】设计实验方案 【展示】展示每组的实验设计方案 【倾听，完善实验方案】 【分组实验】 【汇报成果】 【思考，回答】	从熟悉的实验入手，有意识地培养学生提出问题、解决问题的能力，体验实验探究的整个过程。 充分感受化学实验的严谨性，再次强化实验方案设计中要注意的问题。 培养学生的动手能力、小组合作能力，学生能初步意识到反思总结的重要性。
环节三：联系实际 【展示】鸡蛋壳、干燥剂生石灰图片。 【布置任务】课下自行查阅资料，利用家中物品，设计实验方案，完成主要成分的检验。	【观看，思考】	学以致用，联系实际，感受化学实验并不神秘。

续表

教师活动	学生活动	设计意图
环节四：总结归纳 【提问】通过今天的学习，你在知识、方法或者其他方面有哪些收获？ 【总结】今天主要学习的是混合体系中单一物质的检验。有时也需要检验多种物质，多种物质检验的基本原理是一样的，但也有要注意的问题，在后面学习中会继续介绍。	【思考，回答】	及时回顾、总结，加深对知识的掌握，并对以后进一步的学习充满期待。

（案例提供：北京市第七十一中学张晶）

　　从这个教学案例我们看到，这位老师能够根据学生的作业完成情况，适时调整教学进度。老师没有就学生的问题直接展开进行问题解决，而是通过展示典型错误组织学生进行思考与讨论，总结自己的问题，并进一步提出更深层次的问题，引导学生思考，从而加深学生对该部分知识的理解。在设计实验方案过程中，先组织学生进行有效的组内讨论及组间交流，小组展示后再开始实验。小组合作学习的方式让学生之间互助，起到了很好的效果、不同小组间的交流也是基于不同思路的相互补充，利用小组讨论的学习模式，让不同的学生在学习中都能有不同的收获；而学生在设计方案后进行真实的实验操作，更能激发学生的学习兴趣，调动学生内在的学习动力。

　　虽然本案例能够适时地调整教学进度和教学方法，并利用小组合作的方式让不同的学生都有所收获，但是案例中并没有为学生提供具有挑战性的学习任务，且实验方案的设计对程度较弱的学生来说相对较难，老师没有提供适时的情感激励，因此本案例属于良好水平。

（三）优秀水平

　　本标准对优秀教师的能力要求是：能够根据学生的情绪、情感、思维状态及时调整教学进度与策略；能够根据评价结果为学生提供具有挑战性的学习任务。

　　关注"根据学生的情绪、情感、思维状态及时调整教学进度与策略"，基于"以人为本"的教育精神，体现学生学习的主体地位。要求教师能够根据学生情况，及时调整教学进度与策略，防止学生因跟不上进度、畏惧学习而掉队。特别是能够积极地利用评价结果，对不同学生提出不同的要求和期待，挖掘每一个学生的发展潜能，爱护每一个学生的自尊，激发每一个学生的上进心，鼓励学生从评价结果中找到自己的亮点，引导学生积极主动地发现问题、改进学习。防止学生因产生抵触情绪、厌倦学习而掉队。

案例 10-4　人教版高中化学新教材选修 4 第四章电化学基础单元测验讲评课实录

　　老师：本节课对电化学基础单元测验进行讲评。

　　（PPT 展示各题得分率。）

　　老师：从得分率我们看到，同学们基础知识掌握较好，偏向于分析问题、解决问题能力的题得分相对较低，而这部分正是高考重点考查的内容。近几年北京市高考考试说明中强化对化学思想方法的考查，特别是能力的考查，这部分知识能够对应分析和解决（解答）化学问题能力，高考重现率高达 100%，需要我们重点关注。

学生：（倾听、思考、了解电化学知识的重要性。）

老师：为了更好地掌握此类问题的解决方式，让我们在今后的学习中碰到此类问题能够轻松解决，这节课我们共同构建电化学相关的问题解决模型。

老师：请同学们拿出笔记本画出铜锌硫酸原电池和电解氯化钠溶液的电解池装置，分别分析两种装置的工作原理。

学生：（在笔记本上画出两种装置，标出电极（正负极、阴阳极），写出相应电极反应及总反应方程式，画出电子、离子移动方向。）

老师：（走下讲台，观看学生完成情况，对个别同学进行指导，挑选优秀的作品实物投影展示，让学生相互评价。）

学生：（很快完成任务，个别学生出现问题，在教师指导下完成。相互评价，改进完善。）

老师：同学们对电化学基础部分掌握得很好，如何构建电化学分析解决问题的模型呢？同学们可以小组讨论，结合试卷中的某一题构建问题解决模型。

（学生分组，结合试卷中的一题展开讨论。）

（老师走进某些组与同学一起讨论，提供思路帮助学生一起构建问题解决模型。）

老师：刚才同学们能够结合已有的知识与试卷中的问题展开讨论，构建了问题解决模型。各组思路各有不同，均有不同的亮点，哪些小组可以将你们的问题解决模型展示出来，分享你们的思路，让同学们能够更好地改进和完善呢？

学生：（展示各种各样的模型，热烈讨论，各抒己见。）

老师：同学们讨论得非常积极，那我们再延长一些时间，利用这段时间，根据其他组的建议修改，最后选出优秀的模型。

老师：刚才几组同学展示了你们的问题解决模型，各有侧重，如果能把你们的模型综合起来，将会是一个特别完整的问题解决模型。我在课前也准备了一个模型，分享给大家。

（投影展示学生的优秀模型）

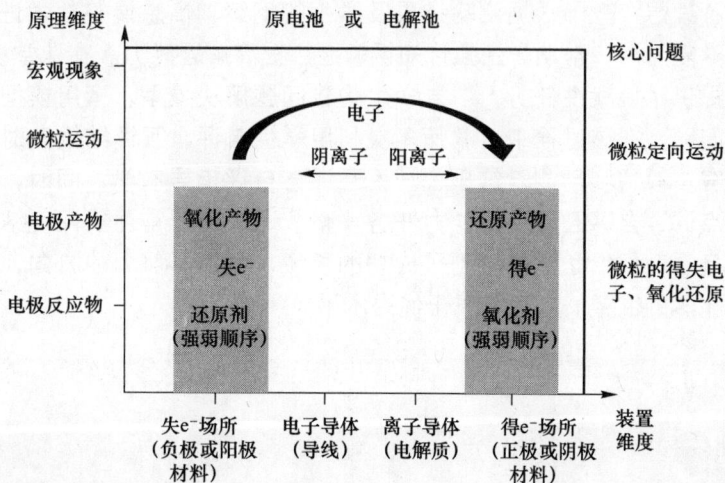

老师：接下来我们根据这个模型来解决本次考试的一个问题，同学们觉得哪一道题需要老师来解决呢？

学生：二卷最后一题。

（老师结合问题解决模型带领同学们一起分析，学生根据模型共同合作，并讲解完成最后一题。）

老师：同学们，在讲解这一题时，你觉得我们共同设计的模型如何？

学生：（评价模型。）

老师：同学们认为还有要修改的地方吗？如果有，请试着修改。（教师指导修改。）

学生：（组内讨论，根据老师意见修改完善已有模型。）

老师：同学们真的会了吗？再来一题试试我们是否真的掌握了。

（PPT展示一道题，学生做题，老师巡视观察学生做题情况，对部分同学进行点拨，根据学生整体做题情况进行点评。）

老师：本节课我们重点解决了电化学难题，同学们本节课有什么收获？

（学生回答，老师点评。）

老师：我们看到，只有将所学知识进行系统化整理，才能形成一个较为完整的知识网络。在做题过程中，将实际问题分解，运用相关知识，采用分析与综合、比较与论证、归纳与演绎的方法，来解决实际问题。也通过问题的解决，实现解决问题能力的提升。同时，同学们课后要运用自己所构建的问题解决模型，将试卷中尚未解决的问题逐一解决，下节课会以其他的变式来考查同学们是否完成了相应的作业。

（案例提供：北京市第十七中学刘丹）

案例分析

电化学部分是高中化学学习的重点和难点。北京卷考试说明中对原电池和电解池的工作原理，以及正确书写电极反应和总反应方程式的要求为Ⅱ级，属于理解要求，近几年高考中这方面的考查重复率高达100%。案例中学生电化学测验成绩不理想，教师根据测验结果及学生的情绪、情感调整教学进度，设计一堂电化学复习课，帮助学生强化知识掌握、提高解题能力。在课堂教学中，教师给学生提供了挑战性任务，引导学生构建问题解决模型，运用模型解决测验中遇到的问题。在该过程中，教师多次利用学生自评、互评结果及时调整教学流程和内容。教师利用测验结果、学生互评与自评指导教学；同时，学生能够根据教师点评、自评互评完成能力任务。整节课教师非常注重评价结果的有效利用，并且在过程中学生体验到了成功的喜悦，找到了努力的方向，激发起更好地学习化学的欲望。本案例属于优秀水平。

方法导引

（一）评价手段

教学的重心是“学”。学生个体或群体参与课堂学习后，和课堂学习之前相比，在知识与技能上表现出进步，达到了预设的合理目标。要体现学生学习达到了预设的合理目标，需要课堂上及时检测（形成性与诊断性评测），通过检查教师教的效果及学生学的效果。作业是教学活动的重要组成部分和自然延续，它既是教学反馈的基本手段，又是学生最基本的独立学习活动。做作业的目的是巩固课堂知识，积累学习经验，培养思考能力。在课程教学或教学单元结束时，要关注学生在多大程度上获得了教学的预期成果，了解学生究竟掌握了哪些知识，还存在什么欠缺，需要设置相应总结性测试（单元测试、期中期末考试等）。无论是课堂检测、作业还是各种测试，其结果都是对学生学习效果的评价，教师能够有效利用评价结果，适时调整教学进度，改进教学策略，面向全体稳步推进教学流程，同时又做到针对性地辅导，实现学生深度学习。

为了更好地开展教学，教师应该根据课程标准和考试说明制订详细的教学双向细目表。该双向细目表涵盖本学段所有知识点，从宏观到微观为整体双向细目表、学年双向细目表、学期双向细目表、单元双向细目表及每一节课的双向细目表。围绕双向细目表展开教学，设置相应的检测，通过检测评价学生学习结果，重构教学。

1. 课堂检测

检验一节课教学目标是否达成的普遍方法是老师根据预设的教学目标中知识与技能目标对应的双向细目表设置相应的检测题，教学内容完成后，学生立即动手完成相应的检测题，老师通过观察、询问等方式了解学生答题情况，判断本节课目标是否完成，进而重构教学过程，流程如图所示。

完成教学任务 ⟹ 课堂检测 ⟹ 评价 ⟹ 重构教学

教师在备课时要准备好充足的教学资源。课堂教学中对教学情况进行检测时，可以借助现代化信息手段，以便及时统计学生答题情况，课堂教学中能够与学生有效互动，了解学生出现问题原因，从而能够迅速做出判断，为重构教学奠定扎实基础。

2. 作业

作业是学生构建知识的一个重要环节。中小学生的大多数作业的功效是使学生实现知识的积累，摄入、加工、再认、再现知识，加深对知识的理解，编织网络结构，促使程序性知识的内化，学会使用策略性知识。化学作业作为化学教与学的交叉点，是学生巩固知识、发展思维、培养能力、陶冶情操的重要实践活动之一，是教师用来检查、了解教学效果的重要手段，是驾驭和调控教学活动的一种重要途径。因此，教师首先要根据双向细目表制订好高质量的作业，确保学生在完成作业过程中，既能实现作业应有的作用，同时也能反馈正确的评价结果——学生学习状况，为教师重构教学、促进学生查漏补缺、完善学习内容奠定基础。

（1）作业开发与设计

作业设计是作业发挥有效作用的先决条件和重要基础，教师应该以新课程改革所倡导的理念为指导，紧密结合学校实际和学生需求，设计出学生感兴趣、内容丰富且形式多样的作业。

①作业内容生活化。作业设计要贴近生活现实，让学生创造性地应用所学知识、技能解决实际问题，让他们感觉到作业不是为了考试，而是能为生活服务的。例如，在学习酸

的通性后，可以让学生思考：为什么把一只新鲜的鸡蛋放入水中，鸡蛋会沉入水底，而加入浓盐酸(在家中做实验时，可用洁厕灵)后，鸡蛋会出现上下浮沉现象？又如，可在课堂上开办"厨房中的化学"专题，和同学一起讨论发生在厨房的化学反应，学会知识的同时，也了解了一些生活常识。煎鱼时，为什么加点酒和醋会使味道更香？在家里做饭时，如何调节煤气的进气量和空气的进气量？在炒菜时，为什么要用猛火炒，即食即炒呢？再如，在学习物质的燃烧之前，可以给学生布置这样一道预习性作业：在充满神奇变化的物质世界里，燃烧是经常接触到的一种化学变化，它与我们的生活密切相关，我们天天和燃烧打交道。①当你帮妈妈生了一次煤炉的炉火后，你的体验是什么？②燃烧在什么条件下发生？③燃烧的利与弊有哪些？怎样灭火？④你能帮老师设计实验来证明燃烧的条件吗？

以上几个例子，虽然是不同类型的作业，但都从生活出发，与学生的现有经验联系，解决生活中的化学问题，把作业置于广阔的生活环境中，容易被学生接受，能很好地调动学生学习化学的积极性。

②作业形式多样化。新课程向学生生活及社会生活等广阔的时空开放，使学生的作业天地更为广阔，学生的作业应由"可预见的、早已生成的、封闭型的"学科作业，走向"师生共同构建、以创新课程产生的新知识为基础的、开放型的"作业。在兼顾新课程教学理念与教学条件的实际情况下，教师应改变传统教学中单一性的书面作业模式，设计形式多样、开放性的作业，有利于提高学生学习化学的兴趣，培养学生的科学素养。

③因材施教，体现层次性。"为了每一位学生的发展"是新课程的核心理念。新课标承认学生差异，力求满足不同学生学习的需要，因而作业也应因人而异。如对多层次的学生设置难易程度、数量、内容、形式等不同的作业，开办"作业超市"，分为"A"(基础题)、"B"(提高题)和"C"(综合题)，让学生自主选择，分层完成。对大部分学生，要求完成习题"A"(基础题)，而对掌握得较好的学生，可免做或少做已会的基础题，鼓励他们做"B"(提高题)或"C"(综合题)，这样能让基础差的学生"吃到"，好的学生"吃饱"，以促使全体学生共同提高。

(2)批改作业要求

①作业坚持"有做必收、有收必改、有改必讲、有错必纠"，作业必须及时批改，一般情况下，作文必须在下次作文课前批好发给学生，其他作业应在交来后两天内批好，数学、英语作业必须在当天批改好，不得拖拉。

②教师要严格检查学生的作业，对无故缺作业的要补做，抄袭、马虎的要重做。

③教师一律用红笔批改学生的作业，逐题逐项评判，批改字迹工整，文字细致准确，明确指出学生错误，批改符号要清楚、明白、规范。

④所有作业评价按"A、B、C、D"四等划分，适当时候可以写些简单评语，评语要多鼓励，多表扬，多引导，应遵循多激励的原则。

⑤教师都应备有"作业批改记录"，认真记载学生作业中的情况，对作业情况及时评价。

⑥培养学生及时订正的习惯，学生做错的作业，教师应在指明其错误后要求学生订正，订正后再批改，对学生作业中普遍存在的问题，教师应及时讲评。

教师除了人工判作业外，还可以借助信息技术进行在线评价。在互联网＋形势下，学校的信息化建设已经到了一个很高的水平，教师可以将作业发布在"在线测试"平台，学生可以网上完成作业，对于客观题部分，计算机帮助老师评判；对于主观题的作业，老师评判后也可以迅速统计，通过统计，教师迅速了解作业评价结果。在获取了正确的评价结果的基础上，教师认真分析问题产生的原因，找准问题所在，进而设计教学策略，通过课堂教学实施达成问题解决，帮助学生学业水平整体提升。

3. 形成性与诊断性评测

在教学项目推进过程中，主要关注的是学生的学习进度。教师必须回答以下问题：

①在哪些学习任务上学生的进展令人满意？在哪些任务上他们需要帮助？

②哪些学生有严重的学习困难，以至于需要补课？

在教学过程中，用来监测学生进展情况的测验称作形成性测验（formative tests）。形成性测验通常用于考查学生在多大程度上掌握了某个极小的教学部分——比如一个单元或者教科书的一章——的学习成果。这种测验类似于传统上使用的小测试或单元测验，但它更强调：①测量教学单元所有的预期学习成果；②把测验结果用于改进学习（而非评分）。其目的在于发现学生学习的成功和失败之处，进而在教学和学习上做出相应的调整。当大部分学生都在某个或某几个题目犯了错时，往往要对全班重新讲解相应内容；当只有少数学生学习有困难时，往往要针对每个学生的情况建议不同的学习方法。这些矫正性建议往往针对用来考查某个独立的学习任务的一道或几道题目，这样考完后学生可马上纠正其个别的学习误区。

当学生学习困难如此顽固，以至于形成性测评的矫正建议也无能为力时，就需要对学生的学习困难进行更彻底的调查。这里可使用断性评测（diagnostic assessment）。诊断性测评瞄准学生所犯错误的普遍原因，进而准确定位并补救学生的学习困难。

诊断学习困难是一个程度问题。形成性评测用来判断学生是否掌握了所教的学习任务，如果没有，则建议如何补救。诊断性评测用来对形成性评测未能解决的学习困难进行更深入的原因探查。当然，这不是说所有的学习困难都可以通过形成性评测和诊断性评测来解决。它们只是一些辅助方法，用来发现和诊断具体的学习困难，进而可采取适当的补救措施。可以用下图所示的模型来概括。

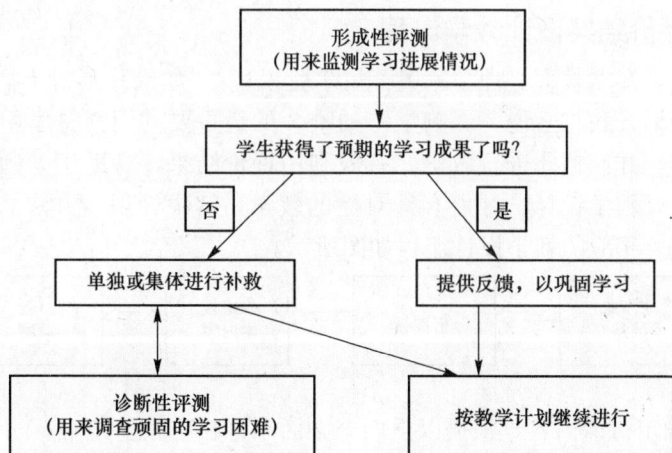

4. 总结性评测（教学结束）

在课程或教学单元结束时，主要关注学生在多大程度上获得了教学预期效果。教师需要回答以下问题：

①哪些学生较好地完成了学习任务，并且应该开始一门课或下一个教学单元？

②各个学生应该打多少分？

教学结束时，用以核准掌握程度或评分的成就评测称作总结性评测（summative assessment）。这种评测通常全面考查教学内容，既用测验，也用表现测评。虽然结果主要用于评分，但应该给学生一些反馈，还应该把测验结果用于评价教学的有效性。总结性评测模型如图所示。

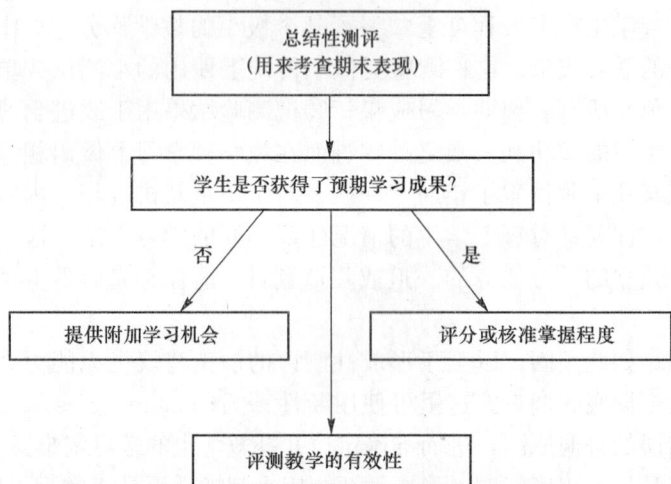

综上所述，教师要有效制订双向细目表，通过课堂教学、作业、形成性评测、诊断性评测及总结性测评等手段，借助于统计工具，获取学生学习情况的评价结果，重构教学，积极有效地帮助学生调整情绪及思维状态，提供不同的有针对性的学业指导，更要为学生提供具有挑战性的学习任务，实现学业水平提升及综合素养的培养。

（二）根据评价结果设计教学流程

美国当代著名认知派教育心理学家奥苏贝尔曾说过："如果我不得不把全部教育心理学还原为一条原理的话，我将会说，影响学习的唯一的最重要的因素是学习者已经知道了什么，要探明这一点，并应据此进行教学。"有效利用评价结果，有助于老师了解学生知识掌握情况，并据此展开教学设计，开展有针对性的教学，解决知识、方法的漏洞，全面提升学生学业发展水平。相应的教学设计流程如图所示。

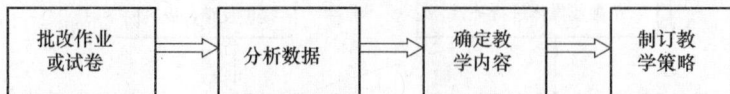

1. 按照流程确定讲课内容，根据以下四个方面制订相应教学策略

（1）作业、试卷分析见真功　详略取舍要分明

学生在解题中出现错误是正常的，解决问题的关键是对学生答题情况做全面、深入的

分析，分清哪些是典型的错误，哪些是一般的错误；哪些是必然的，哪些是偶然的；是知识性问题，还是能力不够，这样才能知道哪些应当详细讲解，哪些应略做说明，哪些可以不讲。哪些要在课上加以解决，哪些可以课下个别解决，彻底地解决一个题目比泛泛地讲解几个题目有效得多。

（2）错解展示如明镜　查找错因辨析清

展示错误解答，分析错误形成原因，让学生知道为什么错。是知识理解不透，还是方法运用不对；是运算能力不强，还是审题不慎。不仅要让学生知道怎样做才对，还要让学生明白为什么会错，在辨析与批判的过程中形成的正确认识才是充分的、可靠的。

（3）正确思路来引领　对应巩固再求精

在剖析错因之后，要帮助学生寻求解题的正确思路，从而找到解决问题的正确方法。讲解后针对此类问题进行适当的巩固练习是必要的，这样才能及时反馈信息。同时，加强学生对知识的理解和方法的掌握。学生理解题目的解答和能够解题完全不是一回事，一味地讲而不加强练习，则学生缺少实践的机会，其独立解题能力不可能得到真正的提高。

（4）挖掘内涵出新意　探究拓展收获丰

很多经典的题目背景深刻，解法灵活，变化繁多，是思维训练的良好素材。对这样的题目进行深入的剖析、挖掘、变式、拓展，不仅能加深学生对原有问题的理解，更重要的是，学生通过变式探究，学会通过类比或归纳提出新问题，发现新结论，继而解决新问题，证明新结论。

2. 有效利用评价结果还要注意发挥学生心理效应

课堂教学中，教师要注重调动学生非智力因素。巧妙利用各种适宜的心理效应，就有可能唤起学生的思维兴奋，激发学生内在学习动机，从而发挥学生主体性，使课堂教学由"低效"走向"高效"，实现有效利用评价结果促进学生学业全面发展。

（1）鲶鱼效应：提高参与度

从前，充氧设备不发达，长途贩运的鱼苗常常大量死亡，鱼贩损失惨重。后来有人在槽中放入几条鲶鱼，为了避免被鲶鱼吞噬，所有的鱼苗都本能地快速游动，这样，它们就能最大限度地吸取氧气，死亡率反而大大降低。这种现象被人们称为"鲶鱼效应"。

因为课时的关系，很多时候教师在作业或试卷讲评课中大包大揽、一讲到底。这样一来，课堂上学生就会出现两种情况：一种是部分学生会因为抵挡不住长时间单调刺激产生的心理疲倦而昏昏欲睡，甚至变成了只会记录答案的"机器"；另一种是因为全部是教师在讲，学生不用动脑，没有"危险"，所以"身在曹营心在汉"，小差都不知道开到哪里去了。因此，在讲评课中，教师应该给学生创造一种适度的紧张感，刺激学生思维兴奋，变"被动学习"为"主动学习"，提高学生课堂参与度，从而达到最佳学习效果。实际教学中可采取以下方式：

①"双讲"结合。"双讲"指的是教师讲与学生讲相结合。

②讲问结合。即教师讲解题目时适当穿插提问。问题可以是在现有知识基础上的联系和拓展。

③讲评结合。即教师通过呈现个别学生答案，让多个学生来评价答案，又让多个学生来评价学生的评价，最后教师评价并分析解题思路。

在"鲶鱼"（教师）的刺激下，一部分"小鱼"（学生）因担心被老师叫到而变得紧张起来，一部分"小鱼"(学生)因担心失去表现自己的机会也变得活跃起来,课堂气氛相当活跃,学生的参与度高,效果非常好。

(2)禁果效应:激发求知欲

在古希腊神话故事中,有位叫潘多拉的姑娘从万神之神宙斯那里得到了一个神秘的小匣子,宙斯严令禁止她打开,这激发了姑娘的猎奇和冒险心理。一种急欲探求盒子秘密的心理,终于使她将它打开,于是灾祸由此飞出,充满人间。潘多拉姑娘的心理正应验了一句俄罗斯谚语:"禁果格外甜。"也就是所谓的禁果效应。

作业或者试卷中有两种错误比较常见:一是课本知识不熟悉,不能把知识与题目建立联系;二是审题不清,往往忽略掉一些关键的题目要求。这两种错误直接点出来都很简单,学生理解得也很快,但是下一次再犯同样错误的可能性也很大,只有让他们自己找出症结所在,才能从根本上解决问题。这种情况下,教师就可以利用"禁果效应"把学生的注意力吸引至症结所在,欲擒故纵,刺激学生自己去寻求解答。通过这样的方法,学生对该知识点及类似题目的审题方法都有了更牢固的掌握,可谓一举两得。无法知晓的事物,比能接触到的事物对学生有更大的诱惑力。学习动机的重要来源之一是好奇心,好奇心往往同时与好胜心结合在一起,由实例可见,能激发学生的好奇心和好胜心是实现高效学习的重要途径。

(3)罗森塔尔效应:激励自信心

1968年,美国著名心理学家罗森塔尔和助手们来到一所学校,之后,以赞许的口吻将一份"最有发展前途者"的名单交给了校长和相关教师。8个月后,凡被列入名单的学生,各方面进步明显。人们把这种由他人(特别是像老师和家长这样的"权威他人")的期望和热爱,而使人们的行为发生与期望趋于一致的变化的情况,称为"罗森塔尔效应"。这个效应给我们的启示是:赞美、信任和期待具有一种能量,它能改变人的行为,当一个人获得另一个人的信任、赞美时,他便感觉获得了社会支持,从而增强了自我价值,变得自信、自尊,获得一种积极向上的动力,并尽力达到对方的期待,以避免对方失望,从而维持这种社会支持的连续性。这就要求教师在传授知识的同时,也要不断传递给学生积极的期待。鼓励性评价是培养和保护学生创新思维的条件。只有在宽松、愉悦、不断获得鼓励的环境中,学生的思维才会变得活跃,也才会愿意甚至乐于参与到课堂中来。

总之,教师能够正确理解和把握各种心理效应,并能把它灵活运用到课堂实践中,对激发学生学习兴趣,提高学生求知欲,开发学生潜能有着重要的意义,不失为作业讲评课或试卷讲评课由"低效"走向"高效"的好方法。

案例10-5　人教版高中化学新教材选修4第二章第三节"化学平衡"作业讲评教学案例

教师活动	学生活动	设计意图
【引入】上一节课我们学习了化学平衡概念相关知识,从同学们课后完成的作业中发现,同学们对于相关概念掌握得还可以,但是平衡状态建立、判断平衡等还存在一些问题。今天我们通过对作业的讲评进一步去理解相关知识。PPT展示作业完成情况,特别是每一题学生的正答率。	倾听,观看PPT,了解作业中的问题。	明确本节课学习目标。

续表

教师活动	学生活动	设计意图
【提问】同学们看了班级整体作业情况，思考：我们已经掌握了哪些知识？什么地方还存在问题？我们能否一起真正解决问题，从而实现对知识的全部掌握？	学生思考、讨论，回答。	认识产生问题的原因，寻找改进方法。
【引导】通过同学们自我分析，我们认识到夯实基础知识，将相关知识编织成网在化学学习中的重要性。现在每位同学将与化学平衡相关基础知识绘制成一张图，然后小组讨论，最后挑选小组中你们认为是最好的，展示给全班同学。	同学们认真阅读教材，将相关知识整理，画出知识网络图。组内交流，说出这种构建的方法。小组代表班级展示。	自主构建知识网络，更好地形成系统性知识。
【点评】对各小组展示的知识网络图进行点评，并展示老师自己绘制的网络图，相互对比，帮助同学完善自己构建的网络图。	在学生倾听的基础上，修改、完善自己的网络图。	进一步夯实知识之间的关联。
【讨论】接下来对照网络图自己改错，改不了的可以讨论。	根据自己完善的知识网络图，对照自己的作业，改错和讨论。	用知识网络来分析问题，解决问题，在进一步巩固和夯实知识的基础上，建立知识和问题的联系。
【提问】通过改错和讨论后，同学们还有没有解决的问题吗？如果没有我就提问本次作业错误率较高的问题了。	同学们提出自己还没有解决好的问题，同时回答老师的问题。	进一步解决问题，同时也落实问题解决实际效果。

　　从这个教学案例看到，这位老师能够根据学生作业完成情况，适时调整教学进度。先以鼓励为主，并且对学生报以适当的期待；接下来从知识的掌握开始分析。学生构建知识网络图，需要对相关基础知识有一定程度的理解和掌握，老师利用小组合作学习的方式让学生之间互助，起到了很好的效果。小组推荐优秀案例展示，也是基于不同思路的相互补充。接下来充分发动学生之间展开合作学习，帮助有问题的同学进行问题解决。最后利用鲶鱼效应，老师对错误率较高的问题进行点名提问，起到了检查、监督的效果。在整个教学过程中，教师充分调动了学生学习积极性，利用小组讨论的学习模式，让不同的学生在学习中都能有不同的收获。

三、案例观摩

案例描述 ■

案例 10-6　人教版高三期中考试化学学科试卷讲评

课题	朝阳区高三化学期中考试试卷讲评
学情分析	基础和中等难度的题答得不错。第 18、19 题得分率很低，充分反映了学生不能准确提取信息，分析、综合应用知识解决问题的能力不够，读题能力欠缺的问题。第 6、7、10、15 题得分率低于区平均，反映出学生思考问题的有序性不好，在后续复习中适当地反复进行变式训练、紧紧抓住解决问题的基本方法。另外，还有如下问题：书写不够规范，会而不得分；表达不够清楚，做不到言简意赅地用化学语言进行准确表达。
教学目标	知识与技能： (1)通过对第 5 题及第 19(1)③、(2)的讲解，复习 +4 价硫化合物的化学性质(还原性、类别通性、特性)，确定有其他离子干扰时 SO_3^{2-} 的检验方法； (2)通过讲解第 13、19(4)题，复习电化学原理，提高学生准确提取信息，并与原理结合解决实际问题的能力； (3)通过分析讨论第 18(4)题，归纳有关图像问题的一般思路及答题步骤。 过程与方法： (1)通过典型例题分析及拓展训练，学生初步学会运用有效阅读，提取信息，解决相关问题的方法和技巧； (2)通过讨论、练习等教学活动，增强学生分析、对比、归纳和语言表达的能力。 情感态度与价值观： (1)通过展示学生的思路及答题，增强学生的自信心； (2)通过小组合作讨论，进一步认识到相互取长补短，合作学习的重要性。
教学重点和难点	重点： 从图表中获取信息的方法。 难点： 根据实验现象和结论结合相关原理和物质性质，完善相关简答题的答题。
教学方法	讲练结合

教学环节	教师活动		学生活动	设计意图
环节一：数据展示	**知识块名称 / 题号 / 总分** 基本概念：1；3；5；7；10；11；15.2.4.5；16.1.4；18；2；19.2.3； —— 36 基本理论：4；6；8；9；12；13；15.3；16.5；17；18.1.4；19.4 —— 47 元素化合物：2；14；16.2.3；18.3；19.1 —— 17 **能力名称 / 题号 / 总分** 获取信息：1；3；6；7；10；12；13；14；15.1；16.1.4.5；17；18.1.4；19.1.4 —— 62 解决问题：2；4；5；8；9；11；15.2.3.4.5；16.2.3；18.2.3；19.2.3； —— 33 实验探究：		观看数据。 学生通过直观、感性的统计资料，体会双基的重要性及考试对主干知识的考查，学生会意识到试题源自教材而又高于教材，平时的复习就能紧扣教材。	展示期中考试各组块数据，师生共同确定本节课要解决的主要问题。用 PPT 展示答题较好的同学试卷照片，进行鼓励。

教学环节	教师活动			学生活动	设计意图
环节一： 数据展示	题号	满分	6班	观看数据。 　学生通过直观、感性的统计资料，体会双基的重要性及考试对主干知识的考查，学生会意识到试题源自教材而又高于教材，平时的复习就能紧扣教材。	展示期中考试各组块数据，师生共同确定本节课要解决的主要问题。用PPT展示答题较好的同学试卷照片，进行鼓励。
	1	3	95.45%		
	2	3	95.45%		
	3	3	86.36%		
	4	3	100%		
	5	3	59.09%		
	6	3	81.82%		
	7	3	63.64%		
	8	3	77.27%		
	9	3	86.36%		
	10	3	45.45%		
	11	3	81.82%		
	12	3	77.27%		
	13	3	36.36%		
	14	3	36.36%		
	15	8	52.27%		
	15.1	1	90.91%		
	15.2	2	40.91%		
	15.3	1	81.82%		
	15.4	2	40.91%		
	15.5	2	40.91%		
	15.5.1	1	54.55%		
	15.5.2	1	27.27%		
	16	10	70.91%		
	16.1	2	100%		
	16.2	2	100%		
	16.3	2	90.91%		
	16.4	2	63.64%		
	16.5	2	0%		
	17	14	75.97%		
	17.1	2	77.27%		
	17.2	4	65.91%		
	17.2.1	2	86.36%		
	17.2.2	2	45.45%		
	17.3	2	59.09%		
	17.4	6	87.88%		
	每一题按章节内容进行统计、汇总，展示：				
环节二：利用平衡移动原理解释相关问题	【指导阅读】 18.(4)你能从向溶液Ⅱ中加入氨水后，溶液的变化示意图中提取出什么信息？ 　展示典型错误，请出错同学讲思维过程，引导学生分析知识错误及引起错误的原因。 　引导学生归纳总结答题步骤。 【小结】从图表中提取有用信息，结合元素化合物和概念理论知识回答问题，这是化学学科考查的能力点之一。思考此类问题时，要有一定的逻辑思维。			阅读理解，相互讨论，先找到相关的平衡，再找让此平衡发生移动的外界因素，按题目的要求去规范解答。 1．明确横、纵坐标含义； 2．观察特殊点变化趋势； 3．结合反应特点，观察反应热、气体体积变化； 4．利用速率平衡理论进行判断。 学生倾听，思考，认同。	通过这一简单习题的回顾，帮助学生明确这种类型习题的解答思路及答题程序。 让学生进一步明确准确提取信息的重要性，引起学生的重视。

续表

教学环节	教师活动	学生活动	设计意图
环节二：利用平衡移动原理解释相关问题	【巩固练习】 某化学小组为了研究外界条件对化学反应速率的影响，进行了如下实验： $2KMnO_4+5H_2C_2O_4+3H_2SO_4=K_2SO_4+2MnSO_4+10CO_2\uparrow+8H_2O$ 该小组同学根据经验绘制了 $n(Mn^{2+})$ 随时间变化趋势的示意图，如图所示。 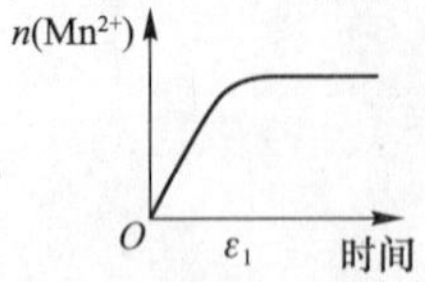 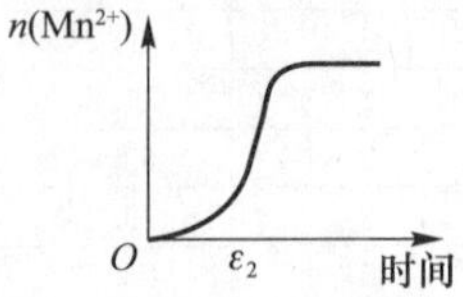 经查阅实验资料发现，该实验过程中 $n(Mn^{2+})$ 随时间变化的趋势应如图2所示。请分析出现图2变化趋势的原因，并设计实验验证你的观点。		进一步明确此类习题的解题思路及答题步骤，利于以后习题中的应用。
环节三：根据实验现象及结论解释相关问题	【过渡设问】根据上述经验，再思考第19题。 第19题题干：根据实验现象，说出每种操作能确定溶液中含有什么成分。（请思路清晰、表达清楚的学生小结，讲解思路） 若要检验本题描述样本中是否含有 SO_3^{2-}，能否完全采取检验蒸馏水中 SO_3^{2-} 的方法？为什么？ 【思考】SO_2 有哪些化学性质？燃煤场为减少 SO_2 排放，可以用哪些溶液洗涤含 SO_2 的烟气？ 讲评19(2)①，5 用 NaOH 溶液缓慢吸收过量的 SO_2 过程中，依次发生哪些反应？ 讲评选择5	倾听思考，分组讨论，回答： (1)种类通性 (2)氧化(还原)性 (3)特性 让学生将思维拓展，解决更深层次的问题。 还要考虑其他共存离子是否有干扰。 根据 SO_3^{2-} 的性质分析方法进行知识迁移，确定 SO_2 的化学性质，并用性质解决实际问题。	由此可以进一步引申归纳到根据实验现象及结论解释相关问题。 利用所学知识可以解决更多的相关问题，拓展学生思维的广度和深度，增强学生的自信心。 巩固+4价硫化合物的化学性质和研究物质性质的方法。
环节四：电化学问题	高考中经常以新型原电池(锂电池、燃料电池、可充电电池)工作原理分析为主，电解池原理的考查也以陌生情境下的反应分析为主。解决这类问题，一定要抓住电化学的本质——氧化还原反应。 引导学生归纳分析步骤。 讲评13，19(4)	1.明确装置类型 2.确定电极反应物、电极产物 3.分析得失电子 4.配平(三守恒)	理清解决电化学问题的逻辑顺序，训练思维的有序性。
	变式练习： 8.溶于海水的 CO_2 主要以4种无机碳形式存在，其中 HCO_3^- 占95%。可以利用右图所示装置从海水中提取 CO_2。 ①结合方程式简述提取 CO_2 的原理。 ②用该装置产生的物质处理b室排出的海水，合格后排回大海。处理至合格的方法是_____。	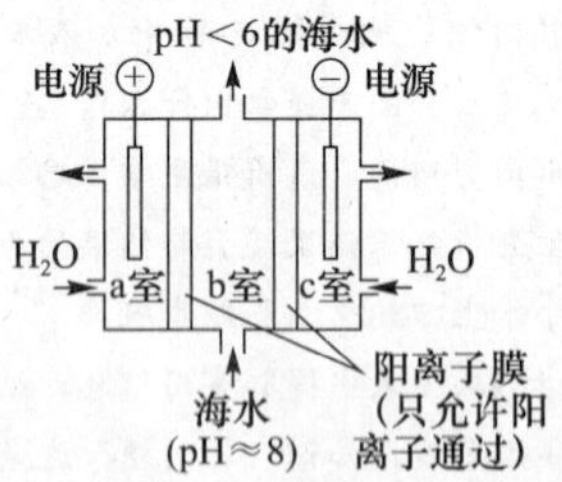 加强练习，巩固电化学问题的分析方法。	巩固电化学问题分析方法。

续表

课堂小结	答题思路的总结，指出存在的主要问题，如对基础知识的理解和掌握情况；解题思路及语言表达规范化方面的问题；术语使用问题；粗枝大叶和错别字等方面的问题；与月考做对比，指出后进生的进步。

（案例提供：对外经济贸易大学附属中学史文杰）

❋ 案例分析

本案例科学有效地利用了一次期中考试的评价结果，高效地帮助学生总结归纳了解决困难的相关方法，提高了学生的逻辑思维能力。具体体现如下：

①有效利用评价结果，进行了考点分布的统计、考查类型的统计、考试结果的统计、错误类型的统计等。在讲评时，有的放矢，高效，有说服力。让学生通过直观、感性的统计资料，去体会双基的重要性。通过对主干知识的考查，学生会意识到试题源自教材而又高于教材，平时的复习就能紧扣教材。

②呈现学生答题的原版，引导学生分析知识错误及引起错误的原因：是概念规律不清，还是计算能力薄弱；是单项知识点没掌握，还是综合运用所学知识解决实际问题的能力不强。针对普遍性的问题，列举某种错误解法引导学生参与试卷讲评，让学生共同评析，达到共同改正错误的目的；将有独特见解的解题方法展示出来，供大家辨析和确认，以求共同提高。这样做，既提高了教学效率，又活跃了课堂气氛，学生也得到了实际的训练。

③利用评价结果，展示学生的错例，并请出现这种错误的同学谈谈他当时是怎么思考的，让学生讨论分析，找出产生错误的原因，得出正确的答案。了解同学出现错误的原因，其他同学听了有利于纠正自己思维上的误差。学生由以往被动接受、没有时间提问、听不懂的地方也无暇请老师重新解释，转变为积极、主动参与，也有利于教师对学生是否真正理解、能否灵活运用相关知识有了进一步的了解，从而有针对性地增强学生的逻辑思维。

④利用评价结果，针对典型错误、认识比较模糊的问题，引导学生展开进一步的讨论或辩论，让学生在辩论中进行解题经验、技巧、思维能力培养的交流。试卷分析前，老师对学生进行分组，每组相对都有优生、差生，发挥学生的主体地位。让优生讲评，差生提问，老师点拨，重点辅导。老师请优等生讲解答得比较出色的典型题目，重点分析如何准确提取信息，以及如何进行正确思维，为其他同学进行思维示范。对中等生，老师给予适当点拨，引导其"跳起来"去发现、解决问题；对后进生，则"扶着"他们，帮助他们找出产生错误的原因，并向他们提供解决问题的办法。

⑤根据评价结果，对每一种题型，老师都能精心设疑，采用典例分析、知识落实、思维拓展的思路，让学生通过独立思考，真正获得同类试题分析、解

决的方法。如果就题讲题，无解题指导和题型分析，只能使讲评停留在浅显层次，无法使学生触类旁通，也不能使学生辨别真伪，无法使学生掌握解题规律，讲评的收获大打折扣，讲评也毫无实践性可言。

⑥根据评价结果，教师对本次考试进行小结，归纳扩展知识点，形成立体的知识结构；指出存在的主要问题，如对基础知识的理解和掌握情况、解题思路及语言表达规范化方面的问题、术语使用问题、粗枝大叶和错别字等方面的问题，以便学生明确今后的努力方向。特别关注到了后进生的点滴进步，及时给予表扬鼓励，让他们树立信心求上进。

根据对评价结果的讲评，让不同程度的学生在课中都能有所收获，程度一般的学生——总结一种方法，掌握一种技巧；程度好的学生——搭建思维发散的平台，帮助进行拓展和迁移。

（对外经济贸易大学附属中学田巧云案例评析）

问题聚焦

（一）讨论本案例中对教材内容的分析值得我们学习的方面。

1. _____
2. _____
3. _____
4. _____

（二）本案例评价结果的有效利用给我们什么启示？

1. _____
2. _____
3. _____
4. _____

四、能力训练

（一）案例分析训练

案例描述

案例 10-7　人教版高中化学新教材选修 4 第一章第三节"化学反应热的计算"课堂测试讲评教学设计案例

课题	《化学反应热的计算》测试讲评		
学情分析	根据课堂检测中的数据统计发现，热化学方程式书写存在一定问题，从学生答案中发现主要是物质状态没有标清、化学计量数与反应热还没有完全对应；另一个主要问题是，还不会应用盖斯定律去计算反应热。考完后与部分学生座谈，了解到还是由基础知识未完全掌握，程序性知识遗忘造成的。		
教学目标	知识与技能： 1. 通过数据分析及相关试题讲评，学生能够准确书写热化学反应方程式； 2. 通过相关计算题讲解及变式训练，学生能够准确理解并应用盖斯定律。 过程与方法： 通过本节课对与盖斯定律相关试题分析，学生能够掌握分析热化学反应问题的方法。 情感态度与价值观： 通过本节课学习，学生感受问题解决后的欢乐，增强学好化学的信心。		
教学重难点	重点： 热化学方程式的正确书写。 难点： 盖斯定律的理解和应用。		

教师活动	学生活动	设计意图
【引入】上一节课我们对反应热的相关计算进行课堂小测，总体结果不是很令人满意。我们先看看相关数据统计。 PPT展示测验各项数据。 【讲解】通过数据分析，本次小测我们的主要问题是利用盖斯定律解决相关计算问题及热化学方程式的书写。	倾听，观看PPT，对照自己的测验卷了解考试中的问题。	明确本节课学习目标。
【提问】盖斯定律的内容是什么？根据已知的反应热求算未知的反应热的程序是什么？	学生回答。	陈述性知识和程序性知识回顾，为解决问题奠定基础。
【讲解】讲解选择题第4题，根据盖斯定律内容及解题程序，老师在黑板进行解题程序示范。	学生认真倾听，记笔记。	领悟解题方法和程序。
【引导】刚才第4题清楚了吗？如果没有问题，就自己解决填空题第3题，有问题可以举手示意。	学生根据刚才老师的示范解决填空题第3题。	变式训练，反馈是否理解和掌握，同时也起到巩固的作用。
【提问】同学们已经掌握了刚才的反应热计算，接下来就是热化学方程式的书写了，哪位同学能够回忆起书写热化学方程式的程序及注意事项？	学生回答。	复习程序性知识，为解决问题奠定基础。
【讲解】填空题第1题。	学生倾听。	领悟解题方法和程序。
【引导】刚才的题目清楚了，请大家独立解决填空题第2题。	学生独立完成。	变式训练，反馈是否理解和掌握，同时也起到巩固的作用。

续表

教师活动	学生活动	设计意图
【讲解】错误率最高的问题我们已经解决了，说明大家对知识的掌握已经到了一个高度了，接下来我们可以解决填空题第5题，它是相对综合的题，需要用到利用盖斯定律先计算，然后书写热化学方程式。	学生独立完成，同学做完后给尚未完成的同学讲解。	综合解决问题，对两部分知识及时巩固和反馈。
【引导】我们已经利用相关知识及解题程序完成了得分率较低的问题，接下来同学们完成自己尚未解决的问题，有需帮忙的同学在自己实在不能解决的情况下，求助身边的同学或者老师。	学生解决其余问题。	进一步巩固和提升。
小结	同学们本节课的收获是什么？可以先写在笔记本上，然后交流。	
作业		

案例研讨

回答下列问题：

1. 您认为本案例在有效评价结果方面总体表现如何？有哪些突出之处？

_____

_____

2. 您认为本案例属于有效利用评价结果哪一层级水平？理由是什么？

_____

_____

3. 您认为本案例还有哪些不足？请具体分析。

_____

_____

4. 如果是您进行本节课教学，您认为怎样设计才能做到有效利用评价结果？

_____

_____

（二）自主设计训练

请根据自己日常教学中课堂反馈、作业、测验或者期中、期末考试后，针对评价结果设计一节课。

小组讨论：

1. 组内老师的教学设计是否符合有效利用评价结果的基本方法？

2. 讨论评价教学设计属于有效利用评价结果的哪一层级。

3. 反思有效利用评价结果中值得大家借鉴的做法有哪些。

五、考核反思

（一）自我检测

根据自己的一节试卷讲评课，按照《标准》及有效利用评价结果的方法导引进行分析和评价，重新进行编写。

（二）创新设计

选取自己最成功的一节课（公开课或示范课等），将有效利用评价结果的精彩部分与组内教师分享，通过本次培训，您觉得是否找到了可以提升的方面，与大家分享。或者选取一份您认为自己深受启发的优秀案例与大家分享，请说出这份优秀案例的精彩之处，以及自己所得到的启示。

六、参考文献

[1] 邓芳. 高中化学作业问题解决策略初探[J]. 学科教育，2013，10：141.

[2] 夏雪梅. 以学习为中心的课堂观察[M]. 北京：教育科学出版社，2012.

[3] 李兴武，赵建军，张丹华. 化学新课程实施中作业存在问题的调查与思考[J]. 化学教育，2010(3)：76-77.

[4] 诺曼·E·格伦隆德，C·基恩·沃，杨涛. 学业成绩评价(第9版)[M]. 边玉芳，译. 北京：教育科学出版社，2011.

[5] 杜山. 如何上好试卷讲评课[J]. 中学数学，2012，2：24-26.

[6] 唐均妃. 如何让作业讲评课由"低效"走向"高效"——心理效应在社会作业讲评课中的运用[J]. 新课程研究，2011，3：68-70.

专题十一　科学运用评价方式

培训目标

1. 理解不同层次科学运用评价方式能力达标的检核标准。

2. 初步学会运用该能力要点和方法，学会科学运用评价方式多元主体、多样方式评价，对自己或他人的教学进行有效评价。

3. 结合案例设计、研讨与反思，熟悉评价的一般方式和方法，提高科学运用评价方式促进教师专业提升的能力。

一、问题的提出

案例描述

案例 11-1　某教师针对九年级化学"分子和原子"的听课课后评课案例

1. 该教师能利用多媒体模拟分子的运动，形象生动，较好地突破了教学中的重点和难点。

2. 该教师能充分利用演示实验分析分子的性质，过程直观，现象明显，教学效果突出。

3. 该教师教学设计思路较清晰，由浅入深、系统地设计教学内容，符合学生的知识基础和认知结构。

4. 该教师课堂教学开放，鼓励学生探索创新，教学充满激情。

5. 建议：①板书；②引导学生做笔记；③注意答案播放时机的控制；④多"靠近"学生，加强交流沟通，提高教学效果。

案例研讨

1. 本案例中运用的"评价方式"的优点和不足分别是什么？

2. 您认为通过上述评价，是否有利于促进教师专业能力提升？

3. 如果是您，会采用何种方式对该案例中的教师进行有效评价？

问题聚焦

1. 您认为科学的评价方式有哪些？

2. 您认为什么样的评价方式更有利于教师教学技能和专业能力的提升？

3. 您能判断出教师运用该项能力的基本水平吗？请说出您的判断依据。

二、能力解读

内涵揭示

科学运用评价方式是指教师本人或教师评价者在正确的理念与价值的指引下，根据教育目标和教师所应当承担的任务，依照规定的程序，运用科学的方法和手段，借助现代技术广泛收集信息，对被评价教师个体的工作质量进行事实和价值的判断，通过评价过程的反馈、调控的作用，发挥评价的导向、激励、改进的功能，促进每个教师不断总结和反思自己的工作，不断认识自我、发展自我、完善自我，不断实现发展目标的过程，进而达到促进教师专业成长和发展的目的。

《北京市朝阳区教师教学基本能力检核标准》中"科学运用评价方式"能力的检核标准如下：

维度	关键表现领域	能力要点	合格	良好	优秀
教学评价能力	教学效果评价能力	科学运用评价方式	能够有理有据地对自己或他人的教学进行评价。	能够分析教师行为与学生表现之间的因果关系。	能够实现评价主体的多元化和评价方式的多样性，找出导致教学成功与失败的根本原因。

（一）合格水平

对合格层级教师的要求是：能够有理有据地对自己或他人的教学进行评价。无论是对自己教学的评价，还是对他人教学的评价，一定要收集相关资料信息，以便通过具体案例来说明优势与不足，并提出相应的改进措施。同时，注意"自评"与"他评"相结合、形成性评价与终结性评价相结合、定性评价与定量评价结合。只有这样，评价才更具科学性和说服力。

案例 11-2　某教师九年级化学"二氧化碳的化学性质"课后同事点评的案例分析

1. 教学亮点

①本节课教师备课准备充分，教学设计新颖，环节清晰，环环相扣；学案设计符合学生实际，习题选择与学生生活联系紧密，有梯度、有层次；PPT 制作精美，符合学生的审美；充分利用图片、视频的教学资源辅助课堂教学需要。

②从本节课课堂教学过程来看，教师的教学设计以学生学习活动为中心，让学生有更多的机会主动体验、经历探究活动，使学生最大限度地参与学习的过程，体现了一切为了学生发展的新课程理念。

③本节课老师能够认真挖掘、组织课程资源，精心设计一系列实验探究活动，包括向长短不同的两支点燃蜡烛的烧杯中倾倒二氧化碳气体；向一个盛满二氧化碳的软塑料瓶中加入一定量的水；将二氧化碳通入石蕊溶液，从而推导出二氧化碳的性质，教学活动目的明确、重点突出。

④本节课通过教师演示实验、学生演示实验、讨论、归纳等手段较好地完成了教学知识目标。在组织学生探究活动中，教师一直关注学生科学探究方法的指导，培养了学生严谨求实的科学态度。

⑤本节课教师语言清晰亲切，处处体现了对学生的鼓励和信任，学生积极主动参与学习。

2. 问题与建议

①教师对部分学生的实验操作指导不够，有待进一步加强和规范。

②教师对二氧化碳是否与水反应环节设计不够清晰，有待进一步完善和优化，建议通过学生分组实验探究解决。

❋ 案例评析

本案例中评价者充分收集了被评价者上课的资源准备情况，通过查看被评价者的教学设计、学案、PPT、图片、视频等教学资源，结合被评价者课堂实施情况，有理有据地对被评价者的教学情况进行评价，指出了教学中的亮点与不足，提出了相应的改进建议，符合标准中的合格等级要求。

（二）良好水平

对良好层级教师的要求是：在合格层级的基础上，还"能够分析教师行为与学生表现之间的因果关系"。教师的不同行为对学生的影响是巨大的。在教育教学过程中，教师的讲、述、问、答等都是导向学生的行为，即从学生已有的知识经验出发，从他们的学习需要出发，加工处理教学内容，以适当的方式输出教学信息，对学生的身心发展施加直接或间接的影响；同时，学生也通过反馈评价、模仿等途径对教师产生影响。良好层级的教师应能够根据具体的案例来分析教师行为对学生行为的影响。

案例 11-3 某教师九年级化学二氧化碳的化学性质课后专家点评的案例分析

本节课是初中化学第六章课题二的第 1 课时——二氧化碳的化学性质，本节课注重从学生熟悉的日常事物着手来创设学习情境，教师积极引导学生去发现问题，充分发挥以学生为主体、以教师为主导的教学思路。

教学亮点：

亮点一：教师能够通过播放"意大利那不勒斯的深山峡谷中的著名屠狗洞"故事视频，激发学生学习的兴趣，学生的探究欲望得到有效激发，学生参与讨论非常踊跃，回答问题充满自信。

亮点二：教师设计一个学生自主探究过程，通过"提出问题（发现问题）→实验探究→得出结论"这一系列活动来帮助学生认识物质的性质，让学生深刻体会科学探究的过程，掌握科学探究的基本方法，以及科学探究习惯和科学探究意识的形成。例如，本节课教师提出问题：到底是什么使石蕊溶液变红？引导学生自主进行科学探究。培养了学生科学的学习态度，使其真切地体验到探究学习的乐趣，大大提高了学生的参与率，从而收到了良好的教学效果。

亮点三：教师问题情境创设巧妙，符合学生生活实际和认知需求，例如，屠狗洞之谜、久未开启菜窖的灯火实验、可乐中气体检验等问题均来自学生生活实际，既满足了学生的好奇心，也激发了学生学习兴趣和欲望，课堂气氛比较活跃。

不足之处：

1. 有点紧张，语言不够清晰、不够简洁。

2. 在做用石蕊溶液将四朵干燥的纸花染成紫色的实验中，教师提供的瓶子是白色不透明的，学生不清楚里面装的液体是什么颜色，因此，使部分同学实验现象描述和实验结果分析不准确。

（本案例由金盏中学魏欢欢老师提供）

❋ 案例评析

本案例中评价者不仅有理有据地对授课教师的教学设计、课堂教学效果进行了客观公正的评价，还能通过具体的案例、学生的表现、学生的兴趣、学生的参与率、学生的学习效果、课堂氛围等情况评价教师教学设计和教学行为的亮点与不足，体现了《标准》中"能够分析教师行为与学生表现之间的因果关系"要求。该评价符合良好水平要求。

（三）优秀水平

对优秀层级教师的要求是：能够实现评价主体的多元化和评价方式的多样性，找出导致教学成功与失败的根本原因。国家教育部《基础教育课程改革纲要(试行)》课程评价部分明确指出，要"建立促进教师不断提高的评价体系。强调教师对自己教学行为的分析与反思，建立以教师自评为主，校长、教师、学生、家长共同参与的评价制度，使教师从多种渠道获得信息，不断提高教学水平"。可见，新课程理念下的评价主体是多元的，不仅包括学校领导，还包括其他教师、家长、学生等，更重要的是，还包括教师本人。评价方式也应是多样的，如"自评"与"他评"、形成性评价与终结性评价、定性评价与定量评价。优秀层级的教师尤其要充分利用自评与过程性评价促进自己的专业化成长。

案例 11-4　九年级化学上册二氧化碳"实验室制取与性质"朝阳区区级研究课课后评课的案例分析

1. 教师自评

①本节课在教学过程设计过程中充分利用学生的原有认知。在日常生活中，在小学自然课和中学生物课中，以及在本书的前几单元中，学生已经获得了不少有关二氧化碳的知识，例如，知道二氧化碳是空气的成分，呼出的气体中有二氧化碳，雪碧等饮料中有二氧化碳，二氧化碳不燃烧，也不支持燃烧，但能使澄清石灰水变浑浊、能灭火等。因此，在教学引入环节首先展示两张图片，让学生来猜一下图片中描述的是哪一种物质。既激发了学生的兴趣，又引导学生对原有有关二氧化碳知识的回忆，接下来再提问大家对二氧化碳都有哪些认识，学生根据认知进行回答。学生的答案是在没有学习本节内容之前的对二氧化碳的认识，这些认识将会为本节内容教学起到很好的衔接和铺垫作用，使学生对新知识接受起来比较自然顺畅，更愿意积极主动地参与到新知识的学习中来。

②教学过程充分利用学生的认知规律。学生的认知遵循由浅入深、由表及里、由简单到复杂、由具体到抽象的规律，所以，教学过程要从学生的认知经验出发设计活动过程。本节通过实验活动开展教学，其中二氧化碳能与石灰水反应这一性质，学生在小学自然课、中学生物课及在本书的前几单元里已经有所了解，因此，利用学生已有认知经验，通过设计实验检验雪碧中冒出气体就是二氧化碳的活动，完成本知识点的学习，既激发学生学习兴趣，也培养了学生自主初步探究的能力。二氧化碳不燃烧，也不支持燃烧，它的密度比空气的大，能溶于水等这些性质，学生在日常生活中也都一定的认识，但这些认识仅仅是对其表面现象的认识，而没有深入它的实质，因此，在教学过程中通过演示实验引导学生进行科学探究。二氧化碳与水反应的性质是本节课的重点和难点，因此设计了教师演示实验和学生自主实验探究相结合的活动，师生互动，共同探究，这样的教学过程更符合学生的认知规律，所以本次教学活动学生参与非常积极，课堂气氛非常活跃，教学过程非常顺畅，学生学习效果非常明显。

③教学过程充分加强学生科学探究意识的培养和科学探究方法的指导。本节教学设计中，把科学探究的学习和应用作为本节知识点和教学目标之一。探究二氧化碳是否与水反应的过程，即提出什么使石蕊变红的问题，猜想与假设：可能是水、二氧化碳或者二氧化碳与水反应的生成物使石蕊变红。实验验证：向水中滴加石蕊没有变红；将紫色石蕊小花直接放入二氧化碳中，紫色小花没有变红；将滴加紫色石蕊的小花喷水后放入二氧化碳中，紫色石蕊小花变红。得出结论：二氧化碳与水反应的生成物使石蕊变红。通过以上过程归纳总结出科学探究的一般过程：提出问题——猜想假设——实验验证——得出结论。接下

来又让学生继续探究雪碧中为什么还会有气体冒出。学生猜想可能是碳酸不稳定，根据学生的假设，通过实验演示加热变红的小花，小花红色消失，得出了碳酸不稳定，分解生成二氧化碳和水的结论。这样既巩固了学生对科学探究过程的理解，也培养了理论联系实际的能力，同时也培养了学生利用所学知识解决生活中实际问题的能力。

④教学过程充分利用板书辅助教学的功能。本节教学过程中，充分利用了板书辅助教学的功能为教学服务，收到了很好的效果。具体体现在以下两个方面：首先，在学生根据原有认知谈到对二氧化碳的认识时，根据学生的回答进行板书，把这些内容书写在板书的相应位置，因为这些内容是教学前学生的认知，因此，用彩色粉笔加以区分，这样学生在整个教学结束后很容易就知道哪些内容是他原有的知识，哪些内容是本节学习的，这样学生对本节所学重点内容一目了然，增强了学习的实效性。其次，本节板书的设计充分利用了二氧化碳物理性质、化学性质、用途之间知识的联系，即物质的性质决定了物质的用途。例如，二氧化碳的密度比空气的大——不燃烧，也不支持燃烧——灭火；能溶易水——与水反应——制饮料。通过利用这些知识间的联系，促进了学生对这些知识的理解和应用，同时也培养了学生自主构建知识框架和学以致用的能力。

2. 教师点评

①实验准备充分，并能够使用多媒体。利用多种方式教学，学生积极性非常高，整个课堂充满生命力。

②能够深挖教材，联系生活实际，激发学生兴趣。

③教师驾驭课堂能力强，对实验中的意外情况有一定的应变能力。

3. 学科教研员点评

(1)课堂主体的转变。这节课的设计过程中，时刻贯穿着以学生为主体的理念。教师前期对学生进行了全面的分析，使得教师能全面掌握学生的动态，设计更利于学生发展的课堂。从引入部分的图片猜想，到引导学生回忆有关二氧化碳的知识，再到利用二氧化碳能使澄清石灰水变浑浊这一性质，检验雪碧中冒出的气体，每一步的设计都紧扣学生，让学生去想、去设计、去实践，给学生充分的时间和空间去思索探究。

在新知识教学中，教师并没有采用直接给予的方式，而是让学生真正地参与进来，与教师一同设计实验探究问题，并安排了相应的学生探究实验，从而形成了教师演示实验和学生自主实验探究相结合的课堂教学活动。

正是因为从前期对学情分析和课堂教学设计都真正以学生为基础，所以才收到了学生参与度高、态度积极，教学过程非常顺畅的成果。课堂教学完成了从教师的华丽表演到学生的朴实发展的转变，做到了将课堂还给学生，给学生充分的空间发展思维、足够的时间动脑思考和动手操作。

(2)情境教学和方法教学展现。首先，在整堂课中多次为学生创设了相对应并且适合的学习情境，比如，引入中的图片猜想，学习二氧化碳与澄清石灰水反应时设计的检验雪碧生成气体的活动，又通过雪碧能够产生二氧化碳的现象设计实验，验证碳酸不稳定，易分解。恰如其分的情境教学，能够使学生的兴趣得到充分的调动，从而使学生由内而外地积极参与课堂，起到事半功倍的效果。

其次，在教学上教师更加关注学习方法的引导和学习能力的培养，由始至终引导学生对学习知识的方法进行思考，而不是仅仅针对二氧化碳的性质进行学习，从而使学生对于如何探究物质的性质有了整体的思考，培养了学生的能力。

(3)贴合课标，培养学生科学探究能力。2013年课标与2011年课标相比，有一些变化，其中，将原来的一级主题科学探究由第五位提升至第一位的举动，无疑是在强调科学探究的重要性。诚然，作为一个科学学科，科学探究的能力是尤为重要的，而如何在九年级这一年的学习过程中培养学生科学探究的能力，是课标给我们的要求，也是我们必须要完成的任务。那么怎么才能够培养学生科学探究的能力呢？这节课的设计就为我们提供了一个新的思路。在以往的教学中，对于科学探究能力的培养，我们是无处着手的，受课时、应试、实验设备等条件的制约，这种能力往往会成为弱项。而在这节课中，教师非常巧妙地将二氧化碳与水反应的实验设计成科学探究的形式，这就使学生不仅能体会科学探究的快乐，还能亲自参与科学探究过程。在这个过程中，学生眼中的科学探究不再是一道题，也不再是八个步骤，而是一个真切的体验。学生自然而然地参与、思考和设计，必然会从中获得完成一个科学探究的能力。这种培养能力的方式，教师自然是辛苦的，然而学生科学探究能力的欠缺却能得到解决，不失为一个好方法。

(4)学科能力和学科素养的体现。在本节课中，有充足的时间和空间让学生自主设计实验并实际操作，体现对学生科学探究能力的培养，并让学生在课堂过程中再次体验科学探究的过程。教师对学生学科能力的培养是有意识和有体现的。然而，可能由于教学内容所限，对于宏观和微观之间的联系体现不足。

(5)一些问题和建议。在学生实验过程中，桌面上的实验仪器凌乱，摆放无序，不仅不美观，而且易碰到仪器，造成安全隐患或使仪器破损。一部分学生的实验步骤思维不清晰，前一步做完，下一步不知道应该怎么办。这说明学生对实验操作的掌握度不高、动手能力差、思维不清晰。

针对实验中出现的问题，在以后的教学中主要抓以下几点：

①要善于运用现代多媒体技术提供的丰富多彩、生动直观的教学情境。多媒体不仅可以在创设情境教学时使用，也可以将学生实验操作要点和实验要求投影在屏幕上，这样就可以解决由于部分学生思维不清晰而导致的操作不顺畅或组内不协调问题，也可以节约因部分学生操作不顺畅而浪费的时间，将其用于检测或给予学生充分的思考。

②强化演示实验教学。课堂教学中的演示实验，也能调动学生的情绪，激发他们学习的兴趣和求知欲，并且教师的演示实验还能起到示范作用，学生对教师演示的实验操作印象深刻，并会模拟教师的操作，所以，教师要力求做到演示操作规范、实验现象明显、分析表述准确简练。对部分演示实验装置或实验操作还做了适当的补充和改进，以增强实验效果。

③开发家庭小实验。在这一课题中，学生身边有很多素材可以用，在课堂教学中或许不太适用，然而如果能够开发成家庭小实验，将课堂知识延伸至课外，引入生活，对激发学生学习兴趣、巩固知识技能、培养学生动手能力，将会有很大的作用。这也再次体现了化学是一门与生活实际联系紧密的实验学科。

④养成良好的实验习惯。化学是一门实验学科，在养成学生良好的实验习惯、指导学生科学的学习方法、培养学生的实验能力方面，教师应该再加大力度。学生进入实验室后

该如何正确使用仪器、进行规范的实验操作、认真观察并记录实验现象、如实完成实验报告，都是要训练的重点。因为化学作为实验学科，作为一门科学，总是以客观事实为依据，也必须有规范的实验操作作为研究手段。对于我们来说，严谨求实，并不是一句空谈。

（案例提供：朝阳分院附属中学曹晶晶老师提供）

方法导引

"评价"是评定价值的简称，从本质上说，评价是一种价值判断活动。对教师的评价，是对教师工作现实的及潜在的价值做出判断的评价活动。科学运用评价方式评价教师，是指教师本人或教师评价者在正确的理念与价值的指引下，根据教师培养和发展目标，以及教师所应当承担的任务，依照规定的程序，运用科学的方法和手段，借助现代技术广泛收集信息，对被评价教师的素质发展、工作职责和工作绩效进行价值判断，被评教师在评价活动中不断认识自我、发展自我、完善自我，不断实现发展目标的过程。

教师的教学能力发展是教师专业发展的主要内容，而教师教学能力的发展需要自身的实践总结和外来的指导交流。教师评价就是很好沟通自身实践和外来指导交流的平台，是教师教学能力提升的一个最重要的影响因素。就评价主体而言，既可以是教师本人，也可以是他人。就评价方式而言，可分为自评与他评、形成性评价与终结性评价、定性评价与定量评价。因此，正确理解评价的功能，合理运用评价方式，科学有效地开展教学评价，对教师教学能力的提升具有很好的激励和促进作用。

一、树立正确评价观念，突出教师为本理念

教师评价的根本目的是促进教师专业发展，而传统的教师评价只注重教师的奖优罚劣，背离教师评价的宗旨。所以，评价应该回归主流，即促进教师专业发展，提升教师专业发展的素养。在实现教师专业发展的同时，也能够促进教师学校的发展。因此，开展教师评价要加强与教师的交流，树立"以教师发展为本"的评价观念，倾听教师的声音，激发教师的内在需求，提高教师的各项素养，为教师指明努力的方向和为其发展提供制度支持。

二、合理运用评价功能，发挥激励促进作用

1. 导向作用

教学评价总是依据一定的教学理论和评价标准进行的。在评价教师的教学行为时，符合标准要求的教学行为会得到肯定，而不符合标准要求的教学行为会被质疑、否定。这就使教师在教学目标确定、教学行为选择、教学组织形式安排等方面自觉用评价标准来考量，客观上起到引导教师改变教学，不断提高教学能力的目的。

2. 激励作用

每个人都需要激励，教师同样需要激励，需要得到尊重。人性化的教学评价可以使教师看到自己的成长和进步，树立起自信心，愿意更多地改进教学，从而激励其不断发展。

3. 交流作用

课堂教学评价由于有教研人员、教学同伴的参与，会从不同方面展开，弥补自我评价可能存在的不足之处，达到取长补短、集思广益的目的，使教师教学能力的发展更快。

4. 反思作用

课堂教学评价会发现教师自己不易发现的一些问题，通过分析、交流，执教者会对各种意见进行反思，找到需要努力提高的方面，从而逐步提高自己的教学水平。

三、开展多元主体评价，全面客观科学评价

2003年3月，教育部"关于积极推进中小学评价与考试改革的通知"中，强调了教师评价自评与他评相结合，即评价主体的多元化。就评价主体而言，既可以是教师本人，也可以是他人，即"自评"与"他评"。评价主体的多元化有利于收集更为全面、客观的评价信息。通过多元主体的相互沟通交流与协商，有利于形成积极、友好、平等和民主的评价关系。通过对全面评价信息的科学分析和反馈，从而实现评价的根本目的。

"自评"是一种反思性课堂教学的实施过程，是教师将自己的教学活动和课堂情境作为认知对象，对教学行为和教学过程进行有意识的分析与再认知的过程。"自评"是影响教师专业成长的核心因素，是促进教师反思能力发展的最佳途径。在"自评"中，评价主体是评价的对象，即教师本人，评价目的是促进自身的专业发展，评价依据是自己过程性、即时性的教学表现和教学效果。教师的"自评"可以作为一种经常性的评价，并不断在教学过程中进行调控。

领导评价、同行评价、学生评价、社会评价是评价中的"他评"。所谓他评，就是评价者为评价对象（即教师）提供关于教育教学的反馈信息和咨询，帮助教师反思和总结自己在教育教学中的优势和劣势，分析产生问题的根源，提出发扬优势、弥补不足的措施与方法，从而不断改进教师的教育教学实践。"自评"和"他评"是信息相互印证的过程，可以更好地帮助教师公正、客观地认识自己，促进教师自我反思能力的提高。

教师自评体现对教师主体的尊重与信任，有利于增强教师的主人翁意识，促使教师自我反省、自我调控，激发内在动机，主动改进完善，促进专业发展。

领导评价由校务会对教师进行评价。通过日常观察、常规督导、面谈、查阅教师发展档案袋、查阅其他评价主体的评价资料等方式对教师进行评价。

同事互评以教研组、年段组或全体老师为单位进行相互评议。采取听课评课、教案诊断、展示教师发展档案袋等方式，对教师的工作绩效和发展状态、学生的学习状态与学习效果进行评价。

学生评价有利于了解学生的需求，加强与学生的沟通，帮助教师反思和改进教育教学方式，提高教育教学质量。通过学生座谈会、校长信箱、问卷调查、学生作业等方式进行评价。评价前应让学生了解评价目的、内容、过程等，要信任学生，鼓励学生讲真话。学生评价应考虑学生的年龄特征，对其问卷调查采取匿名方式。

家长评价有利于加强家长与学校的联系与沟通，帮助教师反思和改进教学方式，提高教学质量。通过家长座谈会、问卷调查、校长信箱等方式进行评价。评价前应让家长了解评价目的、内容、过程等，信任家长，鼓励家长讲真话。应考虑家长的城乡地域差异、文化素质差异和对教师的了解程度。采取匿名的方式进行。

四、科学运用评价手段，合理选择评价方式

按照评价方式来分，评价一般包括形成性评价与终结性评价、定性评价与定量评价。

形成性评价，是指在教学前或教学过程中对教师的教学行为进行的评价，其目的在于了解教师的教学过程中的进展情况，发现教与学过程中存在的问题并及时调整，从而改进教学、促进学生发展。终结性评价，主要指在教学过程完成后对教师教学的综合评定。终结性评价注重对结果的评价，是一种面向"过去"的评价；形成性评价关注对过程的评价，则是一种面向"未来"、重在发展的评价。

定量评价是指将那些能直接量化的，并且确实存在量化途径的评价指标进行量化的评价方式；定性评价是指将不能直接进行量化的评价指标用文字或语言进行描述性评价的方式。

五、科学解释评价结果，引导教师正确归因

由于教师劳动的复杂性，在评价结果的解释上，要体现对教师的理解和尊重，承认教师的劳动成果，使教师能体验到成功。坚持质性与量化评价相结合原则。设立多种奖励机制，鼓励教师个性化发展，以带动教师素质的全面提升。对教师进行量化评价时，应尽量避免用分数对教师进行综合评价，在呈现分数的同时，应对分数的意义进行解释和说明，最终的评价结果应与教师本人进行面谈后确定。

三、案例观摩

案例描述

案例 11-5　"质量守恒定律"课后评价的案例分析

（一）师威老师自评

这节课主要从四个方面来说，第一方面是课前这个微视频的制作，选择用哪块儿做微视频考虑了很久，一般情况下传统课堂会分两课时：第一课时会做分组实验，通过探究归纳出质量守恒定律的内容；第二课时会对质量守恒定律有深入理解，微观解释并应用做题。在设计这个微视频的时候，我是觉得实验方案这一部分，上课的时候一般都是把方案给学生，给他们几种药品和实验步骤，或者让他们看书，然后照着一步步完成，像工厂生产零件，把实验做完。但是学生其实对整个过程不太理解，所以我想把实验方案在课前发给学生，因为课前时间很长，学生可以讨论方案，而且课前有很多资源可以利用，比如，他们可以翻书、上网查、查找笔记等。这样学生在课前的准备工作，使他们对质量守恒定律有了更深的了解，这样设计的意图，可以培养学生发现问题、解决问题的能力，也可以培养他们小组之间合作的精神。

第二方面是验证质量守恒定律，我分了两个环节：第一个环节是分组实验，分组实验的目的一是验证学生课前所学到的质量前后相等不变的这个事实，二是想呈现给学生知识形成的过程，而不再是生硬地教授质量守恒定律。第二个环节是质量守恒定律的深入理解环节。我在设计的时候，以一道练习题的形式判断正误，判断正误题比较简单明了，对就是对，错就是错，通过三道判断正误的题，把质量守恒定律中的关键词抛出，让学生有深入的了解。

第三方面是解释质量守恒定律。质量守恒定律的解释是一个由宏观到微观的过程，其

实一直都是学生比较难掌握的地方，因为要发挥他的想象力，所以，在设计时，以电解水为例，帮助他们一起分析质量守恒的原因，这样设计有两个意图：第一，我觉得学生可以利用原来已有的知识来解决这节课新的问题，让他们有成就感，让他们知道以前曾经学过的知识，前后还有联系；第二，可以将宏观现象和微观本质进行有机的结合。

第四方面是质量守恒定律的应用。主要涉及化学式的推求。设计了一道推求化学式的计算题，也是帮助学生进一步从微观角度来理解在化学反应前后质量不变，这就是我在教授质量守恒定律过程当中的一些思路。

(二)听课同行教师点评

教师1：通过翻转课堂，学生课前对视频进行学习，对所学内容有了一定的了解，课上老师有了更充足的时间让学生去设计实验、动手实验，分析现象，讨论结论。学生学习更自主，学习过程更加完整。

教师2：通过翻转课堂，学生学习的积极性有了很大提高，学生参与率很高。所有的学生都能按照要求去参与合作学习和讨论学习。

(三)学生家长点评

作为家长，我文化水平不高，教育孩子缺少方法，辅导孩子没有文化，与孩子沟通交流一直没有话题。学校实施翻转课堂后，我经常利用教师提供的视频和孩子一起学习，还与孩子一起讨论，不仅促进了和孩子之间交流，也提高孩子的学习成绩。孩子非常喜欢这种学习方式，每天坚持学习，学习的事不再用我操心了。

(四)学生学习体会

学生1：在小学的时候，老师都是以传统的方式进行知识讲解，自从进入了七十一中学，才知道"翻转课堂"这个名词。以前写作业的时候，遇到不明白的试题就无法解决，因为老师不在身边，父母的文化程度不高，只能到学校后再解决。而"翻转课堂"这种学习方式就能解决这一问题，每天打开慕课平台，点击观看自己熟悉的老师们制作的课程视频，觉得非常亲切，而且听不明白的地方可以反复观看，把不理解的内容彻底理解掌握。

学生2：每次要学习新内容的时候，我们都可以提前观看老师精心制作的微视频，等到上课就可以把自己不懂的地方向老师提问，这样在课上会轻松许多，也可以有更多的时间来做习题。

(五)学科专家(北京教育学院朝阳分院化学学科教研员、市骨干教师方杰)点评

1. 教学亮点

①本节课的实施，基本达成了教学设计预设的教学目标，是一节比较完整的翻转课堂教学研究课，非常符合化学学科学习的逻辑思维主线。首先，教师从化学问题出发，围绕问题进行实验设计，通过观察现象，分析实验事实，通过实验验证得出经典定律。然后进行微观解释。

②教师课前微视频制作选取内容恰当，翻转课堂的特征是先学后教，其主旨是前置学习，独学是教学的一个重要环节。本节课微视频内容为对比拉瓦锡与波义耳的研究，提出问题，引发学生思考，激发学生学习探究的欲望和兴趣，为学生课上自主设计实验探究奠定了基础。

③课堂教学细节处理到位，进入课堂教学前，教师对学生的独学情况进行了解，通过

了解，对学生独学中遇到的困惑进行点拨，有利于保证课堂教学效果。

④本节课教师习题选取、作业筛选较为精心，板书设计比较完整。

2. 问题与建议

①加强教学语言锤炼，教师有个别地方语言不够规范。

②微视频制作更加精细，给学生留下更多的思考空间。

（北京市第七十一中学师戚老师现场研究课，案例整理由张晶老师提供）

❋ 案例分析

本案例中，通过教师自评、同行点评、家长点评、学生参评、专家指导等评价方式，实现了评价主体的多元化和评价方式的多样性，通过对全面评价信息的科学分析和反馈，找出本节课教学的成功之处与失败的根本原因，从而达到评价的根本目的。

本案例分析体现的"科学运用评价方式"的基本方法如下。

《基础教育课程改革纲要》指出："建立促进教师不断提高的评价体系，强调教师对自己的教学行为进行分析与反思，建立以教师自评为主，校长、教师、学生、家长共同参与的评价制度，使教师从多渠道获取信息，不断提高教学水平。"因此，注重教师、学生、专家、家长多主体参与评课，可从多角度为教师的发展提供策略与途径，引领教师在反思中前行。

一、教师自评

自评，就是授课教师在授课结束后，面对同行和专家评述自己的教学。这是执教者与专家、同行的对话，也是对自己课堂教学的总结与反思。一般，自评的内容包括对教材的分析，教法、学法、教学程序的设计与实施情况，以及教学中的亮点与不足之处。自评时，要注重把新的教育教学理念与实际教学相结合，抓住教学中的得与失，有重点、有层次地进行评述，语言要精练准确，切忌贪多求全或只评优点、不说缺点，让人感到不谦虚。另外，授课结束后，要给执教者一段时间，让其对授课情况进行回顾反思。听后即评的课，一般也要留足 20 min 左右的时间，让执教者进行短暂的准备。只有这样，执教者才能客观审视，冷静分析，提升自评水平。

二、同行互评

同行互评是教师间的一种相互交流、学习的有效活动。授课结束后，将听课教师分成若干小组，推选组长组织教师进行互评，最后集中反馈，这样有利于促进听课教师全员参与评课。这种多向信息交流，为授课教师提供了更多改进教学、全面发展的方法与策略。互评的过程又是评课教师相互学习吸纳、借鉴反思、提升发展的过程，它打开了教者和评者相长的通道，开启了教学智慧的大门。小组教师评议时，要注意在认真听课的基础上，从不同角度和侧面进行评析。既要看常规，又要看改革与创新；既要看预设，又要看生成；既要看教师的主体引导，又要看学生的自主探究……另外，评议时要善于发现教者的闪光点，并及时总结交流，对一些一时统一不了、争论不休的问题，可待专家定论。对于教者的不足之处，应坦诚指出，并给予帮助指导。

三、专家点评

专家具有专业的理论知识与丰富的实践经验，能对课堂教学进行全面客观的评价。面对课堂教学中存在的问题，以及教师自评、小组互评中争论不休、难以定夺的问题，专家能够从理论与实践结合的层面给予解答，并能提出指导性的意见。所以，学校邀请当地有名的特级教师、教研员、骨干教师参与评课具有十分重要的意义，它是指点教师教学迷津的钥匙，会使教师受益很多，能促使教师深刻反思、快速成长。

四、学生参评

基础教育课程改革的核心理念是"以学生的发展为本"，这一理念不仅体现在教学目标、教学过程中，更应体现在教学评价中。让学生参与对教师课堂教学情况的评价，不仅体现了以学生为主体，尊重学生个性和人格，更能使教师通过了解学生的切身感受，发现课堂教学的不足，便于教师反思教学行为、变换教学策略、发展教学智慧。学生参评可以在授课结束后直接让学生谈课堂中教师留给他们的印象，谈他们参与学习的感受与收获，也可以设计表格让学生参与评课。通过让学生对自己学习情况的反馈和教师教学情况的评价，展示教师课堂教学的真实情况。

五、家长助评

教师课堂教学水平不仅要经得起校内师生的检验评价，更应经得起社会和家庭的检验与评价。作为家长，他们关注、支持学校的教育，他们的知识、经验、兴趣、思维方式都不尽相同。充分利用家长的智力资源，让家长走进课堂，参与听课、评课，可以拓宽评价的空间，弥补学校师生评课的不足，有利于促进教师的全面发展。

问题聚焦

(一)讨论本案例中科学运用评价方式值得我们学习的方法。

1.

2.

3.

4.

(二)本案例的分析给我们什么启示？

1.

　2.

　3.

　4.

四、能力训练

（一）案例分析训练

案例描述

某教研员听某老师的复习课"化学反应的类型"的评课稿：

首先感谢教研室给我们这样一个学习机会，也感谢林老师的这节公开课或者说是一堂研讨课，让我受益匪浅。林老师参照"先学后教，当堂训练"的模式设计，教学目标明确，教学目的清晰，在教学活动中，既注重落实双基知识（基本的科学知识与技能），又展示了关于复习课的一种全新的教学模式。对于这节课，不敢说是点评，只能是谈谈个人听课后的一些体会与感想，以起到抛砖引玉的作用。

本节课的教学充分体现了老师的良苦用心，把课堂真正地还给了学生，是一节高效的课堂。

1. 充分相信学生自主学习的能力

荷兰著名教育家弗赖登塔尔强调："学习唯一的方法是实行'再创造'，也就是由学生本人把要学习的东西自己去发现或创造出来，而不是把现有的知识灌输给学生。"这就要求我们在课堂教学中去体验、去感悟。在这节课中，学生在老师设置的问题、习题中完全、紧张地学习，学生的思维空间更大，效率更高。通过学生自学、合作探究、"兵教兵"等方式去理解要学习的知识，不懂的知识在课堂上向教师提问。比如，例题 1 中的分解反应，部分同学就没有按照要求写出，而是写了 $KClO_3$ 分解，林文忠老师让学生自己讨论并分析错误的原因，使优生、差生都获得提升。

如果教师去讲，对于已经会的学生，无疑是在浪费学生的时间，何况直接讲也不知道学生到底哪里不会。老师讲的应该是学生都不会的，所以，教师从开始就要让学生在目标的指引下开展自学，然后检测，从中构建自己的知识结构，体验知识的形成过程，培养他们的学习、认知、归纳能力。从上课到下课都是学生的课堂、学生的时间，老师没有轻易地占用学生的时间。整节课教学中，学生自主学习时间：6 分钟，讨论时间：4＋4＋3＝11（分钟），练习时间：5＋14＝19（分钟）。

2. 真正地发挥教师的主导作用

少了"用心良苦"的开头设计、中间进程介绍、结语安排，自然就节约了时间，高效了课堂。传统课堂教师是主角，是课堂教学的主体，而新课程中指出，教师是课堂的组织者、合作者和指导者。新课程侧重于学生的"学"，要求学生"自主、合作、探究"，更注重学生的情感体验，不能再戴着旧理念的"镣铐"，跳着新课标的"舞"，苦了授课者，害了学习者。在课堂上，林老师真正地发挥了教师的主导作用，他采取了开门见山、单刀直入的方式进入新课，也同样起到了先声夺人的效果。在整个教学过程中，林老师让学生在学习目标的引导下开展自学，然后利用问题检测来了解学生理解掌握的情况，又利用检测题来概括本节课的知识要点，在不知不觉中完成了学习目标，课堂中共提问了19人次（其中优等生4人次，中等偏下15人次）。这种大面积的提问发言，面向了全体学生，而不是个别人的课堂，让学生把理解过程中出现的疑难问题、漏掉的知识及学生理解的精彩之处全部展现出来。当学生进行讨论时，教师积极参与到小组讨论中去，使小组讨论顺利地进行；当出现错误时，老师并不是直接指出，而是让学生发现错误，从而让学生去纠正，实现"兵教兵"的方式，让学生去实践解决问题的方法。真正地体现了学生是学习的主体，教师是教学中主导。

在学生自学时，林老师一边监督学生认真地自学，一边表扬会学习的学生，还鼓励着后进的学生。教师的每一句话就像一种催化剂，激励着学生去比赛、去竞争。他对学生回答问题中的点点滴滴都明察秋毫，富有激情的点评让学生在一种紧张的氛围中努力地学习着。虽然林文忠老师说的不多，可恰恰就是老师说的不多，才真正体现了把课堂还给了学生，给学生更多的学习、交流、提高的机会。

3. 课堂是真正减轻学生负担的场所

把课堂还给学生是减轻学生负担的有效方式，如果课堂上不紧张、不激动，课下就不会轻松。有些老师总想着课本上的习题是留给学生课下做的，殊不知，习题应在课堂上完成，所以，每次上课结束时都布置一些所谓的作业，使学生每天把自己埋在作业堆里，课上学习，课下还是学习、作业。一天下来，学生没有时间调节自己的生活，完全被动地学习，时间一长，使他们产生了厌学的心理。"先学后教、当堂训练"就是把问题解决在课堂，解决了学生应在课堂处理完的习题。课下没有作业了，他们完全有时间去安排自己喜欢的科目、特长，这样就丰富了他们的课余生活，调节了心情，从而上课时又有了饱满的热情投入紧张的学习中去，提高了自己的听课效率。这种良性循环让学生真正地减轻了负担，也有助于他们的个性特长的发展，正好符合新课程的要求——彰显学生的个性的宗旨。

4. 让学生课堂上像考试一样紧张

"课堂上让每一位学生都像考试一样紧张地学习"，在林老师的课堂上得到了充分的体现。在老师的指导下，课堂中学生都在比赛、在竞争，好胜心、自尊心的驱使促使他们自觉地学习，认真地答题，自然而然地，学生就集中精力了。心理"紧张了"，也就不想与学习无关的事情了，自己的纪律好了，学习的环境好了，这种紧张的学习也就成为高效的学习。这符合新课改的精神，让学生在课堂上真正地学到教学任务中必须掌握的知识，学会提出问题、解决问题，掌握方法。

当然，这节课还有一些需要改进的地方：

①在自学指导以后，应该对学生吸收情况进行及时、有效的检测，可以采用教师提问或者同学互相问答的方式，进一步巩固本节课的知识要点。对于基础薄弱的学生，更是有利于他们对知识的掌握和理解。

②在讲解例题1中，关于填写物质，老师要求已经掌握的请举手，实际上举手的学生并不多，而林文忠老师可能是为了赶上课的进度，没有顾及学生的这种情况，其实可以再花1～2分钟让学生讨论，再进行点拨。

③对于当堂训练题，林老师是等学生做完马上进行讲解。其实不妨给学生一点点时间先讨论，再重点点拨，这样效果会更好。

案例研讨

回答下列问题：

1. 您认为本案例在科学运用评价方式方面总体表现如何？有哪些突出之处？

2. 您认为本案例属于科学运用评价方式中的哪一层级水平？理由是什么？

3. 您认为本案例还有哪些不足？请具体分析。

4. 您认为怎样设计才能达到科学运用评价方式优秀层级水平？

（二）自主设计训练

请组内教师两人一组，科学运用评价方式的标准与方法进行相互评价。

小组讨论：

1. 组内老师的评价方式是否符合科学运用评价方式的基本方法？

2. 组内教师的评价方式属于《标准》中的哪一层级水平？

3. 梳理并反思科学运用评价方式这一内容中值得大家借鉴的做法有哪些。

五、考核反思

（一）自我检测

审读自己已有的一份同组教师间互相评价的案例，按照《标准》及科学运用评价方式的方法导引进行分析和评价，重新进行编写。

（二）创新设计

选取自己最成功的一节课（公开课或示范课等），将科学运用评价方式的精彩部分与组内教师分享，通过本次培训，您是否找到了可以提升的方面？与大家分享。或者选取一份您认为自己深受启发的优秀案例与大家分享，说出这份优秀案例的精彩之处，以及自己所得到的启示。

六、参考文献

[1] 范国睿.教育生态学[M].北京：人民教育出版社，2000.

[2] 刘知新.化学教学论[M].第三版.北京：高等教育出版社，2004.

[3] 李杰红，陈代武.化学知识的分类与教学设计[J].现代教育科学，2007(1)：114-115.

[4] 胡久华，王磊.促进学生认识发展的化学1模块氧化还原专题的单元整体教学研究[J].化学教育，2010(3)：24-25.

[5] 盛维标.让化学实验的失误绽放美丽之花[J].化学教与学，2013(05)：83-84.

[6] 乐进军、潘立红.遵循认知规律，优化课堂教学[J].化学教育，2015(19)：32-35.

[7] 毕田增，周卫勇，曹家忠.新课程教学设计[M].北京：首都师范大学出版社，2004.

[8] 吴惟粤，李文郁，吕伟泉.初中新课程化学优秀教学设计与案例[M].广州：广东高等教育出版社，2012.

附录　北京市朝阳区教师教学基本能力检核标准

（试行稿）

2009 年 3 月 30 日

北京市朝阳区教师教学基本能力检核标准

维度	关键表现领域	能力要点	合格	良好	优秀
教学设计能力	一、教学背景分析能力	（一）正确理解教材内容	能够分析教材所涉及的基本内容，并梳理出单元知识结构框架	能够准确描述知识的纵向与横向联系，并能将知识置于某一个知识或能力框架内进行解读	能够深入挖掘本单元知识在学生发展中的教育价值
		（二）实证分析学生情况	能够关注学生的学习基础，并分析出学生在新知识形成过程中可能遇到的困难	能够对学生的学习基础进行调研，并根据调研资料和数据分析出在新知识学习过程中可能遇到的认知困难	能够根据调研资料和数据，对学生在新知识形成过程中可能遇到的认知和情感上的困难进行理性分析
		（三）科学确定教学内容	能够根据课标要求和教材内容，确定教学重点与难点	能够根据课标要求、教材内容和学生的学习基础，确定教学重点与难点	能够根据课标要求、教材内容和学生的学习基础，整合教学内容
	二、教学目标制定能力	（一）清晰确定课时目标	能够依据教学内容和学生情况确定符合课标要求的教学目标	能够依据教材分析和学情分析确定符合课标要求的教学目标	能够依据教材分析和学情分析以及二者之间的密切联系确定符合课标要求的教学目标
		（二）科学表述三维目标	能够正确选择行为动词表述三维目标，逻辑严谨	能够恰当表述具有可操作性的三维目标	能够将三维目标进行有机整合，使其具有可测评性
	三、教学过程设计能力	（一）合理安排教学流程	能够安排符合知识逻辑的教学流程，教学重点突出，对时间安排有预设	能够安排兼顾知识逻辑和学生认知逻辑的教学流程，对时间安排的预设合理	能够安排具有开放性和生成空间的教学流程
		（二）有效设计教学活动	能够围绕教学目标设计教学活动，并能够设计对教学活动完成情况的检测方案	能够围绕教学目标设计具有连贯性的教学活动，并能够有针对性地设计对教学活动完成情况的检测方案	能够设计激发学生思维和情感的教学活动，并能够对课堂可能生成的问题设计预案
		（三）灵活选择教学策略	能够根据教学目标和内容进行板书、提问、媒体演示和评价等教学手段的设计	能够根据教学目标和内容，利用小组合作等学习方式突出教学重点、突破教学难点	能够根据教学目标和内容，设计教学策略并灵活运用各种教学手段

北京市朝阳区教师教学基本能力检核标准

维度	关键表现领域	能力要点	合格	良好	优秀
教学实施能力	一、激发动机能力	（一）营造良好的学习环境	能够营造整洁有序的教学环境，并以稳定的情绪和良好的状态进行教学	能够以稳妥的方式处理课堂中的突发事件	能够将课堂突发事件转化为教育契机
		（二）有效激发学习动机	能够运用教学技能呈现设计的教学活动，并吸引学生的注意力	能够根据课堂情况呈现设计的教学活动，并能够激发学生的学习兴趣	能够灵活根据课堂情况呈现设计的教学活动，有效激发学生持久的学习动机
	二、信息传递能力	（一）教学语言精练生动	教学语言表达清楚，语速、音量适中，并能够用体态语加强信息传递效果	能够正确运用学科术语，教学语言准确、简练	教学语言生动形象，富有感染力
		（二）板书运用熟练巧妙	板书字体端正、大小适中，有较快书写速度	板书设计有整体性，突出重点、难点和知识间的联系，逻辑层次清晰	板书能够使学生有美的感受，并伴随课堂教学进程有生成性
		（三）教学媒体恰当运用	能够根据教学目标和内容选择运用教学媒体	能够根据教学目标和内容合理选择并恰当运用教学媒体	能够根据教学目标和内容合理改进并综合运用教学媒体
	三、提问追问能力	恰当提问有效追问	能够根据教学设计适时进行课堂提问，问题本身和表述能够让学生理解，减少自问自答、是非问答、集体回答等情况	能够根据学生情况选择恰当的对象进行提问，问题经典、有一定层次性，并能够根据学生回答问题的情况进行灵活有效的追问	能够根据课堂上变化的学情及时调整提问内容和方式，重视培养学生的问题意识
	四、多向互动能力	（一）教学组织方式有效	能够根据学习需要和特定学情，组织同位交流、小组合作、全班讨论等活动	组织活动时能够掌握恰当分组、有效分工、控制时间等技能	能够调动每个学生参与活动的积极性，并对活动过程中出现的问题进行恰当处理
		（二）认真倾听及时反应	能够倾听学生的想法，与学生互动；鼓励学生大胆发言，并引导学生认真倾听同学发言	能够在倾听过程中随时与发言者交流自己的理解，促进师生互动，并系统地指导同学倾听	能够把课堂发言的评价权交给全班学生并进行适当指导，有效促进生生间的真正互动

续表

维度	关键表现领域	能力要点	合格	良好	优秀
教学实施能力	五、及时强化能力	（一）强化重点突破难点	能够运用重复、语言变化、板书强化教学重点	能够运用媒体、提问、体态语等多种方式，强化教学重点，突破教学难点	能够选择恰当时机，灵活运用多种手段，进行有效强化
		（二）强化学生积极表现	能够关注学生积极表现，并给予肯定	能够根据学生特点对其积极表现进行鼓励	能够通过对学生个体积极表现的强化，感染全体学生
	六、课堂调控能力	（一）合理调控时间节奏	能够控制课堂时间和教学节奏	能够监控学生的状态，对课堂时间和教学节奏进行调整	能够根据课堂上不可预知的学情，灵活调整教学设计时各环节的时间分配，并对教学内容做出取舍
		（二）准确把握内容走向	能够按照教学设计的思路，控制课堂教学的走向	能够根据教学反馈的信息，对教学内容和进程进行调整	能够准确把握教学设计的思路，灵活处理课堂生成性问题，控制课堂教学的走向
	七、学习指导能力	（一）关注个体分层指导	能够观察各类典型学生的反应，对边缘学生予以特别关注，并能适时对学生进行个别指导	能够了解不同学生的个性特点、学习风格和学习态度，对沉默和边缘的学生进行情感和智力支持	能够通过不同的教学方式照顾不同学生的学习基础、个性特点和学习风格，并能布置有一定层级的学习任务
		（二）指导学法培养思维	能够在教学中渗透学习方法，培养学习习惯	能够根据教学内容指导学生的学习方法和思维方法	能够根据学科特点有效指导学生的学习方法和思维方法，提高学科素养

北京市朝阳区教师教学基本能力检核标准

维度	关键表现领域	能力要点	合格	良好	优秀
教学评价能力	一、学生学业评价能力	（一）掌握学业评价标准	能够结合具体的教学内容解释学业评价标准中各目标动词的含义，并能选择符合评价标准的课堂检测题	能够根据相关的学业评价标准和学生的学习情况编制用于教科书的测试卷	能够根据相应的学业评价标准独立编制学期综合测试卷，有对学生思维和情感变化的观测点和具体的观测方法
		（二）科学选择评价方法	能够根据教学内容和学生情况选择激励性的评价方法；能够选择不同难度的题目布置作业或练习	能够通过观察、追问等多种方式进行学生的学习过程评价；能够选择和编制不同难度的题目并设计不同的作业完成方式	能够从知识、思维、情感等各个方面系统评价学生的学习状况；能够确定多元化的评价主体和选择多样性的评价方式
		（三）有效利用评价结果	能够选择恰当的方法，及时解决课堂练习和作业中出现的问题；能够针对学生的知识漏洞及时对学生进行个别辅导	能够根据课堂练习和作业中出现的问题调整教学进度和教学方法；能够根据学生需求为不同学生提供不同的学业指导	能够根据学生的情绪、情感、思维状态及时调整教学进度与策略；能够根据评价结果为学生提供具有挑战性的学习任务
	二、教学效果评价能力	（一）掌握教学评价标准	能够了解课堂评价标准的具体内容，并能结合实例进行解释	能够确定教科书呈现的自然单元教学效果评价标准	能够确定学生某种能力发展单元的教学效果评价标准
		（二）科学运用评价方式	能够有理有据地对自己或他人的教学进行评价	能够分析教师行为与学生表现之间的因果关系	能够实现评价主体的多元化和评价方式的多样性，找出导致教学成功与失败的根本原因
		（三）反思评价改进教学	能够积累反思材料，并根据自己的反思和他人的评价改进教学	能够将自己的评价意见与他人进行有效交流，并对他人提出教学改进建议	能够对分析结果进行理论提升，并对教学提出系统的改进方案

备注：良好层次的要求包含合格层次的要求；优秀层次的要求包含良好层次的要求

后 记

　　《中学教师教学基本能力解读与训练续编》丛书是继朝阳区化学教师"十二五"后，为适应"十三五"教师继续教育的需要及教师教学能力的提升而编制的又一系列培训丛书。本着立足一线教师之需，切实提高教师的教学设计、教学实施和教学评价能力的原则，我们从《朝阳区教师教学基本能力标准》里再次选取出 11 个教师教学基本能力要点，以专题的形式，从问题的提出，到具体能力检核标准的分析，尽可能多地列举教学案例，再配合能力训练和考核反思，以便于培训操作。书中案例的选取不一定是最好、最贴切的，但它们可以供交流讨论，以此帮助和理解各项能力点，并给我们一些教学方面的启示。

　　本书由方杰担任主编。各篇的编写分工如下：专题一，王根柱；专题二，曹永红；专题三，张浩；专题四，崔蕾；专题五，李宁；主题六，杜雪娥；专题七，凌少双；专题八，张亚彬；专题九，凌鹏；专题十，陈爱民；专题十一，管永新。全书由方杰修改统稿。

　　本书还经过一期骨干班的培训试用和修改。在本书的修改过程中，这些骨干教师都参与了书稿的讨论和案例的提供与修改。赵婧、刘丹、李军、朱昔平、尉静、段丽芹、陈宇、田巧云、张晶、魏欢欢、石娟、刘堃、刘迎迎、曹晶晶、史文杰等老师及许多中学一线教师为本书提供了大量的教学案例，在此表示感谢。

　　在这里，还要衷心感谢化学特级教师冯朋和北京教育学院周玉芝老师对本书的指导和帮助。在编写过程中，我们还参考和引用了一些专家的研究成果和文献，在此一并感谢。

　　由于作者水平有限，加之编写时间仓促，本书可能存在不少欠妥之处，敬请同行指正。

编　者